D1698720

Wissenschaftliche Hochschule für Unternehmensführung
- Otto Beisheim-Hochschule -

Dissertation

**Der Einfluss des Ubiquitous Computing
auf das Customer Relationship Management**

Michael Leicht

Berichte aus der Wirtschaftsinformatik

Michael Leicht

Der Einfluss des Ubiquitous Computing auf das Customer Relationship Management

Shaker Verlag
Aachen 2005

Bibliografische Information der Deutschen Bibliothek
Die Deutsche Bibliothek verzeichnet diese Publikation in der Deutschen
Nationalbibliografie; detaillierte bibliografische Daten sind im Internet
über http://dnb.ddb.de abrufbar.

Zugl.: Wissenschaftliche Hochschule für Unternehmensführung, Diss., 2005

Copyright Shaker Verlag 2005
Alle Rechte, auch das des auszugsweisen Nachdruckes, der auszugsweisen
oder vollständigen Wiedergabe, der Speicherung in Datenverarbeitungs-
anlagen und der Übersetzung, vorbehalten.

Printed in Germany.

ISBN 3-8322-4656-8
ISSN 1438-8081

Shaker Verlag GmbH • Postfach 101818 • 52018 Aachen
Telefon: 02407 / 95 96 - 0 • Telefax: 02407 / 95 96 - 9
Internet: www.shaker.de • eMail: info@shaker.de

Danksagung

Dass diese Arbeit so entstanden ist, ist auch der Unterstützung vieler Kollegen, Freunde und Familienmitglieder zu verdanken:

Mein Doktorvater Prof. Dr. Thomas Fischer hat mir während der Entstehung dieser Arbeit dankenswerterweise viel Freiraum und freundliche Unterstützung gewährt und hatte so seinen Anteil an einer sehr angenehmen Promotionszeit. Prof. Dr. Schoder danke ich für die Erstellung des Zweitgutachtens. Dem hochkarätigen Expertenpanel bin ich dankbar für die Teilnahme an der Delphi-Studie dieser Arbeit. Diskussionen der Forschung mit meinen Kollegen am Lehrstuhl für Wirtschaftsinformatik waren für mich oft gewinnbringend; ihnen gilt dafür mein Dank. Das kritische Korrekturlesen meines Kollegen und Freundes Herrn Dipl. theol. et MBA Jens Brooks und meiner Frau Assessorin Christina Leicht war für mich eine notwendige und hilfreiche Unterstützung beim Feinschliff des Manuskripts. Für Rechtschreibfehler in dieser Arbeit bin ich verantwortlich – dafür, dass es nur noch wenige sein können, danke ich der Sekretärin des Lehrstuhls für Wirtschaftsinformatik Frau Renate Fuchs und meiner Mutter Frau Elke Leicht. Bei meinem Arbeitgeber The Boston Consulting Group bedanke ich mich für die Freistellung und die finanzielle Unterstützung.

Meine Eltern haben mich liebevoll geprägt und gefördert, dafür möchte ich ihnen auch an dieser Stelle besonders danken.

Meine Frau Christina und meine Kinder Anton und Moritz schenken mir die Geborgenheit und Liebe, ohne die alles andere nicht zählen würde. Ihnen widme ich diese Arbeit.

Michael Leicht

Inhaltsüberblick

Inhaltsverzeichnis

Abbildungsverzeichnis

Tabellenverzeichnis

Abkürzungsverzeichnis

Aufl.	Auflage
B2B	Business to Business
B2C	Business to Customer
Bd.	Band
CRM	Customer Relationship Management
E-Business	Electronic Business
ebd.	ebenda
E-Commerce	Electronic Commerce
E-CRM	Electronic Customer Relationship Management
EDI	Electronic Data Interchange
ERP	Enterprise-Resource-Planning
et. al.	et alii, et alia
f.	folgende
ff.	fortfolgende
GPS	Global Positioning System
H	Stunde(n)
Hrsg.	Herausgeber
i.d.R.	in der Regel
IT	Informationstechnik(en)
IuK	Information und Kommunikation
LAN	Local Area Network
Mbps	Mega bits per second
MIS	Management-Information-System
min.	Minute(n)
OO	Objektorientierung
PDA	Personal Digital Assistent
S.	Seite

sek.	Sekunde(n)
S	Schlüsselfaktor
s.o.	siehe oben
SPSS	Statistical Package for the Social Sciences
s.u.	siehe unten
UC	Ubiquitous Computing
u.a.	Unter anderem
U-CRM	Ubiquitous Customer Relationship Management
VPN	Virtual Private Network
WAN	Wide Area Network
WLAN	Wireless LAN
z.B.	zum Beispiel

Literaturabkürzungen

ACM	Association for Computing Machinery
DUV	Deutscher Universitäts-Verlag
GIM	Gesellschaft für Innovatives Marketing
HBM	Harvard Business Manager
HBR	Harvard Business Review
HMD	Handbuch moderner Datenverarbeitung
IEEE	Institute of Electrical and Electronics Engineers
IM	Information Management & Consulting
it + ti	Informationstechnik und Technische Informatik
LRP	Long Range Planning
NRI	Nomura Research Institute
ZfB	Zeitschrift für Betriebswirtschaft
ZfbF	Schmalenbachs Zeitschrift für betriebswirtschaftliche Forschung
ZFP	Zeitschrift für Forschung und Praxis

1   Einleitung

> *„The important waves of technological change are those that*
> *fundamentally alter the place of technology in our lives. What*
> *matters is not technology itself, but its relationship to us."*
>
> Weiser, M./Brown, J. S. [1996] S. 74

1.1   Ausgangssituation und Relevanz

Computeranwendungen werden im Alltag immer mehr als selbstverständlich wahrgenommen.[1] Wenn eher ihre Abwesenheit als ihre Anwesenheit bemerkt wird, ist dies ein Zeichen dafür, dass sich Ubiquitous Computing (UC[2]) – also Konvergenz von kleinen, nahezu unsichtbaren, vernetzten und mit Sensoren ausgestatteten Computern mit (mobiler) Kommunikationstechnik und kontextsensitiven Anwendungen[3] – immer mehr von einer abstrakten Vision zu einer erlebten Realität hinentwickelt.[4] Diese Entwicklung wird als potenziell revolutionär für das Verhältnis zwischen Technik und ihren Anwendern gesehen und als logischer nächster Schritt der Informationsverarbeitung propagiert.[5]

Durch neue Techniken wurden bereits zahlreiche Marktveränderungen ausgelöst, doch oft wurde auch das Potenzial neuer Technik im Vorfeld ver-

---

[1] So gibt es schon heute zahlreiche Anwendungen, die der Nutzer nicht mehr bewusst als computergesteuert wahrnimmt: Geldautomaten, Navigationssysteme, Digitalkameras, digitale Instrumente und Taschenrechner sind dafür Beispiele (vgl. Amor, D. [2002] S. 5).

[2] Teilweise wird in der Literatur auch die Abkürzung UbiComp verwendet.

[3] Vgl. z.B. Fleisch, E./Dierkes, M. [2003] S. 612. Für eine ausführlichere Einordnung und Definition von UC vgl. 2.1.5.

[4] Vgl. Amor, D. [2002] S. 4 f.

[5] Vgl. Fano, A./Gershman, A. [2002] S. 83 f.

kannt.[6] Die durch den Einfluss des Internet auf Konzepte des Wirtschaftslebens induzierten Veränderungen sind ein herausragendes Beispiel zur Verdeutlichung der Wirkung, die der Einsatz von IuK-Technik haben kann.

Neue Techniken tragen heute wesentlich zur Innovationsdynamik von Unternehmen bei.[7] CRM, als alle Mittel der Planung, Implementierung und Kontrolle umfassendes Konzept, unterstützt – in der Regel mit Hilfe von IT – die Induzierung, Stabilisierung und Revitalisierung von Kundenbeziehungen zum beiderseitigen Nutzen. Dies hat sich bereits erfolgreich in der betriebswirtschaftlichen Praxis durchgesetzt. Die Adaption von Internet-Technik in dieses Konzept hat zu einem Electronic-CRM (E-CRM) geführt, das heute von Unternehmen zur Erlangung von Wettbewerbsvorteilen eingesetzt wird.[8]

Der Einfluss, den UC auf das CRM haben wird, ist heute noch weitgehend unerforscht. Zwar gibt es erste prototypische Ansätze, die eine Potenzialeinschätzung geben könnten[9], doch eine systematische, modellgetriebene Untersuchung existiert bisher nicht. Der Einsatz eines Ubiquitous-CRM (U-CRM) in der betrieblichen Praxis ist – zumindest zum heutigen Zeitpunkt – noch eine Vision.

1.2 Zielsetzung

Ziel der Arbeit ist es, den Einfluss abzuschätzen, den UC auf das CRM hat. Um den Einfluss systematisch darstellen und bewerten zu können, werden Szenarien (im Sinne von mit Plausibilitäten bewerteten konsistenten Zukunftsbildern) entwickelt. Sie sollen die empirisch überprüfbare Realität

---

[6] Vgl. Zobel, J. [2001] S. 29.

[7] Vgl. Picot, A./Reichwald, R./Wigand, R. T. [2001] S. 5.

[8] Für eine detailliertere Untersuchung der CRM-Entwicklung vgl. 2.2.

[9] So untersucht z.B. die Metro AG in ihrer Future-Store-Initiative auch in Ansätzen die Möglichkeit der Kundenbindung durch UC. Vgl. Mierdorf, Z. [2003].

subsumieren und eine Antwort auf die Frage geben, wie die Zukunft des CRM unter dem Einfluss von UC aussehen könnte. Dabei soll anhand von Szenarien insbesondere überprüft werden, ob es gerechtfertigt ist, von U-CRM in Analogie zum schon bekannten E-CRM als nächste CRM Entwicklungsstufe zu sprechen. Die Herleitung dieser Szenarien hat dabei transparent und methodisch genau zu sein, um sowohl eine hohe Akzeptanz der Szenarien als auch eine gute Nachvollziehbarkeit der Szenarien-Erstellung zu ermöglichen.

1.3 Forschungsparadigma der Arbeit

Eine fundierte Wissenschaft kommt ohne wissenschaftstheoretische Grundlagen nicht aus. Da die Wirtschaftsinformatik der Gefahr ausgesetzt ist, Moden hinterherzulaufen und dabei den Blick auf die Metaebene der Forschung (d.h. die Forschungsmethoden[10] und das diesen zu Grunde liegende Forschungsparadigma) zu verlieren[11], ist es wichtig, die wissenschaftstheoretischen Grundlagen transparent zu machen.

Die Sozialwissenschaften (und speziell die Betriebswirtschaft oder die Wirtschaftsinformatik) kennen keine dominierenden erkenntnistheoretischen (epistemologischen) Schulen.[12] Eines der bekanntesten wissenschaftlichen Orientierungssysteme bildet der kritische Rationalismus[13], der von Popper wesentlich geprägt ist.[14] Das Falsifikationsprinzip stellt ein zentrales Element dieser Denkrichtung dar. Dieses besagt, dass sich eine Hypothese nie empirisch verifizieren lassen kann, sondern lediglich solange als bewährt gilt, wie sie nicht falsifiziert werden kann. Die wesentlichen Paradigma-

---

10 Zu den in dieser Arbeit verwendeten Forschungsmethoden vgl. Kapitel 3.
11 Vgl. Becker, J./König, W./Schütte, R./Wendt, O./Zelewski, S. [1999] S. V.
12 Vgl. Becker, J./König, W./Schütte, R./Wendt, O./Zelewski, S. [1999] S. VI.
13 Vgl. Peter, S. I. [1999] S. 70 f., Schütte, R. [1999] S. 220.
14 Vgl. z.B. Popper, K. R. [1995] S. 16 ff.

Einordnungsmerkmale des kritischen Rationalismus sind in Abbildung 1-1 wiedergegeben.

Der kritische Rationalismus wird aus einer Reihe von Gründen kritisiert:

- Das Anlegen strenger kritisch-rationalistischer Prinzipien gilt vielen Forschern als realitätsfremd.[15]

- Kuhn propagiert den Paradigmenwechsel als wesentliches Merkmal eines Erkenntnisfortschritts und nicht das Falsifizierungsprinzip des kritischen Rationalismus.[16]

- Die mit dem kritischen Rationalismus verknüpfte erkenntnistheoretische Position des Realismus wird angezweifelt.[17]

Als Gegenentwurf kann ein gemäßigt-konstruktivistisches Forschungsparadigma gesehen werden.[18] Es geht von einer idealistischen erkenntnistheoretischen Position der subjektiven Realität aus. Die wesentlichen Einordnungsmerkmale sind in Abbildung 1-1 wiedergegeben.

Die Betonung der Subjektivität schließt den Versuch nicht aus, sich um Objektivierung von Sachverhalten als wesentliches Ziel der Forschung zu bemühen.[19] Erkenntnisgewinn wird aber vor allem durch Nachvollziehbarkeit als methodisches Prinzip erreicht.[20] Ziel soll es sein, dass auf Basis von Theorien später eine Realitätsgestaltung stattfinden kann.[21]

---

[15] Vgl. Peter, S. I. [1999] S. 70 und die dort zitierten Quellen.

[16] Vgl. Kuhn, T. S. [1996].

[17] Vgl. Schütte, R. [1999] S. 226 f..

[18] Vgl. Schütte, R. [1999] S. 227 ff. und die dort zitierten Quellen.

[19] Vgl. Kutschera, F. [1993] S. 282.

[20] Vgl. Lorenzen, P. [1987] S. 10.

[21] Vgl. Schütte, R. [1999] S. 232.

Einordnungs-kriterium	Ontologie	Epistemologie	Anthropologie	Methodologie
	Was ist das Wesen der Realität? Ist Realität extern zum Individuum und präsentiert sich dem Bewusstsein des Individuums oder ist sie ein Produkt der individuellen Kognition?	Welcher Art ist die Beziehung zwischen Erkennendem und Erkenntnisobjekt? Was sind Grundlagen des Wissens? Was ist Wahrheit?	Was ist die Natur des Menschen? Welcher Art ist die Beziehung zwischen Menschen und ihrer Umwelt?	Wie soll der Erkennende bei der Gewinnung von Erkenntnissen über das Erkenntnisobjekt vorgehen?

Paradigma				
Kritischer Rationalismus	Realismus: Realität existiert unabhängig vom Menschen	Subjektiver Zugang zur Realität	Mensch als Stimulus-Reaktions-Mechanismus	Aufstellung von Hypothesen und mittels Experimenten empirisch bestätigen/ablehnen
Gemäßigter Konstruktivismus	Idealismus: Subjektive Realitäten existieren als mentale Konstrukte nebeneinander	Beobachter ist Bestandteil der Beobachtungssituation	Mensch ist Erschaffer seiner eigenen Realität	Interpretation der individuellen Wahrnehmung

Abbildung 1-1: Forschungsparadigma Einordnung

(Quelle: Eigene Darstellung in Anlehnung an Wyssusek, B., Schwartz, M., Kremerg, B. et al. [2002] S. 41)

Für diese Arbeit wird auf Grund der o.g. Argumente der gemäßigte Konstruktivismus als Forschungsparadigma gewählt. Die konkreten Auswirkungen zeigen sich zum einen durch die Auswahl der in dieser Arbeit angewandten Forschungsmethode (d.h. der Szenario-Methode), die den konstruktivistischen Methoden zugeordnet werden kann, zum anderen durch die sich ergebende Implikation, mit den entwickelten Szenarien Ansätze zur Realitätsgestaltung zu geben.

Dass es sich um eine *gemäßigte* Form des Konstruktivismus handelt, ist daran zu erkennen, dass im Rahmen der Szenario-Methode (als Methodenbündel) viele Methoden verwendet werden, die auch Vertreter des kritischen Rationalismus anwenden würden (Literaturanalyse, Delphi-Methode, Statistische Datenauswertung).

1.4 Aufbau der Untersuchung

Die Arbeit gliedert sich in fünf Kapitel:[22]

In Kapitel 1 (*Einleitung*) wird *(1.1) Ausgangslage und Relevanz* der Themenstellung erläutert, um daraufhin die *(1.2) Zielsetzung* der Arbeit festzulegen. Dann wird das *(1.3) Forschungsparadigma der Arbeit* vorgestellt und die Auswahl begründet. Abschließend wird der *(1.4) Aufbau der Untersuchung* skizziert.

Kapitel 2 (*Ausgangslage und Problemstellung*) beschreibt detailliert die Ausgangslage, auf der die in dieser Arbeit erstellten U-CRM Zukunftsszenarien aufbauen. Dafür wird zunächst die *(2.1) Entwicklung der IuK-Technik* (dabei insbesondere des UC) und dann die *(2.2) Entwicklung des CRM* dargestellt. Auf Basis dieser Darstellung wird die *(2.3) Problemstellung* dieser Arbeit abgeleitet.

Kapitel 3 (*Methodik der Szenario-Analyse*) spannt den methodischen Rahmen, der für die U-CRM Szenario-Analyse in Kapitel 4 genutzt wird. Dafür wird zunächst die *(3.1) Szenario-Methode* eingeordnet und zu anderen Prognose-Methoden abgegrenzt sowie die Entwicklung und Merkmale der Szenario-Methode aufgezeigt. Darauf aufbauend wird die *(3.2) Konzeption* und das *(3.3) Design* der in Kapitel 4 folgenden U-CRM Szenario-Analyse festgelegt.

In Kapitel 4 (*U-CRM Szenario-Analyse*) werden die drei Phasen der Szenario-Analyse durchlaufen. In der *(4.1) Analyse-Phase* werden die wesentlichen Einflussfaktoren und Projektionen der U-CRM Szenarien herausgearbeitet. Die *(4.2) Prognose-Phase* der Szenario-Analyse besteht aus der Ermittlung der Projektions-Eintrittswahrscheinlichkeiten mit Hilfe einer Delphi-Analyse und der darauf folgenden Bildung von in sich konsistenten Projektionsbündeln

---

[22] Vgl. Abbildung 1-2: Aufbau der Untersuchung.

mit Hilfe einer Konsistenzmatrix inklusive einer Projektionsbündelreduktion. In der *(4.3) Synthese-Phase* werden Rohszenarien erstellt, die die Datengrundlage für die Szenarien bilden. Diese werden durch das Zukunftsraummapping visualisiert und durch eine Szenario-Beschreibung verbalisiert.

In Kapitel 5 (*Bewertung, kritische Würdigung und Ausblick*) findet zunächst eine abschließende *(5.1) Bewertung der Ergebnisse*, die in der Arbeit gewonnen wurden, statt. Danach erfährt die Arbeit eine *(5.2) kritische Würdigung*. Abschließend wird ein *(5.3) Ausblick* auf sich aus der Arbeit ergebende weitere Forschungsfragen gegeben.

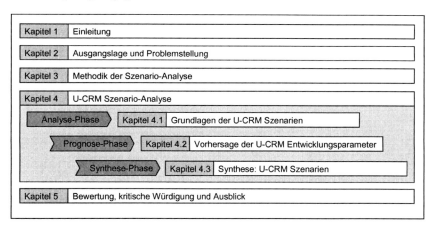

Abbildung 1-2: Aufbau der Untersuchung

2 Ausgangslage und Problemstellung

Die Ausgangslage der Arbeit bildet zum einen die aktuelle Entwicklung der IuK-Technik und zum anderen die aktuelle Entwicklung des CRM. Beide werden im Folgenden ausführlich beschrieben. Abschließend wird durch die Verknüpfung dieser beiden Entwicklungen die Problemstellung vertiefend herausgearbeitet.

2.1 Entwicklung der IuK-Technik

Die Informations- und Kommunikationstechnik (IuK-Technik) hat sich in den vergangenen Jahrzehnten rasant weiterentwickelt. Im Folgenden wird diese Entwicklung vor allem deshalb beschrieben, weil IuK-Technik ein wichtiger Bestandteil des CRM ist[23], beschrieben. Es werden zunächst die relevanten Begriffe definiert und abgegrenzt. Danach werden die Entwicklungsstufen abgeleitet und beschrieben.

2.1.1 Definition und Abgrenzung

Da der Begriff IuK-Technik eine zentrale Bedeutung in dieser Arbeit hat und sowohl in der umgangssprachlichen als auch in der wissenschaftlichen Verwendung nicht einheitlich gebraucht wird, wird zunächst IuK und dann IuK-Technik definiert und abgegrenzt.

2.1.1.1 IuK

Sowohl der Terminus „Information" als auch der Terminus „Kommunikation" werden in verschiedenen Disziplinen und auch im alltäglichen Sprachgebrauch unterschiedlich verwendet.[24] Hier wird der Begriff „Information"

---

[23] Vgl. 2.2, wo die Verknüpfung der IuK-Technik mit dem CRM hergestellt wird.
[24] Vgl. Müller, G./Kohl, U./Schoder, D. [1997] S. 39.

nach der Definition von Wittmann[25] gebraucht: „Information ist [...] zweck-orientiertes Wissen, wobei der Zweck in der Vorbereitung des Handelns liegt". Kommunikation wird in einer technisch orientierten Sichtweise als Mittel zur Übertragung von Information aufgefasst.[26]

Unternehmen, Märkte, Branchen, Politik und Gesellschaft sind wesentlich durch Information und Kommunikation (IuK) konstituiert.[27] Information als Unternehmensressource besitzt charakteristische Eigenschaften, die sie von anderen Gütern unterscheidet:[28]

- Information ist ein immaterielles Gut, das bei mehrfacher Nutzung nicht verbraucht wird.

- Information wird mittels Medien konsumiert und transportiert.

- Information wird kodiert übertragen und bedarf gemeinsamer Standards, um verstanden werden zu können.

- Information reduziert Unsicherheit, ist in ihrer Produktion jedoch selbst mit Unsicherheit behaftet.

- Information ist verdichtbar und erweitert sich gleichzeitig während der Nutzung.

---

[25] Vgl. Wittmann, W. [1980].

[26] Vgl. Krcmar, H [2003] S. 27.

[27] Vgl. Picot, A./Reichwald, R./Wigand, R. T. [2001] S. 5.

[28] Vgl. Picot, A./Reichwald, R./Wigand, R. T. [2001] S. 61 f. und die dort genannten Quellen.

Die wirtschaftliche Bedeutung von Informationen ist in der Vergangenheit rapide gestiegen; zahlreiche Probleme der betrieblichen Informationsverarbeitung sind dabei Gegenstand der Wirtschaftsinformatik geworden.[29]

2.1.1.2   IuK-Technik

Krcmar definiert Informations- und Kommunikationstechnik (IuK-Technik) als „die Gesamtheit der zur Speicherung, Verarbeitung und Kommunikation zur Verfügung stehenden Ressourcen, sowie die Art und Weise, wie diese Ressourcen organisiert sind."[30] Dieser Definition wird hier gefolgt.

In Wissenschaft und Praxis wird oft der Begriff IuK-Technologie synonym zu IuK-Technik gebraucht. Streng genommen bedeutet der Begriff Technologie aber die Wissenschaft von der Technik und wird deshalb hier nicht verwendet.[31] Die Begriffsverwirrung ist auch daher zu erklären, dass im englischen Sprachgebrauch sowohl für den Begriff Technik als auch für den Begriff Technologie der Term „technology" verwendet wird.

2.1.2   Entwicklungsstufen der IuK-Technik

In zahlreichen Gebieten hat sich die IuK-Technik rasant weiterentwickelt. Seit den 60er Jahren hat Moore's Law[32], das besagt, dass sich die *Prozessorleistung* alle 18 Monate bei gleichzeitiger Preishalbierung verdoppelt, Bestand.[33] Voraussichtlich wird es auch noch die nächsten zwei Jahrzehnte Bestand haben.[34] Die Skalenerträge, die sich durch den Fortschritt ergeben, sind ungleich größer als in anderen Industrien. Sie sind aber auch Bestandteil vieler Produkte

---

[29] Vgl. Bode, J. [1997] S. 450.

[30] Krcmar, H. [2003] S. 27.

[31] Vgl. Krcmar H. [2003] S. 28.

[32] Vgl. Moore, G. E. [1965].

[33] Vgl. Fleisch, E. [2001] S. 25.

[34] Vgl. o.V. [2002] S. 5 ff., Picot, A./Reichwald, R./Wigand, R. T. [2001] S. 147.

und Dienstleistungen, die damit indirekt an diesen Erträgen teilhaben können.[35]

Die *Miniaturisierung* von Hardware schreitet immer weiter voran: Trotz der
Erhöhung der Prozessorleistung konnte die Miniaturisierung immer mithal-
ten. Dies führte dazu, dass die Prozessorgröße nicht (wesentlich) anstieg.[36]
Neben der Miniaturisierung auf Prozessorebene werden auch ganze Bau-
gruppen (z. B. Speichererweiterungen, Modem, Festplatte etc.) immer weiter
verkleinert,[37] was ermöglicht, auch die Größe komplexer Hardware weiter zu
verringern.

Kommunikation wurde und wird weiterhin umfangreicher, schneller, günsti-
ger und mobil: Das übermittelte Datenvolumen verdoppelt sich in Unter-
nehmensnetzwerken jedes Jahr[38], die Bandbreite von Kommunikationsnetz-
werken verdreifacht sich sogar alle zwölf Monate.[39] Die Abdeckung aller
Haushalte mit Handys wird bis zum Jahre 2005 in Europa auf 85% ge-
schätzt.[40]

Die *Konvergenz* sowohl von Computern, Inhalten und Kommunikation generiert neue Medien.[41] Vormals getrennte Dienste werden verbunden – meist ist
heute das Internet die verbindende Technik und das WWW (World Wide
Web) die Benutzerschnittstelle.

---

[35] Vgl. Fleisch, E. [2001] S. 25.

[36] Vgl. Allan, A./Edenfeld, D./William, J. H. et al. [2002] S. 43.

[37] Vgl. Picot, A./Reichwald, R./Wigand, R. T. [2001] S. 151.

[38] Vgl. Paniccia, Mario/Borkar, Shekhar Y. [2002].

[39] Vgl. Fleisch, E. [2001] S. 25.

[40] Vgl. Pech, E./Esser, M. R. [2002] S. 11.

[41] Vgl. Tapscott, D. [1995] S. 58 ff.

Je nach Fokus der Untersuchung kann man die Entwicklung der Informationsverarbeitung und somit der IuK-Technik unterschiedlich einteilen und dadurch technische Umbrüche kennzeichnen.[42] Technische Umbrüche sind der Grund für den Wechsel zu einer neuen Entwicklungsstufe. Einen technischen Umbruch kann man dadurch erkennen, dass eine neue Technik wesentliche bisherige Kompromisse löst[43] und einen Innovationsschub mit sich bringt.[44] In der folgenden Untersuchung steht der Einfluss der IuK-Technik auf das CRM im Vordergrund. Deshalb sind hier die wesentlichen Kompromisse, die durch eine neue Entwicklungsstufe aufgehoben werden, solche, die im Hinblick auf die relevanten Daten und Informationen von und für Kunden bestanden. Die damit verbundenen Innovationsschübe sind die Neuerungen, die sich für das CRM ergeben haben, bzw. potenziell ergeben können.

Es bietet sich an, den Grad der Vernetzung von Unternehmen als strukturierendes Umbruchskriterium heranzuziehen, da dieser wesentlich die Möglichkeit des Zugriffs und der konsistenten Speicherung von Kundendaten bestimmt. Eine erhöhte Vernetzung steigert sowohl eine Erhöhung der Reichweite (d.h. die Lokationen, zu denen Kommunikationsbeziehungen aufgenommen werden können) als auch der Mächtigkeit (d.h. dem Grad des Informationsverarbeitungspotenzials).[45] Es kann grundsätzlich zwischen interner, externer und ubiquitärer Vernetzung unterschieden werden.[46]

---

[42] Maier beschreibt z.B. die Entwicklung in sieben Schritten (vgl. Maier, R. [2002] S. 36 ff.), Müller/Kohl/Schoder nennen vier Phasen (vgl. Müller, G./Kohl, U./Schoder, D. [1997] S. 14), Fleisch nennt fünf Phasen (vgl. Fleisch, E. [2001] S. 30).

[43] Vgl. Zobel, J. [2001] S. 26.

[44] Vgl. Müller, G./Kohl, U./Schoder, D. [1997] S. 13 ff.

[45] Vgl. Müller, G./Kohl, U./Schoder, D. [1997] S. 25 f.

[46] Vgl. als Übersicht Tabelle 2-1: IuK-Technik-Entwicklungsstufen und im Detail 2.1.3, 2.1.4 und 2.1.5.

IuK-Entwicklungsstufe	Jahre	Technische Grundlage	Gelöster Kompromiss	Innovationsschub
Interne Vernetzung	1990er	LAN, WAN	Nicht vernetzte Unternehmensdaten	Ganzheitliche Datensicht
Externe Vernetzung	2000er	Internet	Medienbruch zwischen Unternehmen und Kunden	Unternehmens-übergreifende Vernetzung
Ubiquitäre Vernetzung	2010er	UC	Örtliche Begrenzung	Allgegenwärtige ad-hoc Vernetzung

Tabelle 2-1: IuK-Technik-Entwicklungsstufen

In welchem Zeitraum und auf welcher technischen Grundlage bestehende Kompromisse überwunden wurden und welcher Innovationsschub damit ermöglicht wurde, wird im Folgenden beschrieben:

2.1.3   Interne Vernetzung

Die interne Vernetzung löst den Kompromiss der verteilten nicht-vernetzten Datenhaltung und damit der fehlenden Gesamtsicht auf Unternehmens- und Kundendaten. Dezentral gespeicherte Daten können durch interne Unternehmensnetzwerke zusammengeführt und durch Dienstprogramme aufbereitet werden.[47] Im Folgenden werden die Entwicklungsstufe „Interne Vernetzung" definiert und der aktuelle Entwicklungsstand aufgezeigt.

Die Definition des Begriffs „Interne Vernetzung" ist trivial, wird aber der Vollständigkeit halber und als Abgrenzung zur Definition „Externe Vernetzung" und „Ubiquitäre Vernetzung" hier explizit vorgenommen:

Interne Vernetzung ist die unternehmensinterne Vernetzung durch LANs und WANs.

---

[47] Vgl. Fischer, T. [1986] S. 361.

Die interne Vernetzung, die in den 80er Jahren aufkam und in den 90er Jahren ihren Durchbruch erzielte, basiert auf Netzwerktechnik, die es Unternehmen ermöglichte durch Local Area Networks (LANs) und Wide Area Networks (WANs), sich intern zu vernetzen. Dies geschah an einem Standort (LANs) oder über große Entfernungen (WANs).[48] Während in der Vergangenheit für Unternehmen-WANs in der Regel dezidierte Leitungen angemietet wurden, wird heute oft die technische Infrastruktur des Internets genutzt, auf das VPNs (Virtual Private Networks) aufgesetzt werden, um abhörsicher unternehmensintern Daten und Informationen auszutauschen.

Durch die interne Vernetzung wurde zum ersten Mal der effiziente Einsatz von Management-Informationssystemen (MIS) und Enterprise-Resource-Planning-Systemen (ERP-Systeme) ermöglicht, die eine ganzheitliche Unternehmenssicht (bei informationstechnisch verteilten Daten und Informationen) bieten konnten.

Die ökonomische Bedeutung der Verbesserung der Informationstechnik liegt dabei vor allem darin, dass vorhandene Information nahezu überall gleichzeitig zugänglich ist und elektronisch verarbeitet werden kann.[49]

Die interne Vernetzung von Unternehmen ist heute eine reife Technologie, die zum Standard der Unternehmensinfrastruktur der meisten Unternehmen gehört.

---

[48] Vgl. Picot, A./Reichwald, R./Wigand, R. T. [2001] S. 148. Der dort ebenfalls genannte Begriff MAN (Metropolitan Area Network) – die Vernetzung in Ballungsräumen – hat heute keine praktische Bedeutung mehr und wird deshalb nicht näher betrachtet.

[49] Vgl. Picot, A./Reichwald, R./Wigand, R. T. [2001] S. 70 und die dort genannten Quellen.

2.1.4   Externe Vernetzung

Externe Vernetzung löst den Kompromiss der bis dahin bestehenden Medienbrüche bei einer Kommunikation zwischen Unternehmen und Kunden.
Im Folgenden wird die Entwicklungsstufe „Externe Vernetzung" definiert
und der aktuelle Entwicklungsstand aufgezeigt.

Externe Vernetzung wird in Analogie zur internen Vernetzung folgendermaßen definiert:

> *Externe Vernetzung ist die Vernetzung zwischen Unterneh-*
> *men und Kunden durch das Internet.*

Die externe Vernetzung durch das Internet als technische Grundlage hatte ihren Durchbruch in den 2000er Jahren. Sie ermöglichte es Unternehmen, sich
mit ihren Kunden zu vernetzen und dadurch ohne Medienbrüche mit ihnen
zu kommunizieren. Dies führte zur Entstehung ganz neuer Geschäftsmodelle.[50]

Ein Vorläufer dieser Vernetzung ist im EDI (Electronic Data Interchange) zu
sehen. EDI ermöglichte es, zwischen Unternehmen bereits vor dem Durchbruch des Internets elektronisch zu kommunizieren.[51]

Die großen Hoffnungen, die auf das (vermeintliche) Potenzial der externen
Vernetzung gesetzt wurden, haben sich heute relativiert. Aber auch bei einer
realistischen Einschätzung der Möglichkeiten birgt diese Form der Vernetzung nach wie vor ein großes Innovationspotenzial.

Die ökonomischen Folgen der externen Vernetzung sind zum einen die Zu-
nahme von Markttransparenz, da Informationen über Angebote elektronisch

---

[50] Vgl. Keuper, F. [2002].
[51] Vgl. Fleisch, E. [2001] S. 134 ff.

verarbeitet werden können und weltweit verfügbar sind, zum anderen ist
durch Iuk-Technik ein direkter Zugang zum Kunden leichter möglich (Disin-
termediation). Des Weiteren lassen sich viele Prozessschritte durch IuK-
Technik auslagern (Outsourcing).[52] Fleisch spricht sogar von der Entstehung
eines neuen Typus von Unternehmen durch die externe Vernetzung: dem
Netzwerkunternehmen.[53]

2.1.5   Ubiquitäre Vernetzung

Ubiquitäre Vernetzung[54] löst die Unzulänglichkeit, die noch bei der externen
Vernetzung gegeben war, dass nicht zu jeder Zeit, sondern immer durch den
bewussten Kontakt über einen Computer eine Vernetzung möglich wurde.
Somit wird der Kompromiss, sich auf einige wenige Netzwerk-
Zugangspunkte zu beschränken, aufgehoben.

Allgemein wird das Aufkommen des Begriffes Ubiquitous Computing (UC)
auf das Jahr 1991 datiert und mit Mark Weiser verknüpft,[55] der in einem Aufsatz seine Vision von Computern beschrieb, die uns fast unsichtbar umgeben
und miteinander kommunizieren[56] und die ihre Funktionalität und den Zugang zu Informationen überall und jederzeit ermöglichen („Anytime-
Anyplace Computing"[57]).

Wie in relativ neuen Forschungsgebieten üblich, haben sich zahlreiche Autoren mit dem Phänomen UC beschäftigt und dabei versucht, eigene Begriffe

---

[52] Zu den ökonomischen Potenzialen der externen Vernetzung vgl. ausführlich Picot,
      A./Reichwald, R./Wigand, R. T. [2001] S. 70 ff.

[53] Fleisch, E. [2001] S. 107 ff.

[54] Der Begriff ist in Anlehnung an Ubiquitous Networks, der von Nagumo geprägt wur-
      de, gewählt (vgl. Nagumo, T. [2002]).

[55] Vgl. u.a. Fleisch, E./Mattern, F./Billiger, S. [2003], Krcmar, H. [2003] S. 442, S. 7; Wei-
      ser, M./Gold, R./Brown, J. S. [1999] S. 698 ff.

[56] Vgl. Weiser, M. [1991].

[57] Vgl. Cerf, V. G. [2001].

und Definitionen zu prägen.[58] Weiser definiert UC als „the method of enhanc-
ing computer use by making many computers available throughout the
physical environment, but making them effectively invisible to the user"[59].
Während Weiser den Begriff eher auf akademisch-idealistische Weise als eine
Technikvision versteht, die auch heute noch nicht technisch realisierbar ist,
hat die Industrie den Begriff „Pervasive Computing" für die aktuellen heute
konkret möglichen Anwendungen von Teilen der Vision Weisers geprägt[60].
Er steht für das Zusammenspiel von Kommunikationskonzepten, mobilen
Endgeräten und Middleware. IBM definiert Pervasive Computing als „con-
venient access, through a new class of appliances, to relevant information
with the ability to easily take action on it when and where you need it"[61]. In
dieser pragmatischen Variante beginnt UC bereits in der Praxis Fuß zu fassen.[62] „Ambient Intelligence" ist ein synonym gebrauchter Begriff, der vor allem im europäischen Forschungsumfeld genutzt wird.[63]

Die für diese Arbeit gewählte Definition richtet sich nach dem oben geschil-
derten pragmatischen Ansatz, da es darum geht, konkrete Potenziale von UC
für das CRM zu identifizieren:

UC ist die Konvergenz von kleinen, nahezu unsichtbaren,
vernetzten und mit Sensoren ausgestatteten Computern mit
(mobiler) Kommunikationstechnik und kontextsensitiven
Anwendungen.

---

[58] Vgl. Fleisch, E./Mattern, F./Billiger, S. [2003] S. 7 f.
[59] Weiser, M. [1991].
[60] Vgl. Mattern, F. [2003] S.166.
[61] Zitiert nach Krcmar, H. [2003] S. 445.
[62] Vgl. Mattern, F. [2003] S.166.
[63] Vgl. Schrape, K. [2002] S. 134 f. Populär ist dieser Begriff vor allem im Zusammenhang
     mit dem sechsten europäischen Forschungsrahmenprogramm, das Forschungsvorha-
     ben im Zusammenhang mit „ambient intelligence" mit über € 3 Mrd. unterstützt.

Alltagsgegenständen wird so eine neue Qualität verliehen – sie können zum Beispiel erfahren, wo sie sich befinden oder mit anderen Geräten in Kontakt treten.[64]

Die Definition von ubiquitärer Vernetzung lässt sich daraus ableiten:

> *Ubiquitäre Vernetzung ist die allgegenwärtige Vernetzung mit Hilfe von UC-Technik.*

Der Vernetzungsaspekt von UC erhöht den Grad der Vernetzung, die nach der durch das Internet ermöglichten externen Vernetzung jetzt auch noch eine ubiquitäre (allgegenwärtige) Vernetzung möglich macht. Diese Definitionen machen deutlich, dass Konzepte wie M-Commerce und M-Business auf die ubiquitäre Vernetzung aufbauen und somit im Sinne der oben genannten Definition ein Teilaspekt eines U-Commerce bzw. U-Business sind.[65]

Während es sich bei der internen und der externen Vernetzung bereits um etablierte technische Entwicklungsstufen handelt, ist die ubiquitäre Vernetzung eine Technik, deren Durchbruch noch aussteht[66], obwohl einzelne Techniken schon einen Reifegrad erreicht haben, der die Entwicklung von kommerziellen Anwendungen erlaubt.[67] Aus diesem Grund werden zunächst die technischen Grundlagen und dann erste Anwendungen und Anwendungsvisionen vorgestellt.

---

[64] Vgl Mattern, F. [2002] S. 27.

[65] Der Begriff U-Commerce als M-Commerce einschließendes Konzept wurde bereits von dem Beratungsunternehmen Accenture geprägt (vgl. o.V. [2001a]).

[66] Vgl. Fleisch, E. [2001].

[67] Vgl. Fleisch, E./Dierkes, M. [2003] S. 611.

2.1.5.1   Technische Grundlagen

UC und damit die ubiquitäre Vernetzung beruht auf dem schon oben ge-
schilderten technischen Fortschritt.[68] Vor allem die immer weiter voranschrei-
tende Miniaturisierung[69] und die Verallgemeinerung des Moorschen Gesetz-
zes machen Weisers Vision heute zumindest technisch greifbar. Kleinste und
billige Speicherchips können zu diversen „information appliances" zusam-
mengebaut werden, die, drahtlos mit dem Internet verbunden, für spezielle
Aufgaben maßgeschneidert sind.[70] Durch die Mikrosystemtechnik und ver-
mehrt auch durch die Nanotechnik werden weitere Grundlagen für UC ge-
schaffen:[71]

Neue *Sensoren* können auf Umweltparameter wie Licht, Beschleunigung,
Temperatur reagieren, aber auch Gase und Flüssigkeiten analysieren oder
generellen sensorischen Input verarbeiten. Eine Weiterentwicklung sind
Funksensoren, die ohne explizite Energieversorgung ihre Messwerte einige
Meter weit melden können. Die nötige Energie bezieht ein solcher Sensor aus
seiner Umgebung, z. B. indem er mit Mikrowellen bestrahlt wird.[72]

Ohne eigene Energieversorgung funktionieren auch *elektronische Etiketten* (so-
genannte RFID-Tags). Es handelt sich technisch gesehen um Transponder, die
mit einem Hochfrequenzsignal bestrahlt werden, dieses decodieren und dann
ein Antwortsignal zurücksenden.[73] RFID-Tags sind klein (weniger als ein
Quadratmillimeter) und günstig (zwischen 0,1 € und 1 € bei fallender Ten-

---

[68] Vgl. 2.1.

[69] Vgl. Mattern, F. [2002] S. 29 ff.

[70] Vgl. Mattern, F. [2003] S. 10.

[71] Zu den technischen Grundlagen vgl., wenn nicht anders vermerkt, Mattern, F. [2004a]
       S. 162 ff.

[72] Vgl. Mattern, F. [2003] S. 11.

[73] Vgl. ausführlich Finkenzeller, K. [2002] S. 29 ff.

denz) und haben dadurch das Potenzial die klassischen Strichcodeetiketten abzulösen. Durch die Möglichkeit, diese Tags aus der Ferne auszulesen und damit Objekte eindeutig zu identifizieren, können diese mit auf entfernten Datenbanken befindlichen Datensätzen verknüpft werden.[74]

Biometrie (d.h. die Klasse von Techniken, die individuelle menschliche Eigenschaften zur elektronischen Identifikation von Personen nutzen, wie z.b. Iris- oder Fingerabdruckscanner) kann heute schon genutzt werden, um Zugang zu vertraulichen Informationen zu regeln und herkömmliche Sicherheitsmechanismen (wie z.b. den PIN-Code) zu ersetzen. Vor allem die Techniken, die dabei mit kleinen Sensoren arbeiten, wie Fingerabdruck- oder Unterschriftenerkennung, bieten schon kurzfristig die Möglichkeit, im Rahmen von UC eingesetzt zu werden.[75] Das Vorgehen bei allen biometrischen Erkennungsmethoden ist identisch: Das über einen Sensor digitalisierte biometrische Merkmal wird mit einem in einer Datenbank hinterlegten Referenzmerkmal verglichen. Als Ergebnis wird binär die Identität bestätigt oder verneint.

Bei der *drahtlosen Kommunikation* steht der nächste Entwicklungsschritt der Handy-Technik von GSM (2G) über GRPS (2+G) hin zu UMTS (3G), das eine deutlich höhere Übertragungsrate ermöglicht, unmittelbar bevor. 3G Mobilfunktechnologie arbeitet mit Packet-Switching-Technology und ermöglicht Übertragungsraten von mehreren Mbps. Dies wird den vollen Zugang zum Internet mit TCP/IP für UC-Devices ermöglichen, die auch bandbreitenintensive Anwendungen (z.b. Videoübertragungen) unterstützen.

Daneben etabliert sich WLAN und Bluetooth für die Kommunikation im Nahbereich. WLAN unterstützt die drahtlose Kommunikation. Die Reichweite beträgt je nach örtlichen Gegebenheiten um 50 Meter. Die wesentlichen

---

[74] Vgl. Mattern, F. [2003] S. 11.

[75] Vgl. Burkhardt, J./Henn, H./Hepper, S. et al. [2002] S. 51.

Übertragungsstandards sind IEEE 802.11, 802.11a und 802.11b. Übertragungen nach dem Standard 802.11b können mit bis zu 11 Mbps funken.[76] Durch Weiterentwicklung des Standards können Übertragungsraten von bis zu 54 Mbps erreicht werden.[77] Blootooth operiert im 2.45-GHz ISM Band und unterstützt zahlreiche Sicherheitsmechanismen wie Verschlüsselung und Private-Key Identifizierung. Es ist omnidirektional und hat eine Reichweite von bis zu zehn Metern bei einer Bandweite von bis zu 1 Mbps.

Body Area Networks nutzen den menschlichen Körper als Medium zur Signalübertragung. So kann z.B. allein durch Anfassen eines Gegenstandes eine eindeutige Identifikation (die z.B. von einer Armbanduhr in den Körper induziert wird) übermittelt werden, die für Zugangsberechtigung oder personalisierte Konfiguration von Geräten genutzt werden könnte.

Intensiv wird zurzeit auch an verbesserten Möglichkeiten zur *Positionsbestimmung* mobiler Objekte (z.B. durch GPS oder GSM Funkpeilung) geforscht. Neben einer Erhöhung der Genauigkeit sollen auch die Empfänger verkleinert und der Energiebedarf reduziert werden. Das satellitengestützte GPS system bietet bereits eine Peilungsgenauigkeit von nur wenigen Metern.[78]

Batterien sind ein wichtiger Bestandteil von UC-Devices, denn sie bestimmen wesentlich ihre Größe, ihr Gewicht und ihre Lebensdauer (bzw. Standby-Zeit) mit. Die Entwicklung der Batterie-Technik geht deutlich langsamer vonstatten, als die der anderen hier genannten Techniken.[79] Dabei werden heute vor allem auf Grund ihres geringeren Gewichts und der verbesserten Ener-

---

76 Vgl. Nikolaou, N. A./Vaxevankis, K. G./Maniatis, S. I. et al. [2002] S. 259 f.
77 Vgl. Bauer, M./ Jendoubi, L./Rothermel, K. et al. [2003] S. 18.
78 Vgl. Mattern, F. [2003] S. 13.
79 Vgl. Burkhardt, J./Henn, H./Hepper, S. et al. [2002] S. 35.

gieausnutzung Lithium Ionen Akkus verwendet, die die Nickel-Cadmium Batterien und die NiMH Batterien langsam ablösen.

2.1.5.2   Anwendungen

Während man 1991 die Ideen, die hinter UC stehen, noch als technisch nicht realisierbare Gedankenspiele bewerten konnte, ist ab dem neuen Jahrtausend festzustellen, dass die Entwicklung auf Hard- und Softwareseite es möglich macht, nicht mehr nur von Visionen zu sprechen.[80] Darüber hinaus werden erste ökonomisch verwertbare Konzepte angedacht, mit deren Durchbruch in den kommenden Jahren zu rechnen ist[81], die sich allerdings bis heute meist auf den B2C Bereich beschränken.[82] Zwar ist die Vision Weisers in ihrer Radikalität noch nicht erreicht, aber es können ökonomisch und technisch bereits viel versprechende Lösungen realisiert werden können, die man in der Praxis bereits testet oder die zumindest prototypisch beschrieben und zum Teil implementiert wurden:[83]

Im Einzelhandel wird die Bedeutung von UC-Techniken und darauf aufbauenden Anwendungen immer größer. Walmart hat bereits alle seine Zulieferer angewiesen, ihre Waren mit RFID-Tags auszustatten und droht andernfalls mit Auslistung, um in Zukunft verstärkt Anwendungen auf Basis von UC-Techniken einsetzen zu können.[84] Die Metro AG testet in ihrem Extra Future Store bei Duisburg bereits umfassend den ökonomisch gewinnbringenden Einsatz von UC-Techniken. Dabei werden UC-zuzurechnende Techniken

---

[80] Vgl. Abowd, G. D./Brummit, B./Shaver, S. (Hrsg.) [2001]. In diesem Tagungsband der internationalen UC-Konferenz sind bereits 13 funktionierende UC-Prototypen beschrieben.

[81] Vgl. Zobel, J. [2001] S. 270 f.

[82] Vgl. Fleisch, E./Dierkes, M. [2003] S. 611.

[83] Vgl. Saha, D./Mukherjee, A. [2003] S.25.

[84] Vgl. Roberti, M. [2003].

(RFID, PDAs) und darauf aufbauende Anwendungen im täglichen Betrieb unter realen Bedingungen (ca. 2800 Kunden pro Tag) getestet.[85] Die dort zum Einsatz kommenden Anwendungen (wie ein am Einkaufswagen montierter PDA als virtuelle persönliche Einkaufsberater, der den Kunden individuell bei der Produktsuche berät, Kassenautomaten, die ein schnelles Kassieren ohne Kassierer ermöglichen und elektronische Preisschilder, die eine einfache und schnelle Preisänderung ermöglichen) werden von Coroma, Häder, Handy et. al. noch als mögliche Zukunftsvision beschrieben.[86] Im Extra Future Store sind diese Anwendungen schon im praktischen Einsatz zu begutachten.[87]

Telekommunikationsunternehmen bieten heute schon Dienste an, die auf der Lokalisierung der Handy-Nutzer in ihrer Funkzelle beruhen. So wurde z.B. in Japan mittels i-Mode schon 2001 der Location-Based-Service angeboten, der als Sericelotse die nächste Tankstelle, das nächste Restaurant oder ein für den Suchenden passendes Hotel ermittelt.[88] Eine weitere Anwendungspotenzialsteigerung wäre durch die Verknüpfung der Lokalisierungsinformation mit anderen Daten (z.B. Kalendereinträge, Kontaktinformationen) erreichbar und wird bereits in der Literatur diskutiert.[89] Nagumo beschreibt das Beispiel einer Baumaschinenleihfirma, die Sattelitenordnung und i-Mode kombiniert um die Logistik der Abwicklung von Mietgeschäften deutlich zu vereinfachen.[90]

---

[85] Vgl. Mierdorf, Z. [2003].

[86] Vgl. Coroama, V./Hähner, J./Handy, M. [2003] S. 20 f.

[87] Vgl. Mierdorf, Z. [2003].

[88] Vgl. Sadeh, Norman [2002] S. 189.

[89] Vgl. Sadeh, Norman [2002] S. 197 f.

[90] Vgl. Nagumo, T. [2001] S. 7.

Das Potenzial ubiquitärer Informationssysteme den Kontext der Anwendung zu erfassen und zu nutzen, wird über die oben aufgezeigten Praxisanwendungen hinaus auch in vielen Projekte erforscht, prototypisch implementiert und diskutiert:[91]

Zu den grundlegenden Arbeiten, die sich mit der Erschließung des örtlichen Kontextes beschäftigen, gehört das Active Badge-Projekt am Olivetti Research Lab in Cambridge. Lokalisierung von Personen und Objekten wurde durch das Mitführen spezieller Badges ermöglicht und darauf aufbauen wurden Computeranwendungen erstellt, die den lokalen Kontext berücksichtigen.[92] Ein weiteres Projekt, das Lokalisierung als Grundlage für Anwendungen nutzt, ist das Xerox PARCTab. Die lokalisierungsbasierten Anwendungen ermöglichen zum Beispiel automatische Anrufweiterleitung oder dynamische Karten.[93]

Auch die Zukunftsvision, dass UC-PDAs Geschäftsreisende vom Flugzeug über den öffentlichen Nahverkehr ins Hotel lotsen und dabei gleich den Kauf des Bus-Tickets und das Hoteleinchecken übernehmen, baut auf der heute schon existierenden Möglichkeit der Lokalisierung auf.[94]

Neben Lokalisierungsinformationen ist die Objektidentität ein weiterer grundlegender Aspekt der Kontextinformationen, auf die sich Anwendungen beziehen können. Ein grundlegendes Modell ist die Abbildung von RFID-Tag-IDs auf uniforme Adressen im Internet, um Objekte so mit Informationen und Diensten zu verbinden.[95] Diese Form der Objektidentität wird auch im

---

[91] Vgl. Schmidt, A./Gellersen, H.-W. [2001] S. 84.
[92] Vgl. Want, R./Hopper, A./Falcao, V. et al. [1992].
[93] Vgl. Abowd, G.D./Mynatt, E.D. [2000] S. 35.
[94] Vgl. Coroama, V./Hähner, J./Handy, M. [2003] S. 59 ff.
[95] Vgl. Want, R./Harrison, B. L./Fishkin, K. P. et al. [1999].

CoolTown-Projekt genutzt, das die weitgehende Beziehung zwischen Menschen, Objekten und Ort als Kontext Internet-basierter Dienstleistungen nutzt.[96]

Die Verbindung von Sensoren mit Alltagsgegenständen wird in Schweden breits von 10% aller Kommunen genutzt, die UC-Mülltonnen einsetzen:[97] Kundennummer des Müllverursachers und Gewicht des deponierten Mülls werden gespeichert und den Müllfahrzeugen beim Entleeren übermittelt, um eine verursachergetreue Abrechnung zu ermöglichen. In Spanien ist ein ähnliches System im Einsatz, das darüber hinaus noch die Müllabfuhr erst dann ruft, wenn die Tonnen gelehrt werden müssen.[98]

Zu den weiteren Aspekten der Kontextnutzung gehört die Berücksichtigung der Aktivität von Menschen. Im Forschungsbereich Affective Computing des MIT MediaLab wurden verschiedene Prototypen erstellt, die diese Kontextinformationen aufnehmen und nutzen.[99]

Im Rahmen der Kontextnutzung besitzen vor allem Lokalisierungstechnologien ein hohes Anwendungspotenzial: Die Vision, in Zukunft kaum mehr etwa verlieren zu können, weil jeder Gegenstand weiß, wo er sich befindet und das auch mitteilen kann, scheint verlockend. Für wertvollere Gegenstände wie z.B. Mietautos rechnet sich eine solche Technik schon heute.[100] Das Wissen, wo Kunden sich befinden, kann weitere Anwendungen ermöglichen: Die Vision, dass Kunden und Produkte in einem Warenhaus oder Einkaufszentrum durch UC-Devices zusammengeführt werden, beschreibt in diesem

---

[96] Vgl. Kindberg, T./Morris, H./ Schettino, J. et. al. [2002].
[97] Vgl. Müller, G./Kreutzer, M./Strasser, M. [2003] S. 174.
[98] Vgl. ebd.
[99] Vgl. Bickmore, T./Picard, R. W. [2004].
[100] Vgl. Mattern, F. [2003] S. 14.

Zusammenhang IBM: Aufbauend auf einem Global Information System und einem Mobiltelefon- oder Palm-ähnlichem UC-Device werden Kunden identifiziert und unterstützt durch eine Geschmacksdatenbank zu den zu ihnen passenden Produkten geführt.[101] Zur Illustrierung der Möglichkeit lokaler Kontextnutzung entwirft Zobel die Zukunftsvision: „Der Pizza Hut-Stammkunde bekommt einen Pizza-Coupon, wenn er sich ab 19 Uhr in der Nähe eines dieser Restaurants befindet."[102] In diesem Fall wird der lokale Kontext noch mit einem zeitlichem verbunden und kann durch dieses Zusammenspiel eine neue Anwendung ermöglichen.

Mit zwei prototypisch skizzierten Anwendungen veranschaulichen Gershman und Fano zwei UC-Anwendungen, die aufzeigen, wie Kundenbeziehungen und Dienstleistungen tiefgreifend durch UC verändert werden könnten:[103]

- Beim *Online Medical Cabinet* schaut man in den Spiegel des Arzneischranks und hört daraufhin eine Stimme, die einen auf den hohen Pollengehalt der Luft aufmerksam macht und zur Einnahme von entsprechenden Medikamenten auffordert. Dabei nutzt der Schrank, dass er die Person erkennt, die vor ihm steht, über ihren aktuellen Gesundheitszustand Bescheid weiß. Er kann diesen mit Umweltzuständen abgleichen und daraus Schlüsse ziehen. Darüber hinaus kann der Schrank bei Bedarf auch noch neue Medikamente ordern.[104]

- Der *Mobile Valet* ist ein elektronischer Helfer in Form eines drahtlos vernetzten PDAs, der dem Nutzer beim Betreten eines Geschäfts Diens-

---

[101] Vgl. o.V. [2001b] S. 649.

[102] Zobel, J. [2001] S. 270.

[103] Vgl. Fano, A./Gershman, A. [2002] S. 83 f.

[104] Vgl. Mattern, F. [2004b] S. 12.

te zur Verfügung stellt, wie z.B. erweiterte Produktinformationen und Preisvergleiche.[105]

Die in den skizzierten Anwendungen vorgenommene Kontextnutzung kann in zwei Kategorien eingeteilt werden:[106] Zum einen wird der Kontext über Sensoren erfasst (z.B. Sensoren die RFID-Tags erkennen) oder über Meta-Informationen der Anwendung (z.B. der Abgleich mit Geschmacksdatenbanken).

Mit der Einführung von UC-Anwendungen und entsprechenden Endgeräten kommt der Frage der Benutzerfreundlichkeit und damit der Ausgestaltung der Benutzerschnittstelle eine große Bedeutung zu. Eine Reihe von Forschungsprojekten hat sich bereits mit der Aufgabe beschäftigt, intuitive, leicht zu bedienende Schnittstellen für UC-Anwendungen zu schaffen. Dabei stellt die sprachgeführte Schnittstelle einen häufig verwendeten und viel versprechenden Ansatz dar[107], der die Akzeptanz von UC-Anwendungen weiter erhöhen kann.

Wenn man die hier beschriebenen, bereits in der Literatur diskutierten Anwendungen zusammenfassend betrachtet, kann man feststellen, dass ein Teil von ihnen bereits Anwendungsmöglichkeiten von UC für das CRM adressiert. Es fällt dabei auf, dass die beschriebenen und hier diskutierten Anwendungen jeweils einzelne UC Aspekte herausgreifen, die vor allem technische Aspekte sind. Die Möglichkeiten des sinnvollen ökonomischen Einsatzes und der gesellschaftlichen Akzeptanz werden nicht detailliert beschrieben, sondern implizit vorausgesetzt. Durch eine sinnvolle Kombination der technischen U-CRM Aspekte zu einer Anwendung wird bei den oben skizzierten

---

[105] Vgl. Fano, A./Gershman, A. [2002] S. 83 f.

[106] Vgl. Beigl, M./ Krohn, A./Zimmer, T. et. al. [2003] S. 133.

[107] Vgl. Lai, J./Mitchell, S./Viveros, M. et. al. [2002] S. 387.

Anwendungen versucht, das Potenzial von UC zu verdeutlichen. Die jeweilige Auswahl der U-CRM Aspekte geschieht also aus einem Anwendungskontext heraus. Tabelle 2-2 fasst diese U-CRM Anwendungen und die dort adressierten U-CRM-Aspekte zusammen:

Anwendung	Technischer U-CRM-Aspekt
Persönlicher Einkaufsberater	Individuelles Profile, Miniaturisierung
Servicelotse	Lokalisierung, Miniaturisierung, individuelle Profile
Produktfinder	Lokalisierung, Miniaturisierung, individuelle Profile
Lokale Promotion	Lokalisierung, Miniaturisierung
Online Medical Cabinet	Individuelle Profile, Künstliche Intelligenz
Mobile Valet	Vernetzung, Miniaturisierung

Tabelle 2-2: U-CRM Anwendungen in der Literatur

Ein Abgleich der Anwendungen inklusive ihrer adressierten technischen U-CRM-Aspekte, die in der Literatur beschrieben sind und den abstrakteren Szenarien, die in dieser Arbeit erstellt werden, kann eine zusätzliche Aussage über die Plausibilität dieser Szenarien ermöglichen. Eine entsprechende Gegenüberstellung findet in 5.1 statt.

2.2 Entwicklung des CRM

Beziehungsmanagement- und (als Untermenge) CRM werden bereits seit den 80er Jahren verstärkt in der Betriebswirtschaft und Wirtschaftsinformatik diskutiert.[108] Dabei ist festzustellen, dass trotz der Popularität dieser Konzepte der Begriff CRM in der Literatur nicht eindeutig definiert ist, sondern lediglich als Überbegriff für eine Vielzahl von betriebswirtschaftlichen bis IT-

---

[108] Vgl. Klee, A. [2000], S. 24.

orientierten Subthemen genutzt wird.[109] Dies lässt sich mit der Vielfalt von Möglichkeiten erklären, Unternehmens-Kunden-Beziehungen zu gestalten. Auch in der Praxis kann man feststellen, dass mit dem Begriff CRM fast willkürlich einer oder mehrere unterschiedliche Aspekte der Beziehung Unternehmen-Kunde wie z.B. Sales Force Automation, Customer Self-Service, Web-Services oder Mass-Customization herausgepickt werden.[110]

Analog zu 2.1.2 werden zunächst CRM-Entwicklungsstufen identifiziert. Diese Entwicklungsstufen des CRM werden dann dargestellt und erläutert. Abschließend wird ein Ausblick auf eine weitere potenzielle Entwicklungsstufe (U-CRM) gegeben.

Die Betrachtung des Themas CRM und Kundenbindung findet in der Literatur unter vielfältigen Aspekten statt. Im Sinne des Themas liegt hier der Fokus auf einer IuK-Technik-Perspektive.

2.2.1 Entwicklungsstufen des CRM

Im vorangegangenen Kapitel wurden Techniken in die Entwicklungsstufen gegliedert. Es ist festzustellen, dass diese Techniken die Entwicklung des CRM stark beeinflussen bzw. beeinflusst haben.[111]

Neben dem Begriff CRM ist inzwischen in der Literatur auch der erweiterte Begriff E-CRM zu finden.[112] Dieser hat sich durchgesetzt, da die ihn verwendenden Autoren den verstärkten Einfluss und die gestiegene Bedeutung von Informations- und Kommunikationstechnik und speziell des Internets für das CRM durch die Voranstellung des Buchstaben „E" in Analogie zu den Begrif-

---

[109] Vgl. Riemer, K./Trotz, C./Klein, S. [2002], vgl. auch 2.2.2.

[110] Vgl. Conlon, G. [1999].

[111] Vgl. Link, J. [2001], der dieser Thematik einen Sammelband widmet.

[112] Vgl. z.B. Eggert, A./Fassot, G. [2001], Link, J./Gerth, N. [2001], Schlögel, M/Schmidt, I. [2002], Zingale, A./Arndt, M. [2002].

fen E-Business und E-Commerce verdeutlichen wollen. Analog zur Definition der IuK-Technik Entwicklungsstufen wird auch bei den CRM Entwicklungsstufen bei jeder neuen Stufe ein bestehender Kompromiss gelöst. Es ist festzustellen, dass durch die Entwicklung vom CRM zum E-CRM die Beschränkung, sich entweder auf Reichhaltigkeit (im Sinne von Personalisierung) oder Reichweite (im Sinne von Anzahl der erreichten Kunden) des Kundenkontaktes konzentrieren zu müssen, aufgelöst werden konnte. Durch E-CRM können sowohl Reichhaltigkeit als auch Reichweite gleichzeitig gesteigert werden, ohne dass die Kosten dafür signifikant steigen.[113] Man kann somit heute schon zwei Entwicklungsstufen des CRM identifizieren: CRM und E-CRM.

Die Definition einer neuen Entwicklungsstufe des CRM hat nicht zum Ziel, die Bedeutung, die CRM für Geschäftsmodelle dieser Entwicklungsstufe hat herauszustellen,[114] sondern anzuzeigen, ob Technik diese Entwicklungsstufe CRM signifikant erweitert. Diese Spezifizierung des Begriffs Entwicklungsstufe macht deutlich, dass der Schwerpunkt dieser Arbeit sich bei der Betrachtung des CRM auf Anwendungspotenziale, die Informationstechnik ermöglicht, richtet.

2.2.2   CRM

Obwohl die Orientierung am Kunden allzeit essentieller Bestandteil der Marketinglehre war[115], diskutieren Wissenschaft und Praxis in den letzten Jahren Kundenbindung unter verschiedenen, oft synonym gebrauchten Begriffen.[116]

---

[113] Vgl. Evans, P./Wurster, T. S. [1997] S. 71 ff.

[114] Eine solche Untersuchung für Internet-Geschäftsmodelle findet sich bei Wirtz, B. W./Nikolai, L. [2003].

[115] Vgl. Gawlik, T./ Kellner, J./Seiffert, D. [2002], S. 17, Schlögel, M./Schmidt, I. [2002] S. 29 f.

[116] Vgl. Link, J. [2001], S 2.

„Beziehungsmarketing" bzw. „Relationship Marketing"[117] und verstärkt auch „Customer Relationship Management"[118] sind die meist verwendeten Oberbegriffe für die Beschreibung der Konzepte und Methoden zur Kundenbindung. Zunächst wird deshalb der Begriff CRM definiert, dann Bedeutung und Entwicklungsstand beschrieben.

Homburg/Bruhn verstehen unter Kundenbindung[119] „sämtliche Maßnahmen eines Unternehmens, die darauf abzielen, sowohl die bisherigen Verhaltensweisen als auch die zukünftigen Verhaltensweisen eines Kunden gegenüber einem Anbieter oder dessen Leistung positiv zu gestalten, um die Beziehung zu diesem Kunden zu stabilisieren bzw. auszuweiten".[120] Kundenbindungsmanagement definieren sie als, „die systematische Analyse, Planung, Durchführung sowie Kontrolle sämtlicher auf den aktuellen Kundenstamm gerichteter Maßnahmen mit dem Ziel, dass die Kunden auch in Zukunft Geschäftsbeziehungen aufrecht erhalten oder intensiver pflegen"[121].

Hippner/Martin/Wilde stellen die Bedeutung der IuK-Technik schon in ihrer Definition von CRM als „kundenorientierte Unternehmensphilosophie, die mit Hilfe moderner Informations- und Kommunikationstechniken versucht, auf lange Sicht profitable Kundenbeziehungen durch ganzheitliche und differenzierte Marketing-, Vertriebs- und Servicekonzepte aufzubauen und zu festigen"[122], heraus.

---

[117] Vgl. Diller, H. [1996]; Hildebrand, V. G. [1997]; Peter, S. I. [1999]; Plinke, W. [1989].

[118] Vgl. Eggert, A./Fassott, G. [2001]; Newell [2000]; Link, J. [1999]; Schwetz, W. [2000].

[119] In Anlehnung an Diller, H. [1996] und Meyer, A./Oevermann, D. [1995].

[120] Homburg, C./ Bruhn, M. [2003] S. 8.

[121] Ebd.

[122] Hippner, H./Martin, S./Wilde, K. [2001] S. 417.

Homburg/Sieben definieren CRM als „Planung, Durchführung und Kontrolle sowie Anpassung aller Unternehmensaktivitäten, die zur Erhöhung der Profitabilität der Kundenbeziehung und damit zu einer Optimierung des Kundenportfolios beitragen"[123]. Als charakteristische Prinzipien sehen sie Kundenorientierung, Wirtschaftlichkeitsorientierung, Systematisierung, Individualisierung und IT-Anwendung.[124] Kundeninformationen sind dabei der Schlüsselfaktor für ein erfolgreiches CRM.[125]

Fasst man die oben genannten Definitionen zusammen und stellt sie in den Zusammenhang der Arbeit, die den Einfluss einer Technik auf das CRM erfassen will, eignet sich folgende Definition für das CRM, die den managementorientierten und technikorientierten Ansatz vereint:

CRM umfasst alle Mittel der Planung, Implementierung und Kontrolle, um – in der Regel durch IT Unterstützung – die Indizierung, Stabilisierung und Revitalisierung von Kundenbeziehungen mit dem Ziel beiderseitigen Nutzens zu unterstützen.

Diese Definition sieht CRM als einen ganzheitlichen Ansatz, der sich auf alle Phasen einer Kundenbeziehung bezieht. Der herausragenden Bedeutung der IT für das CRM wird durch ihre explizite Erwähnung Rechnung getragen.

Bei der Definition von CRM fällt auf, dass sie keinen Bezug auf den Einsatz von spezifischer IuK-Technik nimmt und somit kein Abgrenzungskriterium z. B. zu E-CRM bietet. Somit wird deutlich, dass es sich bei der o. g. CRM-Definition um eine entwicklungsstufen-übergreifende Definition handelt,

---

[123] Homburg, C./Sieben, F. G. [2003] S. 425.

[124] Vgl. Homburg, C./Sieben, F. G. [2003] S. 425 f.

[125] Vgl. Homburg, C./Sieben, F. G. [2003] S. 426 f.

die alle Entwicklungsstufen umfasst (vgl. Abbildung 2-1). Diese Definition wird somit als CRM im weiteren Sinne bezeichnet. Die Entwicklungsstufe CRM hingegen schließt die weiteren Entwicklungsstufen nicht mit ein.

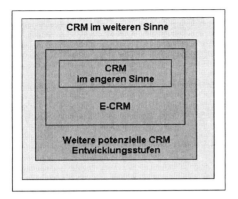

Abbildung 2-1: Abgrenzung der CRM-Entwicklungsstufen

Die Definition für die *Entwicklungsstufe CRM* (d.h. CRM im engeren Sinne) lautet somit analog zur CRM-Definition in diesem Abschnitt:

> *CRM (im engeren Sinne) umfasst alle Mittel der Planung, Implementierung und Kontrolle, um – mit Unterstützung der internen Vernetzung – die Indizierung, Stabilisierung und Revitalisierung von Kundenbeziehungen mit dem Ziel beiderseitigen Nutzens zu unterstützen.*

Der ökonomische Vorteil, Kunden in einem Beziehungskontext statt lediglich einzeltransaktionsbezogen zu betrachten, wurde im Rahmen verschiedener Untersuchungen belegt. Reichheld/Sasser zeigten z.B. in einer Untersuchung, dass sich im Laufe einer Kundenbeziehung für den Anbieter neben dem Grundgewinn noch weitere Gewinnkomponenten (Kauffrequenzsteigerung,

Cross Buying, Mund-zu-Mund-Kommunikation, Preisbereitschaft) realisieren lassen, die im Laufe der Kundenbeziehung ansteigen.[126]

Der Fortschritt in den Bereichen Netzwerk und Computertechnik sowie Datenverarbeitung und -verwaltung macht es möglich, mehr über den Kunden zu erfahren und den Kontakt zu intensivieren.[127] Schon in den siebziger Jahren wurden Marketing Informations-Systeme aufgebaut, die allerdings noch einem transaktionsorientierten Verständnis folgten.[128] Während Unternehmen in den siebziger und achtziger Jahren überwiegend in Produkte und Prozesse investierten, verspürten sie seit dem Beginn der neunziger Jahre vor allem wegen verschärfter Wettbewerbsbedingungen[129] die Notwendigkeit, sich verstärkt um den Aufbau und die Pflege von Kundenbeziehungen zu bemühen, in dem der Kunde in das Zentrum der Marketingüberlegungen gestellt wurde. Es vollzog sich ein Übergang von der Transaktions- zur Beziehungsökonomie.[130] Dies geht mit der Einsicht einher, dass der mit einem Kunden zu erzielende Profit im Laufe der Geschäftsbeziehung steigt.[131]

Der Begriff CRM wird aufbauend auf das Konzept des Database Marketing mit seinem starken Fokus auf Datenbanken und Analysesystemen seit Anfang der 90er Jahre diskutiert – vor allem im Zusammenhang mit moderner Informationstechnik.[132] Schon einfaches CRM ist ohne IuK-Technik schwer vorstellbar und ein gegenseitiges Verständnis der beiden Unternehmensfunk-

---

[126] Vgl. Reichheld, F.F./Sasser, W. [1990] S. 108.

[127] Vgl. Schlögel, M./Schmidt, I. [2002] S. 30.

[128] Vgl. z.B. Lewis, R. J. [1970].

[129] Vgl. Klee, A. [2000] S. 2, Meffert, H. [2003] S. 127.

[130] Vgl. Peter, S. I. [1999] S. 1.

[131] Vgl. Seybold, P. A. [2001] S. 89.

[132] Vgl. Strauss, R./Schoder, D. [2002] S. 79.

tionen Marketing und IuK-Technik ist für ein erfolgreiches CRM unabding-
bar.[133]

Ob – wie einige Autoren behaupten[134] – das Beziehungsmarketing einen Paradigmenwechsel im Marketing darstellt oder ob es sich – wie andere argu-
mentieren[135] – um kein neuartiges Konzept handelt, ist für die Untersuchung
dieser Arbeit zweitrangig. Entscheidend ist vielmehr, dass das Konzept CRM
heute in der Wissenschaft eine wesentliche Bedeutung hat und in der unter-
nehmerischen Praxis eine große Rolle spielt. Somit kann auch der Bedarf zukünftige Entwicklungen des CRM einzuschätzen als groß angenommen werden.

2.2.3   E-CRM

Im Folgenden wird der Begriff E-CRM definiert und die Bedeutung und Entwicklung von E-CRM skizziert.

Wurde in der Marketingliteratur zunächst vor allem CRM diskutiert, tritt der
Begriff Electronic Customer Relationship Management (E-CRM) ab 1999 in
den Vordergrund.[136] Der Begriff E-CRM gehört zu den viel diskutierten Begriffen der aktuellen Marketingpraxis,[137] er wird aber in der Literatur nicht
einheitlich definiert. Es sind allerdings zwei grundsätzliche Definitionsansät-
ze zu erkennen.[138] Zum einen wird E-CRM als eine Ergänzung der Instru-
mentarien der Marketingfunktion hin zum elektronischen Management der

---

[133] Vgl.Wilson, H./Daniel, E./McDonald, M. [2002] S.214 f.

[134] Vgl. Meffert, H. [2003] und die dort zitierten Quellen.

[135] Vgl ebd.

[136] Vgl. Strauss, R./Schoder, D. [2002] S. 82.

[137] Vgl. Fassot, G. [2001] S. 470 und die folgenden Quellen.

[138] Vgl. Eggert, A./Fassott, G. [2001] S.3 f.

Kundenbeziehung aufgefasst.[139] Zum anderen wird E-CRM als umfassende Unternehmensphilosophie gesehen, nämlich als „Ausrichtung des Unternehmens auf den Kunden, die ohne informationstechnische Unterstützung nicht zu realisieren ist"[140]. Den meisten Definitionen gemein ist, dass CRM als eine Teilmenge von E-CRM aufgefasst wird, die Möglichkeiten von E-CRM also über die des CRM signifikant hinausgehen.[141] So ermöglicht die moderne IuK-Technik erweiterte Interaktionsspielräume mit dem Kunden und bietet eine umfassendere (oft automatisierte) Möglichkeit zur Erschließung und Ausschöpfung von Kundenpotenzialen.[142]

Für diese Arbeit wird die Definition für die Entwicklungsstufe analog zur CRM Definition in 2.2.2 gewählt:

> *E-CRM umfasst alle Mittel der Planung, Implementierung und Kontrolle, um – mit Unterstützung der internen und externen Vernetzung – die Indizierung, Stabilisierung und Revitalisierung von Kundenbeziehungen mit dem Ziel beiderseitigen Nutzens zu unterstützen.*

Durch die Internet-Techniken entstehen in der Kunden-Unternehmensbeziehung neue Möglichkeiten: Preis- und Produkttransparenz führen zum einen dazu, dass Kunden in der Lage sind, ohne nennenswerten Zeitaufwand Angebote unterschiedlicher Anbieter zu vergleichen. Zum anderen können sich Unternehmen nun verstärkt weg von einer Ein-

---

[139] Ebd., vgl. auch Diller, H. [2002] S. 235, Link, J./Gerth, N. [2001], Pan, S. L./Lee, J. [2003] S. 96.

[140] Frielitz, C./Hippner, H./Martin, S./Wilde, K. D. [2000].

[141] Vgl. u.a. Diller, H. [2002], S. 235, Pan, S. L./Lee, J. [2003] S. 96, Schlögel, M./Schmidt, I. [2002] S. 42.

[142] Vgl. Eggert, A./Fassot, G. [2001] S. 5, Link, J./Tiedtke, D. [2001] S. 13, Schlögel, M./Schmidt, I. [2002] S. 42.

weg-Kommunikation hin zu einem Dialogmarketing mit intensiviertem Aus-
tausch zwischen Kunden und Unternehmen entwickeln.[143] Das Internet bietet
Vorteile, da umfangreiche Daten über Kunden und ihr Nutzungsverhalten zu
niedrigen Grenzkosten zur Verfügung stehen.[144] Zum anderen können Kunden in Unternehmensprozesse durch Prozessportale im Internet eingebunden
werden.[145] Einen wesentlichen Beitrag zur Kundenbindung bietet dabei die
Personalisierung von den angebotenen Internetdiensten.[146] Dies kann so weit
gehen, dass Kunden direkt mit für sie individualisierten Inhalten angesprochen werden können.[147] Über ein individualisiertes Informationsangebot hinaus gibt es Ansätze, dem Kunden sogar ein „maßgeschneidertes" Produktan-
gebot anzubieten.[148] Pine hat dafür das Oxymeron „Maßgeschneiderte Massenfertigung" gewählt, um auszudrücken, dass durch Technikeinsatz der
scheinbare Gegensatz überwunden werden kann.[149] Allerdings nutzt heute
nur eine Minderheit der im Internet aktiven Unternehmen die Konzepte des
One-to-One Marketing und der Mass-Customization.[150]

Vier wesentliche Ansätze, das Internet zur Kundenbindung zu nutzen,
sind:[151]

---

[143] Vgl. Krafft, M./Bromberger, J. [2001] S. 161.

[144] Vgl. ebd.

[145] Vgl. Schmid, R. E./Bach, V./Österle, H. [2000] S. 6 f.

[146] Vgl. Zingale, A./Arndt, M. [2002] S.46 f.

[147] Vgl. Peppers, D./Martha, R. [1997] S. 55 ff. Diese Individualisierung wird auch 1:1
Marketing genannt.

[148] Dies geht über die auf die Interaktion zwischen Unternehmen und Kunde gemäß des
CRM hinaus und bezieht die Produktion eines Unternehmens mit ein.

[149] Vgl. Pine, J. B. [1994].

[150] Vgl. Schoder, D./Grasmugg, S. L. [2003] S. 617 f.

[151] In enger Anlehnung an Krafft, M./Bromberger, J. [2001] S. 170.

- *Kunden-Information:* Bereitstellen und aktives Versenden von Informationen an Kunden durch Newsletter, Mails, etc.

- *Kunden-Interaktion:* Bereistellen von Online-Diskussionsforen, betreiben und moderieren von Chat-Rooms, einführen Virtuelle Communities, etc.

- *Kunden-Integration:* Einbinden von Kunden in Prozesse des Unternehmens z.b. gemeinsame Produktentwicklung, Sendungsverfolgung, etc.

- *Individualisierung für Kunden:* Aufbau von nach individuellem Kundenwunsch personalisierten Angeboten, zielgerichtete E-Mail-Kampagnen, etc.

Dabei ist den Internet-Leistungen gemein, dass die Grenzkosten, die für ihre Bereitstellung zu kalkulieren sind, gegen Null tendieren.[152]

Technisch kann die Aufzeichnung von Nutzerverhalten (User Tracking) Daten liefern, um ein Nutzerprofil aufzubauen. Dabei können Rule Based- oder Collaborative Filtering-Methoden zum Einsatz kommen.[153]

2.3 Problemstellung

Ob die IuK-technische Entwicklungsstufe „Ubiquitäre Vernetzung" auch zu einer weiteren Entwicklungsstufe des CRM führen wird, ist noch offen: Sowohl der Begriff U-CRM (für ubiquitäres-CRM) als auch ubiquitäre CRM-Konzepte haben sich heute noch nicht in Wissenschaft und Praxis durchgesetzt. Deshalb kann man zurzeit auch noch nicht von einer Entwicklungsstufe U-CRM sprechen. Die technische Entwicklung und das aufgezeigte technische Potenzial der ubiquitären Vernetzung machen es aber

---

[152] Vgl. Evans, P./Wurster, S. [2000] S. 23 ff., vgl. Evans, P./Wurster, S. [1997] S. 74, vgl. Krafft, M./Bromberger, J. [2001] S. 170.

[153] Vgl. Fritz, W. [2001] S. 119., Strauss, R./Schoder, D. [2000] S. 111.

plausibel zu untersuchen, wie eine potenzielle Entwicklungsstufe U-CRM aussehen könnte, denn die Entwicklung von nachhaltigen Geschäftsmodellen ist entscheidend für den Erfolg einer Entwicklungsstufe.[154]

Abbildung 2-2 fasst die CRM-Entwicklungsstufen und ihre Beeinflussung durch IuK-technische Entwicklungsstufen im Zeitablauf zusammen:

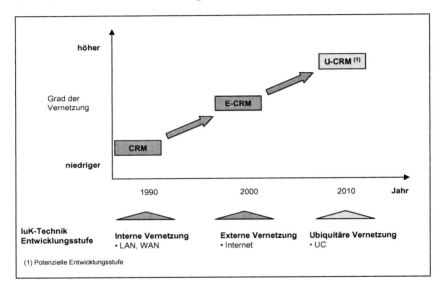

Abbildung 2-2: CRM-Entwicklungsstufen

Obschon die ubiquitäre Vernetzung – getrieben durch UC – bereits als IuK-Entwicklungsstufe identifiziert werden konnte, ist eine entsprechende CRM-Entwicklungsstufe noch nicht in der wissenschaftlichen Literatur konzeptionell behandelt worden und auch nicht in der Praxis zu einer signifikanten Bedeutung gelangt. Allerdings wird das Potenzial, Kunden kontextbezogen anzusprechen, für das CRM durchaus gesehen. Denn durch die Möglichkeit,

---

[154] Dies war besonders bei der Entwicklung des Internets zu beobachten (vgl. Pfaff, D./Skiera, B. [2002] S. 25).

Kunden mit orts-, personen-, und situationsbezogenen Diensten jederzeit ansprechen zu können, bietet es die Gelegenheit für ein nachhaltiges CRM.[155]

Der Begriff U-CRM (für ubiquitäres CRM) ist noch nicht geprägt. Eine Definition ist in Analogie zu den Definitionen von CRM[156] und E-CRM[157] leicht möglich:

> *U-CRM umfasst alle Mittel der Planung, Implementierung und Kontrolle, um – mit Unterstützung der internen, externen und ubiquitären Vernetzung – die Indizierung, Stabilisierung und Revitalisierung von Kundenbeziehungen mit dem Ziel beiderseitigen Nutzens zu unterstützen.*

Die Problemstellung dieser Arbeit ist es daher, diese Definition mit Leben zu füllen. Es ist also eine Zukunftsprognose zu entwerfen, die entweder dass zukünftige Entstehen einer U-CRM Entwicklungsstufe aufzeigt und plausibilisiert oder die zeigt, dass U-CRM sich nicht als eine weitere CRM Entwicklungsstufe herausbilden wird.

---

[155] Vgl. Möhlenbruch, D./Schmieder, U. [2001] S. 22.
[156] Vgl. 2.2.2.
[157] Vgl. 2.2.3.

3 Methodik der Szenario-Analyse

Eine Antwort auf die in Kapitel 2 erläuterte Fragestellung, wie der Einfluss von UC auf das CRM zu bewerten ist, kann nur unter Unsicherheit gegeben werden, denn sie bezieht sich nicht auf einen heute schon zu beobachteten Zustand, sondern auf das Zusammenspiel des (möglichen) Eintritts zukünftiger Ereignisse. Um trotzdem eine befriedigende Antwort auf die Fragestellung geben zu können, wird zunächst die Szenario-Methode – als Möglichkeit konsistente Zukunftsbilder zu entwerfen (und somit nicht die eine, sondern mehrere Antworten zu entwickeln) – als Forschungsmethode dieser Arbeit vorgestellt. Der Methodenüberblick bildet die Grundlage für die Spezifizierung des Konzepts und die Ausgestaltung des Designs dieser Methode für die Fragestellung dieser Arbeit sowie die Auswahl der für die Analyse notwendigen statistischen Verfahren. Dieses Kapitel bildet somit die Grundlage für die Durchführung der dann in Kapitel 4 folgenden spezifischen U-CRM Szenario-Analyse.[158]

3.1 Szenario-Methode

Unternehmen haben oft Schwierigkeiten, sich auf Veränderungen einzustellen und tendieren dazu, die Vergangenheit (teilweise optimistisch) fortzuschreiben und zu spät auf Zukunftssignale zu reagieren.[159] Der Versuch, Trends wissenschaftlich zu erkennen und aufzubereiten, ist schwierig und wird oft skeptisch beobachtet.[160]

---

[158] Der Begriff „Szenario-Analyse" beschreibt dabei ein konkretes Forschungsprojekt, das gemäß der Szenario-Methode konzipiert ist. Alternativ wird in der Literatur auch der Begriff „Szenario-Studie" genutzt.

[159] Fink, A./Schlake, O./Siebe, A. [2001] S. 56; Henderson, B. D. [1993]. S. 596 f.

[160] Horx, M./Wippermann, P. [1996] S. 23 ff.

Der Wunsch der Menschen, sich auf die Zukunft einzustellen, führte schon oft zu dem Versuch, in die Zukunft zu blicken. Bereits in der Antike erlangten die Prognosen der Orakel große Bedeutung. Die berühmtesten Kultstätten waren das Apollon-Orakel in Delphi, das Zeus-Orakel Dodona in Epirus und das Zeus-Orakel in der Libyschen Wüste.[161] Der Begriff „Prognose" stammt aus dem griechischen (gr. prognosis – das Vorherwissen). Im Mittelalter befriedigten Hellseher und Astronomen das menschliche Grundbedürfnis, die Zukunft zu kennen; heute sind es Experten und Trendforscher.[162]

Es hat sich gezeigt, dass selbst Prognosen von ausgewiesenen Experten immer wieder fehlschlagen.[163] Gerade im Forschungsgebiet IuK-Technik sind wegen der hohen Innovationsgeschwindigkeit in diesem Gebiet Fehlprognosen besonders oft zu beobachten.[164] Trotzdem bzw. gerade deswegen ist es sinnvoll, sich methodisch fundiert mit der Zukunft zu beschäftigen, denn dies ermöglicht, nicht unvorbereitet auf künftige Ereignisse reagieren zu müssen. Dafür benötigt man einen systematischen, wissenschaftlich haltbaren Ansatz. Diesen kann die Szenario-Methode liefern.[165] Die Szenariomethode verspricht – wissenschaftlich fundiert – die Unsicherheit beim „Blick in die Zukunft" zu verringern, indem strukturiert und systematisch Szenarien entwickelt werden, die eine mögliche Zukunft konsistent beschreiben.[166]

---

[161] Vgl. Gausemeier, J./Fink, A./Schlake, O. [1996] S. 31.

[162] Vgl. Fink, A./Schlake, O./Siebe, A. [2001] S. 45.

[163] Spektakulär waren z. B. die Fehlprognosen: „Es gibt nicht das geringste Anzeichen, dass wir jemals Atomenergie entwickeln können" (Albert Einstein, Entdecker der Relativitätstheorie) oder „Ich glaube, der Weltmarkt hat Raum für fünf Computer – mehr nicht" (Thomas J. Watson, CEO IBM). Vgl. Berth, R. [1992].

[164] Vgl. Picot A./Reichwald, R./Wigand R. T. [2001] S. 143.

[165] Vgl. u. A. Geschka, H. [1999] S. 518 ff., Gregory, L. W./Duran, A. [2001] S.531 f.,Fink, A./Schlake, O./Siebe, A. [2001] S. 45, Heinrich, L. J. [2002] S. 353; siehe auch die detaillierte Beschreibung und Einordnung der Szenario-Methode unter 3.1.

[166] Vgl. u.a. Fink, A./Schlake, O. [2000] S. 25 f.; Heinrich, L. J. [2002] S. 353.

Da aber weder der Begriff Szenario[167] noch der Begriff Szenario-Methode einheitlich definiert sind[168], was teilweise dazu führt, dass der Methode wissenschaftliche Laxheit vorgeworfen wird[169], wird im Folgenden zunächst die Szenario-Methode, die das Grundgerüst für die Szenario-Analyse dieser Arbeit bildet[170], vorgestellt:

Nach einer Einordnung und Abgrenzung der Methode werden ihre Entwicklung und ihre Anwendung beschrieben. Darauf aufbauend werden die konstituierenden Merkmale der Szenario-Methode abgeleitet und vorgestellt, die für diese Arbeit maßgeblich sind.

3.1.1 Einordnung und Abgrenzung der Szenario-Methode

Die Szenario-Methode hat zum Ziel, ein bzw. mehrere konsistente Zukunftsbilder zu ermitteln[171] und ist somit den Methoden der Zukunftsforschung zuzuordnen.[172] Sie unterscheidet sich dabei deutlich von anderen Prognosemethoden[173], die für die Zukunftsforschung genutzt werden:[174]

Die *konventionelle Prognose* erfasst quantitativ den Ist-Zustand und rechnet auf dessen Basis den Zukunfts-Zustand aus. Dabei werden allerdings oft externe

---

[167] Vgl. Zentner, R. D. [1982] S. 12, der die Definitionsvielfalt folgendermaßen beschreibt: „There appear to be almost as many definition of the term ‚scenario' as there are articles on scenario development".

[168] Vgl. ausführlicher 3.1.3.

[169] Vgl. Ducot, C./Lubben, G. J. [1980] S. 51.

[170] Die Szenario-Analyse ist also hier die konkrete Durchführung des Prozesses der Szenarioerstellung nach der Szenario-Methode.

[171] Vgl. Hüttner, M. [1986] S. 252, Reibnitz, Ute v. [1992] S. 17.

[172] Vgl. Meyer-Schönherr, M. [1992] S. 12.

[173] Der Begriff „Prognosemethode" wird hier als Überbegriff für spezifische Methoden der Zukunftsforschung genutzt (Vgl. Hüttner, M. [1986] S. 4).

[174] Vgl. Reibnitz, Ute v. [1992] S. 17.

und qualitative Einflüsse vernachlässigt.[175] Es wird teilweise versucht, diese
Mängel dadurch zu beheben, dass man szenario-ähnliche Aspekte (wie etwa
Sensitivitätsanalysen) mit einbezieht.[176] Auch die konventionelle Prognose
ermöglicht es, komplexe Sachverhalte abzubilden. Dabei können Daten der
Vergangenheit oder der Gegenwart als Schlüssel für das Prognosemodell genutzt werden. Indikatorenmodelle und Zeitreihenanalysen sind die Vertreter
solcher Prognosemodelle.[177] Diffusionsmodelle können wegen ihrer aggre-
gierten Darstellung für die Prognose von Schlüsselfaktoren keine Alternative
für Fragestellung dieser Arbeit darstellen.[178]

Simulationsmodelle sind ein vieldeutiger und assoziationsreicher Terminus.[179]
Die hier folgende Betrachtung bezieht sich auf wirtschaftliche Zukunftssimu-
lationen, die versuchen, denkbare Zukunftssituationen systematisch zu berechnen. Häufig ergibt sich bei dieser Methode allerdings das Problem, die
generierten Informationen zu bewerten und somit als Entscheidungsgrund-
lage zu nutzen. Zudem gibt es oft Theoriedefizite bei den zugrunde liegenden
Computermodellen.[180] Dies erklärt, warum eine Reihe von Studien gezeigt
haben, dass komplexe Simulationsmodelle oft keine höhere Genauigkeit auf-
weisen als einfache Prognosen.[181] Eine Berechtigung haben Simulationsmodelle hingegen, wenn auf Basis eines theoretisch fundierten Modells komplexe Vernetzungen und Wechselwirkungen erklärt werden[182] und durch Sensi-

---

[175] Obwohl es möglich ist, auch qualitative Aussagen als Wahrscheinlichkeitsaussagen
     quantitativ abzubilden (vgl. Brockhaus, K. [2001] S. 721).
[176] Vgl. Reibnitz, Ute v. [1992] S. 16.
[177] Vgl. ausführlich Brockhoff, K. [1977] S. 87 ff.
[178] Vgl. Clement, M. [2000] S. 30.
[179] Vgl. Liebl, F. [1992] S. 3.
[180] Vgl. Apel, H. [1979] S. 26 ff.
[181] Vgl. Schnaars , S. P. [1987] S. 105 und die dort zitierten Quellen.
[182] Vgl. Reibnitz, Ute v. [1992] S. 18 f.

tivitätsanalysen die Input/Output Beziehung des Simulationsmodells überprüft werden.[183]

Der Einsatz der *Szenario-Methode* ist eine geeignete Möglichkeit besonders
komplexe Sachverhalte zu prognostizieren.[184] Ihr Einsatz bietet sich an, um
möglichst widerspruchsfrei Konstellationen künftiger Umweltzustände darzustellen und dabei die wechselseitige Beeinflussung einzelner Prognosege-
genstände zu berücksichtigen.[185] Die Szenario-Methode führt zu mehreren
Zukunftsbildern auf Basis von qualitativen und quantitativen Informationen
bei Erfassung von Vernetzungen.[186] Ergebnisse einer Szenario-Analyse sind
in sich konsistente Zukunfts*bilder*. Dies grenzt sie von einer Delphi-Methode
ab, die Antworten auf einzelne Zukunftsfragen gibt.[187] Die mit Hilfe der Szenario-Methode entwickelten Zukunftsbilder sind dabei eher eine Antwort auf
die Frage, was in der Zukunft passieren kann, als eine Antwort auf die Frage,
was passieren wird.[188]

Die Szenario-Methode wird oft mittels des so genannten Szenario-Trichters
visualisiert. Er veranschaulicht, dass die Zukunft sich ausgehend von einem
Ist-Zustand (heute) nicht exakt prognostizieren lässt, sondern es stattdessen
aus heutiger Sicht eine multiple Zukunft mit mehreren konsistenten Zukunftsbildern gibt.[189] Der Trichter verdeutlicht, dass aufgrund der Variati-
onsbreite der Schlüsselfaktoren sich eine Spannbreite der „möglichen Zu-

---

[183] Vgl. Brockhoff, K. [1977] S. 138.
[184] Vgl. Cuhls, K./Möhrle, M. G. [2001] S. 48 f.; Schnaars , S. P. [1987] S. 107.
[185] Vgl. Brockhoff, K. [2001] S. 716.
[186] Vgl. Reibnitz, Ute v. [1992] S. 17.
[187] Vgl. ausführlich 3.4.
[188] Vgl. Schnaars , S. P. [1987] S. 106.
[189] Vgl. Gausemeier, J./Fink, A./Schlake, O. [1996] S. 90.

künfte" ergibt.[190] Einzelne Autoren führen auch noch Störereignisse explizit auf, verweisen aber auch auf die Schwierigkeit der Modellierung dieser Ereignisse.[191] Aus diesem Grund wird hier – wie bei den meisten Szenario-Analysen – auf eine Modellierung und Visualisierung der Störereignisse verzichtet.

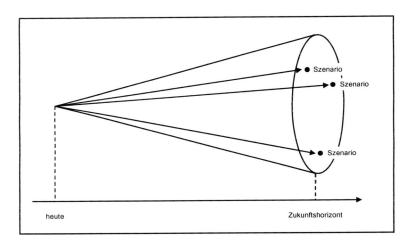

Abbildung 3-1: Szenario-Trichter

(Quelle: In enger Anlehnung an Geschka, H. [1999], S. 522)

Der Szenario-Trichter erinnert nicht ohne Grund an die Projektion der Schlüsselfaktoren, denn letztendlich handelt es sich bei den Projektionen der Schlüsselfaktoren (nach angloamerikanischer Lesart) bereits um kleine Szenarien.[192] Der Unterschied zu den Szenarien, die als das Ergebnis der Szenario-Analyse gemäß der Szenario-Methode erstellt wurden, besteht darin, dass bei

---

[190] Vgl. Geschka, H. [1999] S. 522.
[191] Vgl. Reibnitz, Ute v. [1992] S. 35 ff.
[192] Fink, A./Schlake, O. [1996] S. 85.

diesen eine große Anzahl von Projektionen zu komplexen, konsistenten Zukunftsbildern verknüpft ist.

3.1.2 Entwicklung und Anwendung der Szenario-Methode

Der Begriff Szenario findet seinen Ursprung bei den Studien von Kahn[193], der im Auftrag der RAND Corporation an der Entwicklung militärstrategischer Studien arbeitete.[194] Das Wort Szenario lässt sich auf das griechische Wort „skene" (langes schmales Gebäude im griechischen Theater) und das lateinische „szenarium" (Ort, wo die Bühne errichtet wurde) zurückführen. Der Begriff ist der Theater- und Filmsprache entliehen.[195] Er bezeichnet die Szenenfolge eines Dramas, eine Skizze des Handlungsablaufs und den Übersichtsplan für die Regie[196]. In den 50er Jahren wurde er das erste Mal für Prognosen im militärischen Bereich verwendet[197] und sollte deutlich machen, dass es sich bei einem Szenario nicht um eine sichere, sondern um eine mögliche Zukunft handelt.[198]

Die einsetzende Marktsättigung in den 60er Jahren führte dazu, dass sich die Rahmenbedingungen der Unternehmen änderten. Dadurch waren Unternehmen gezwungen, sich möglichst im Vorfeld auf diese fundamentalen Änderungen einzustellen, um im Markt bestehen zu können.[199] Zuerst fokussierte die Unternehmensplanung allerdings auf das Prognostizieren der Zukunft – im Sinne eines möglichst genauen Vorausbestimmens –, ohne zu berücksichtigen, dass zunehmende Umweltdynamik und zahlreiche Unsicherheiten

---

[193] Vgl. Kahn, H. [1965].
[194] Vgl. Meyer-Schönherr, M. [1992] S. 12.
[195] Vgl. Götze, U. [1990] S.36, Vgl. Gausemeier, J./Fink, A./Schlake, O. [1996], S. 90.
[196] Vgl. Mißler-Behr, M. [1993] S. 1.
[197] Vgl. Mißler-Behr, M. [1993] S. 2.
[198] Vgl. Kahn, H. [1965].
[199] Vgl. Gausemeier, J./Fink, A./Schlake, O. [1996], S. 83.

treffende Vorhersagen kaum möglich machten.[200] Dies führte zu einer stei-
genden Anzahl von Fehlprognosen, die auch ausgewiesenen Experten unter-
liefen.[201] Derartige Fehlprognosen resultieren vor allem aus der Neigung der
Menschen, aktuelle Entwicklungstendenzen linear und monoton fortzuschreiben.[202]

Anfang der 70er Jahre wurde, ausgelöst durch die Ölkrise, die zu weit rei-
chenden Turbulenzen in der westlichen (Wirtschafts-) Welt führte, die Szenario-Methode neu entdeckt und auf einen betriebswirtschaftlichen Kontext
ausgerichtet.[203]

3.1.3   Merkmale der Szenario-Methode

In der wissenschaftlichen Literatur zur Szenario-Analyse findet sich eine Fül-
le ihr als Bestandteil zugerechneter Methoden.[204] Sie wird deshalb auch als
Methodenverbund bezeichnet.[205] Selbst die Bezeichnung „Szenario-Methode"
wird dabei in der Literatur nicht einheitlich gebraucht. Synonym werden oft
die Begriffe „Szenario-Technik" und „Szenario-Analyse" verwendet.[206] Im
englischen Sprachraum findet man die Begriffe „scenario analysis", „scenario
method", „scenario building" und „scenario writing".[207] Um die Begriffe
„Methode" und „Analyse" konsistent zu verwenden, wird im weiteren Ver-
lauf der Begriff „Szenario-Methode" analog zum später genutzten Begriff
„Delphi-Methode" als Bezeichnung für das methodische Grundgerüst ge-

---

[200] Die methodischen Ansätze der Vorhersage technischer Entwicklung unterliegen dabei
vielfältigen Einwänden (Vgl. ausführlich Brockhoff, K. [1969]).

[201] Vgl. Gausemeier, J./Fink, A./Schlake, O. [1996], S. 85.

[202] Vgl. Dörner, D. [1989].

[203] Vgl. Reibnitz, Ute v. [1992] S. 12.

[204] Vgl. Meyer-Schönherr, M. [1992] S. 33.

[205] Vgl. Angermeyer-Naumann, R. [1985] S. 131, Kiesel, J. [2001] S. 14.

[206] Meyer-Schönherr, M. [1992] S. 20, Reibnitz, U. [1992].

[207] Vgl. Götze, U. [1990] S. 71 und die dort zitierten Quellen.

nutzt.[208] Ebenso wird der Begriff „Szenario-Analyse" analog zum Begriff „Delphi-Analyse" genutzt, um die Erstellung konkreter Szenarien gemäß der Szenario-Methode zu beschreiben.

Mit dem Terminus Szenario-Methode werden in der Literatur verschiedene Methoden(-bündel) und Abläufe belegt: Bei einer hierarchischen Gliederung dieser jeweils unterschiedlichen Szenario-Methoden kann auf der obersten Ebene zwischen rein quantitativen Methoden und Mischformen aus quantitativen und qualitativen Methoden[209] unterschieden werden.[210] Unter diese Mischform fallen wiederum intuitive, nicht formalisierte Vorgehensweisen und systematische formalisierte Vorgehensweisen. Die letztgenannten unterteilen sich wiederum in Methoden mit intuitiver Logik und in Methoden mit modellgestützter Logik.[211]

---

[208] Vgl. 3.4.

[209] Wobei quantitative Methoden nur partiell als Hilfsmittel eingesetzt werden.

[210] Vgl. Zentner, R. D. [1975] S. 14 ff.

[211] Vgl. Abbildung 3-2.

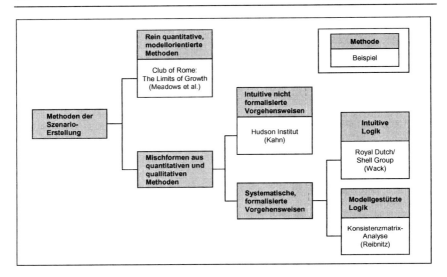

Abbildung 3-2: Klassifizierung von Szenario-Methoden

(Quelle: In Anlehnung an Meyer-Schönherr, M. [1992] S. 22)

Im Folgenden werden die einzelnen Methoden kurz beschrieben und bewertet. Dann werden die für diese Arbeit gültige Definition des Begriffs „Szenario-Methode" abschließend dargestellt und die Auswahl der verwendeten Methoden für diese Arbeit begründet.

3.1.3.1   Quantitative Methoden

Bei den quantitativen Methoden zur Szenario-Erstellung wird versucht, zukünftige Entwicklungen in Totalmodellen mit Hilfe einer großen Anzahl von Variablen abzubilden, wobei die Eingabeparameter der Modelle die zugrunde liegenden Prämissen der Szenarien sind.[212] Bekanntheit errang diese Methode vor allem durch die Arbeiten des „Club of Rome", der mit der Studie „Die Grenzen des Wachstums" großes Aufsehen auch außerhalb der Wissen-

---

[212] Vgl. Meyer-Schönherr, M. [1992] S. 22.

schaft erregte.[213] Für eine problemorientierte Unterstützung der Unternehmensplanung scheinen die (Computer-) Modelle eher ungeeignet.[214] Eine komplette Erfassung aller relevanten quantitativen Parameter ist kaum möglich.[215] Ob es sich überhaupt um eine Szenariomethode im engeren Sinne handelt ist fraglich, da nur ein Zukunftsbild am Ende der Berechnung steht.[216] Stattdessen scheint eine Einordnung dieses Vorgehens als Simulationsmodell angebrachter. Dieser Umstand und die quantitative Ausrichtung lassen diese Methode auch wenig geeignet erscheinen, auf den Untersuchungsgegenstand dieser Arbeit angewandt zu werden.

3.1.3.2 Intuitive, nicht formalisierte Vorgehensweisen

Die intuitive nicht formalisierte Vorgehensweise ist auch bekannt unter dem Begriff „scenario-writing".[217] Bei dieser Vorgehensweise wird jede Systematik und Ordnung im Vorgehen der Szenarioerstellung abgelehnt,[218] denn damit würde ein Verständnis der in Wirklichkeit zu komplexen Realität vorgetäuscht.[219] Stattdessen sind Intuition und Subjektivität ein zentrales Element, um eine quantitative Analyse mit qualitativen Aspekten zu verknüpfen.[220]

Die starke Betonung der Individualität und Subjektivität bei dieser Methode und das Fehlen einer Strukturierung können zu einer gewissen Beliebigkeit der damit gewonnenen Szenarien führen. Es fällt sogar schwer, sie als Methoden zu bezeichnen, da ein zielgerichtetes, systematisches Vorgehen bei

---

[213] Vgl. Meadows, D.H./Meadows, D. L./ Randers, J. et al. [1972] .

[214] Vgl. Schnaars , S. P. [1987] S. 109 f.

[215] Vgl. Fischer, T. [1982] S. 288.

[216] Vgl. Reibnitz, Ute v. [1992] S. 12.

[217] Einer der bekanntesten Vertreter ist das Hudson Institut (Vgl. Kahn, H./Wiener, A. J. [1968] S. 42).

[218] Vgl. Lanford, H. W. [1972] S. 28.

[219] Vgl. Meyer-Schönherr, M. [1992] S. 24.

[220] Vgl. Meyer-Schönherr, M. [1992] S. 24 f.

der Problembearbeitung fehlt.[221] Somit eignet sich die intuitive formalisierte
Vorgehensweise nicht für den Kontext dieser Arbeit.

3.1.3.3   Intuitive Logik

Bei der intuitiven Logik wird versucht, flexible in sich konsistente Szenarien
aus einer intuitiven und logischen Perspektive heraus zu entwickeln.[222] Dabei
wird zwar ein Vorgehensmodell vorgegeben, es fehlt aber ein einheitlicher
mathematisch formulierter Prozess. Deshalb kann die Durchführung der A-
nalyse an die mit der Szenario-Analyse befassten Teammitglieder und deren
Kompetenzprofil individuell angepasst werden, ohne auf eine strenge Vor-
strukturierung Rücksicht nehmen zu müssen.[223] Komplexe quantitative Modelle sind nicht zwangsläufig erforderlich, um die Hemmschwelle der Beteiligten niedrig zu halten. Ein Beispiel für diese Methode sind die Szenario-
Analysen der Royal Dutch/Shell Group.[224] Diese Methode ist nur bedingt im
Rahmen dieser Arbeit geeignet, da es hier keine Notwendigkeit gibt, auf ma-
thematische Algorithmen zu verzichten, sondern diese im Gegenteil eine
komplexere Untersuchung der Zusammenhänge ermöglichen und der Ver-
zicht auf einen verbindlichen Algorithmus eine zu große Beliebigkeit, die für
eine wissenschaftliche Arbeit nicht angebracht ist, bedeuten würde.

3.1.3.4   Modellgestützte Logik

Unter der modellgestützten Logik versteht man Ansätze, die auf eine strukturierte und mit mathematischen Algorithmen unterstützte Logik aufbau-
en.[225] Sie wurde maßgeblich vom Battelle-Institut geprägt, das diese Methode

---

[221] Vgl. Pfohl, H.-C./Rürup, B. [1978] S. 197.

[222] Vgl. auch zur weiteren Darstellung der intuitiven Logik Meyer-Schönherr, M. [1992]
S. 35 ff.

[223] Vgl. Meyer-Schönherr, M. [1992] S. 44.

[224] Vgl. Wack, P. [1986].

[225] Vgl. Meyer-Schönherr, M. [1992] S. 43.

zum strategischen Planungsinstrument ausbaute.[226] Bekannte und immer wieder zitierte Vertreter sind Geschka[227] und Reibnitz[228].

Es handelt sich bei der Szenarioerstellung gemäß der modellgestützten Logik wie bei der intuitiven Logik ebenfalls um einen Prozess, dessen Prozessschritte allerdings wesentlich strenger strukturiert sind.[229] Dabei können die Ausgangsdaten für eine Szenario-Analyse mathematisch standardisiert und formalisiert und das darauf aufbauende Vorgehen algorithmisch beschrieben werden.[230]

Die Szenario-Methode gemäß der modellgestützten Logik ist methodisch weit entwickelt und in der Praxis erprobt.[231] Der Prozess, der zu den Ergebnissen dieser Methode führt – und damit auch die Ergebnisse der Methode –, sind objektiv nachvollziehbar und das Vorgehensmodell sauber von den Modellannahmen getrennt. Die modellgestützte Logik ist somit der für die Problemstellung dieser Arbeit am besten geeignetste methodische Ansatz.

Aufbauend auf die Klassifizierung der Methoden wird folgende Definition in Anlehnung an Meyer-Schönherr und Reibnitz als Basis für diese Arbeit gewählt:[232]

Die Szenario-Methode ist ein formalisiertes Instrument zur systematischen Entwicklung zukünftiger Umfeldsituationen (Szenarien).

---

[226] Vgl. ebd.

[227] Vgl. Geschka, H. [1999]

[228] Vgl. Reibnitz, Ute v. [1992]

[229] Vgl. Meyer-Schönherr, M. [1992] S. 46.

[230] Vgl. Mißler-Behr, M. [1993] S. 22 ff.

[231] Vgl. Meyer-Schönherr, M. [1992] S. 57.

[232] Vgl. Meyer-Schönherr, M. [1992] S. 27, Reibnitz, U. [1987] S. 15.

Es wird sich im Folgenden bei der U-CRM Szenario-Analyse einer modellgestützten Logik bedient.

Auch bei der modellgestützten Logik gibt es keine einheitliche Bezeichnung
und identische Anzahl der Prozessschritte. Bei der überwiegenden Mehrheit
der in der Literatur zu findenden Analysen, kann man allerdings drei Schritte
identifizieren (Analyse-Phase, Prognose-Phase, Synthese-Phase)[233]. Diesen
Schritten vorgelagert findet eine Detailbetrachtung der Ausgangslage und
der sich daraus ergebenden Problemstellung statt[234]. Abbildung 3-2 fasst die
Phasen der Erstellung von Szenarien gemäß der modellgestützten Logik graphisch zusammen und verweist auf die Stellen der Arbeit, wo diese Phasen
durchlaufen werden:

Ausgangslage/ Problemstellung Kapitel 2	Analyse-Phase Abschnitt 4.1	Prognose-Phase Abschnitt 4.2	Synthese-Phase Abschnitt 4.3
Detailbetrachtung der historischen und gegenwärtigen System- zusammenhänge	Ermittlung wesentlicher Einflussfaktoren und Projektionen	Ermittlung von Projektions-Eintritts- wahrscheinlichkeiten	Erstellung von Rohszenarien
Abschnitt 2.1	**Abschnitt 4.1**	**Kapitel 4.2.1**	**Abschnitt 4.3.1**
Präzise Abgrenzung und Definition des Problems		Bildung von in sich konsistenten Projektionsbündeln	Zukunftsraummapping
Abschnitt 2.2		**Kapitel 4.2.2**	**Abschnitt 4.3.2**
			Szenario-Beschreibung
			Abschnitt 4.3.3

Abbildung 3-3: Phasen der Szenario-Analyse

Der ersten Phase der Szenario-Analyse vorangestellt wird die *Ausgangslage
und Problemstellung*, die der Analyse zu Grunde liegt. Dies zielt darauf ab, ge-

---

[233] Vgl. Fink, A./Schlake, O. Siebe, A. [2001] S. 59, Meyer-Schönherr, M. [1992] S. 29 ff.,
Mißler-Behr, M. [1993] S. 9, Oberkampf, V. [1976] S. 12.

[234] In dieser Arbeit wurde diese Vorarbeit zur Szenario-Analyse in Kapitel 2 geleistet.

nau den Untersuchungsgegenstand der Szenario-Methode zu definieren.[235]
Zu diesem Zweck werden die historischen und gegenwärtigen Systemzu-
sammenhänge betrachtet und das Problem, das mit Hilfe der Szenario-
Methode gelöst werden soll, abgegrenzt und definiert.[236] Darauf folgen in der
Analyse-Phase die Ermittlung wesentlicher Einflussfaktoren (die Schlüsselfak-
toren genannt werden)[237], die neutral formuliert die Faktoren beschreiben, die
in der Zukunft den Untersuchungsbereich wesentlich beeinflussen werden.[238]
Projektionen, die mögliche Entwicklungsmöglichkeiten der Schlüsselfaktoren
beschreiben,   werden im nächsten Schritt erstellt.[239] Dabei werden jedem
Schlüsselfaktor mindestens zwei Projektionen zugeordnet.

In der *Prognose-Phase* können fakultativ den Projektionen Eintrittswahrscheinlichkeiten zugeordnet werden.[240] Es wird von heute ausgehend prognostiziert, mit welcher Eintrittswahrscheinlichkeit die Projektionen der
Schlüsselfaktoren, die in der Analyse-Phase identifiziert wurden, in der Zukunft eintreffen werden. Diese Eintrittswahrscheinlichkeiten ermöglichen in
der Synthese-Phase eine Plausibilitätsbetrachtung der Szenarien.[241] Im nächsten Schritt werden konsistente Projektionsbündel mit Hilfe einer Konsistenzmatrix, die die Konsistenz der einzelnen Projektionen zueinander abbildet, gebildet und ausgewählt.[242] Dies kann als das kybernetische Element der
Szenario-Methode gewertet werden, da hier die Projektionen in einem rück-

---

[235] Vgl. Mißler-Behr, M. [1993] S. 10.

[236] Vgl. Meyer-Schönherr, M. [1992] S. 29.

[237] Zum Teil werden erst die Einflussfaktoren und dann daraus die wesentlichen Einflussfaktoren bestimmt. Vgl. Fink, A./Schlake, O./Siebe, A. [2001] S. 78 ff.

[238] Vgl. Reibnitz, Ute v. [1992], S. 45.

[239] Vgl. Fink, A./Schlake, O./Siebe, A. [2001] S. 80.

[240] Vgl. Gausemeier, J./Fink, A./Schlake, O. [1996] S. 225 f.

[241] Vgl. Gausemeier, J./Fink, A./Schlake, O. [1996] S. 262 ff.

[242] Vgl. Gausemeier, J./Fink, A./Schlake, O. [1996] S. 254 ff.

gekoppelten System abgebildet werden.[243] Ein Projektionsbündel ist dabei die Kombination von Projektion, bei der für alle Schlüsselfaktoren genau eine Projektion ausgewählt wird. Um die Konsistenz eines Projektionsbündels zu ermitteln, muss zunächst die paarweise Konsistenz der Projektionen untersucht werden.[244] Dieser Vorgang wird dann für alle Paare durchgeführt, um die Gesamtkonsistenz zu berechnen. Anschließend wird die Anzahl der betrachteten Projektionsbündel nach Konsistenz- und Wahrscheinlichkeitskriterien reduziert.

Die *Synthese-Phase* hat zur Aufgabe, die bis dahin erlangten Ergebnisse zu konsolidieren und dann übersichtlich aufzubereiten. Dazu werden durch eine Clusterung der dann noch vorhandenen Projektionsbündel wenige Rohszenarien erstellt.[245] Diese werden dann mittels Zukunftsraum-Mapping graphisch dargestellt.[246] Am Ende einer Szenario-Analyse werden die Szenarien zur besseren Veranschaulichung umgangssprachlich beschrieben.[247]

3.2 Konzeption

Die konkrete Ausgestaltung der vorgestellten Phasen und Unterphasen der Szenario-Methode gemäß der modellgestützten Logik variiert je nach Autor. Im Folgenden wird die Ausgestaltung der Methode für das Forschungsvorhaben dieser Arbeit, problemorientierte generelle Szenarien zu erstellen[248], beschrieben und erläutert. Die Methodik der Szenario-Analyse wird dadurch nachvollziehbar und die wissenschaftliche Fundierung wird belegt.

---

[243] Vgl. Seiffert, H. [1985] S. 127.

[244] Vgl. Gausemeier, J./Fink, A./Schlake, O. [1996] S. 255 f.

[245] Vgl. Meyer-Schönherr, M. [1992] S. 30.

[246] Vgl. Gausemeier, J./Fink, A./Schlake, O. [1996] S. 289 ff.

[247] Vgl. Fink, A./Schlake, O./Siebe, A. [2001] S. 93 ff.

[248] Vgl. Angermeyer-Naumann, R. [1985] S. 139.

Wie und mit welchem Ziel der Weg vom Ist-Zustand zu den Szenarien konzeptionell im Rahmen der vorgegebenen Methodik der modellgestützten Logik der Szenario-Methode zurückgelegt wird, lässt sich anhand von neun konstituierenden Merkmalen mit jeweils binärer Ausprägung in einen Orientierungsrahmen einordnen.[249] Diese neun konstituierenden Merkmale lassen sich in drei Gruppen mit jeweils drei Merkmalen aufteilen: Den „Merkmalen der Grundlage einer Szenario-Analyse", den „Merkmalen der Szenario-Erstellung" und den „Merkmalen der Szenario-Prognostik".[250] Die Ausprägung der Merkmale ist wertungsfrei – es gibt keine „falsche" oder „richtige" Ausprägung für „schlechte" oder „gute" Szenario-Analyse. Ziel ist lediglich, die jeweilige Szenario-Analyse systematisch zu beschreiben und einzugrenzen.

3.2.1 Konstituierende Merkmale: Grundlage einer Szenario-Analyse

Die Szenario-Analyse kann man mit Hilfe der drei Merkmale „Problemstellung", „Lenkbarkeit" und „Organisationsform" beschreiben.

Das Merkmal „Problemstellung" beschreibt, ob es sich bei der Analyse um eine Entscheidungs- oder eine Orientierungsproblematik handelt. Im Falle der vorliegenden Arbeit handelt es sich um eine Orientierungsproblematik. Es soll ein qualifizierter Blick in die Zukunft gewagt werden, an dem sich die Wissenschaft bei der weiteren Forschung und die Praxis bei konzeptionellen Überlegungen, wie sie in Zukunft ihr CRM gestalten soll, orientieren können.

---

[249] Synonym zum Begriff „konstituierendes Merkmal" wird in der Literatur auch der Begriff „Dimension" verwendet (Vgl. Gausemeier, J./Fink, A./Schlake, O. [1996] S. 103 ff.).

[250] Vgl. Gausemeier, J./Fink, A./Schlake, O. [1996] S. 117. Die weitere Einordnung basiert auf dem von Gausemeier, J./Fink, A./Schlake, O. [1996] S. 103 ff. vorgeschlagenen Schema, wenn nicht andere Quellen genannt sind.

Die Einflussgrößen (also die Schlüsselfaktoren) der Szenario-Analyse sind in diesem Falle keine Größen, die durch den Szenario-Ersteller beeinflusst werden können. Deshalb handelt es sich in beim Merkmal „Lenkbarkeit" um eine umfeldorientierte Szenario-Analyse und keine lenkungsorientierte Szenarioanalyse.

Beim Merkmal der „Organisationsform" einer Szenario-Analyse unterscheidet man zwischen externer Analyse, bei der die erstellende Instanz und die umsetzende Instanz nicht identisch sind (wie in dieser Arbeit) und einer internen Analyse bei Identität dieser beiden Instanzen. In der Praxis findet sich auch noch die Mischform, in der Berater einen Teilbereich der Szenario-Analyse übernehmen.

Die Merkmale der Grundlage einer Szenario-Analyse sind festgelegt, wenn die Szenario-Analyse im wissenschaftlichen Kontext einer Forschungsarbeit angewandt wird, immer identisch mit den eben formulierten. Im Rahmen der Anwendung der Szenario-Methode in der betrieblichen strategischen Unternehmensplanung sind aber andere Ausprägungen denkbar und sinnvoll.

3.2.2   Konstituierende Merkmale: Szenario-Erstellung

Die drei Merkmale „zeitliche Beschaffenheit der Szenarien", „Richtung der Szenario-Erstellung" und „Zielausrichtung der Szenarien" gehören zu der Kategorie der Merkmale der Szenario-Erstellung.

Bei der „zeitlichen Beschaffenheit" der Szenarien kann man zwischen Szenarien, die den Weg zu Zukunftsbildern beschreiben (Prozess-Szenarien) und Szenarien, die sich auf die Beschreibung der Zukunftsbilder konzentrieren (Situations-Szenarien), unterscheiden. Im Rahmen dieser Arbeit werden Situations-Szenarien erstellt.

Für diese Arbeit hat das Merkmal der „Richtung der Szenario-Erstellung" den Ist-Zustand als Ausgangspunkt der Erstellung. Es handelt sich um klassische „Was-wäre-wenn-Szenarien"[251] (Explorativer Ansatz), bei denen der Ausgangspunkt der Szenarioanalyse feststeht und vorwärts gewandt mehrere Entwicklungsmöglichkeiten und somit mehrere Zukunftsbilder beschrieben werden. Ein anderes Vorgehen ist hingegen das Retropolieren. Man spricht in diesem Fall von „Was-muss-geschehen-dass-Szenarien"[252] (Antizipativer Ansatz), das erst eine wünschenswerte Zukunft definiert und dann mögliche Wege vom Ist-Zustand dorthin entwickelt.[253]

Die Ausprägung des Merkmals „Zielausrichtung der Szenarien" gibt an, ob der Anwender die Szenario-Erstellung auf gewünschte Zielbilder ausrichtet. Die Szenario-Erstellung aus wissenschaftlicher Sicht zielt aber nicht auf eine spezielle Anwendung oder ein spezifisches Unternehmensziel ab und ist somit nicht präskriptiv. Stattdessen werden Zustandsbilder beschrieben und somit deskriptive Szenarien entwickelt.

Die Kombination der Merkmale „Richtung der Szenario-Erstellung" und „Zielausrichtung" wird genutzt, um vier Basistypen von Szenarien zu beschreiben.[254] Im Fall der für diese Arbeit entwickelten U-CRM Szenarien handelt es sich somit um explorative Zustandsbilder.

3.2.3 Konstituierende Merkmale: Szenario-Prognostik

Unter der Kategorie „Merkmale der Szenario-Prognostik" sind diejenigen Merkmale zusammengefasst, die die Ausgestaltung des Kerns einer Szenario-

---

[251] Vgl. Gausemeier, J./Fink, A./Schlake, O. [1996] S. 111.

[252] Vgl. Krystek, U./Müller-Stevens-Stewens, G. [1993].

[253] Vgl. Oetinger, Bolko v. [1994] S. 247 ff.

[254] Vgl. Ducot, C./Lubben, G. J. [1980].

Analyse bestimmen. Dazu gehören „inhaltliche Ausrichtung" und die „Eintrittswahrscheinlichkeiten" der Projektionen sowie der „Zeithorizont".

Bei der „inhaltlichen Ausrichtung" unterscheidet man, ob bei der Projektion der Schlüsselfaktoren Extrembilder verwendet werden, was für diese Szenario-Analyse der Fall ist, oder Trendbilder. [255]

Den Extrembildern werden „Eintrittswahrscheinlichkeiten" in dieser U-CRM Szenarioanalyse zugeordnet[256] – man spricht dann von Vorhersagen. Bei Szenario-Analysen, wo dies nicht geschieht, spricht man weiter von Projektionen.

Beim „Zeithorizont" der Szenario-Analyse unterscheidet man zwischen kurz- und langfristigen Zukunftsbildern. Die Hypothese, dass es sich bei U-CRM Szenarien um einen langfristigen Horizont von 5 bis 10 Jahren handelt, wird im Rahmen der in der Prognose-Phase folgenden Delphi-Analyse überprüft.[257]

3.2.4   Zusammenfassung

Die U-CRM Szenarioanalyse wurde mit der Festlegung der neun Merkmale konstituiert. Tabelle 3-1gibt diese Einordnung zusammenfassend wieder:

---

[255] Vgl. 3.5.4.

[256] Vgl. 3.1.3.4.

[257] Vgl. 4.2.1.2.3.

Merkmal	Ausprägung
1 Problemstellung	Orientierung
2 Lenkbarkeit	Umfeld
3 Organisationsform	Extern
4 Zeitliche Beschaffenheit der Szenarien	Situativ
5 Richtung der Szenario-Erstellung	Explorativ
6 Zielausrichtung der Szenarien	Deskriptiv
7 Inhaltliche Ausrichtung	Extrembilder
8 Eintrittswahrscheinlichkeiten	Vorhersage
9 Zeithorizont	Langfristig

Tabelle 3-1: Einordnungsmerkmale der U-CRM Szenario-Analyse

3.3 Design

In der Designphase werden die Vorgaben der Szenario-Methode gemäß dem konzeptionellen Rahmen umgesetzt.[258] Für die oben genannten Gestaltungsmöglichkeiten, die die Szenario-Methode bei der Durchführung einer Studie zulässt, muss eine konkrete Auswahl getroffen werden. Das Design wird für die drei Phasen der Szenario-Methode (Analyse-Phase, Prognose-Phase und Synthese-Phase) beschrieben.

3.3.1 Design der Analyse-Phase

Das Design der Analyse-Phase ergibt sich im Wesentlichen aus der Phasenbeschreibung.[259] Lediglich die Schlüsselfaktoren und die Projektionen werden hier formalisiert.

Es gibt N Schlüsselfaktoren ($S_1,...,S_N$), denen jeweils M_n, $n = 1,...,N$ unterschiedliche Projektionen ($P_{n1},...,P_{nM_n}$) zugeordnet sind.

---

[258] Vgl. 3.2.

[259] Vgl. 3.1.3.4.

Eine Zuordnung der Schlüsselfaktoren zu ihren Projektionen erfolgt mittels Doppelindizierung: Die m-te Projektion, $m = 1,...,M_n$, des n-ten Schlüsselfaktors, $n = 1,...,N$, wird durch

$$P_{nm} \quad \text{mit} \quad n \in \{1,...,N\}$$
$$m \in \{1,...,M_i\}$$

bezeichnet.

Dabei gelten folgende Indexbeziehungen:

$$M = \sum_{n=1}^{N} M_n$$

und

$$\tilde{M}_J = M_1 + M_2 + ... + M_j = \sum_{n=1}^{J} M_n$$

3.3.2 Design der Prognose-Phase

Für die Prognose-Phase muss im Rahmen des Designs der Szenario-Analyse die Ausgestaltung der Ermittlung von Projektions-Eintrittswahrscheinlichkeiten und der Bildung von Projektionsbündeln spezifiziert werden. Das genaue Vorgehen in dieser Phase bei der Durchführung der Szenario-Analyse dieser Arbeit wird begründet und mathematisch formalisiert dargestellt.

3.3.2.1 Ermittlung von Projektions-Eintrittswahrscheinlichkeiten

Ob den Projektionen Eintrittswahrscheinlichkeiten zugeordnet werden sollen, wird kontrovers diskutiert.[260] Kritiker bemängeln, dass dies für zukünfti-

---

[260] Vgl. Fink, A./Schlake, O./Siebe, A. [2001] S. 82, Gausemeier, J./Fink, A./Schlake, O. [1996] S. 225, Vgl. Reibnitz, Ute v. [1992] S. 49.

ge Ereignisse kaum möglich sei[261] und dadurch nur eine Scheingenauigkeit erreicht würde.[262] Bei der im folgenden durchgeführten Analyse wird sich dafür entschieden, da die Szenario-Methode (als Methodenbündel) mit der Delphi-Methode eine Methode bereitstellt, durch die die Eintrittswahrscheinlichkeiten wissenschaftlich fundiert prognostiziert werden können.[263] Sie ermöglichen, die Aussagekraft der Szenarien deutlich zu verbessern. Man kann dadurch die Wahrscheinlichkeit der Szenarien gewichten und so eine Einschätzung ihrer Plausibilität ermöglichen.[264]

Für die Bewertung der Projektionen der Schlüsselfaktoren eignet sich ein Expertengremium und im Speziellen die Delphi-Methode.[265]

Als Ergebnis werden für alle M Projektionen (also für alle Projektionen aller Schlüsselfaktoren) Eintrittswahrscheinlichkeiten $p(P_{nm}) = p_{nm}$ ermittelt, die sich je Schlüsselfaktor auf 1 addieren.

Für $p_{11}, ..., p_{NM_N}$ gilt:

$$p_{nm_n} \in [0,1] \ \forall n \in \{1, ..., N\} \text{ und } \sum_{n=\tilde{M}_{i-1}+1}^{\tilde{M}_i} p_{im_n} = 1 \ \forall i \in \{1, .., N\}, \forall m \in \{1, ..., M\}$$

3.3.2.2   Bildung von Projektionsbündeln

Projektionsbündel werden aus Kombinationen gebildet, bei denen von allen Schlüsselfaktoren genau eine Projektion in ein Bündel mit aufgenommen wird. Formal kann man jedes Projektionsbündel (*PB*) als N-Tupel der N Schlüsselfaktoren indiziert mit der jeweiligen Projektion beschreiben:

---

[261] Vgl. Reibnitz, Ute v. [1992] S. 49.

[262] Vgl. Schnaars , S. P. [1987] S. 113.

[263] Vgl. ausführlicher 3.4.

[264] Vgl. Gausemeier, J./Fink, A./Schlake, O. [1996] S. 225.

[265] Vgl. Gausemeier, J./Fink, A./Schlake, O. [1996] S. 137 f., S. 182.

$$PB = \left(P_{1_{m_1}}, P_{2_{m_2}}, ..., P_{Nm_N} \right)$$
$$\text{mit } m_1 \in \{1, ..., M_1\}$$
$$m_2 \in \{1, ..., M_2\}$$
$$\vdots$$
$$m_N \in \{1, ..., M_m\}$$

Bei N Schlüsselfaktoren mit je M_1, M_2, ... M_N Projektionen können insgesamt $\prod_{n=1}^{N} M_n$ Projektionsbündel gebildet werden.

Bei der folgenden Szenario-Analyse werden die relevanten Projektionsbündel induktiv ermittelt, d. h. zuerst wird im Rahmen einer Konsistenzanalyse die Konsistenz aller möglichen Bündel bewertet und dann im nächsten Schritt aus der Vielzahl der Bündel möglichst konsistente und plausible ausgewählt.[266]

Um die Konsistenz eines Projektionsbündels zu beschreiben, muss zunächst die Konsistenz zwischen den Projektionen ermittelt werden. Zur Beschreibung der Konsistenz zwischen den Projektionen werden ordinalskalierte Konsistenzzahlen genutzt.[267] Es handelt sich dabei um Verträglichkeitsbewertungen der Beziehung zwischen den Projektionen.[268] Es gibt in der Literatur zahlreiche Ansätze, diese Bewertung auszugestalten.[269] Hier wird die Konsistenzmatrix gemäß Reibnitz aufgestellt:[270]

- Es werden Projektionen paarweise verglichen und dabei die paarweise Konsistenz bewertet.

---

[266] Vgl. Gausemeier, J./Fink, A./Schlake, O. [1996] S. 254.
[267] Vgl. Mißler-Behr, M. [1993] S. 29.
[268] Vgl. Mißler-Behr, M. [1993] S. 30.
[269] Vgl. Mißler-Behr, M. [1993] S. 33.
[270] Vgl. Reibnitz, Ute v. [1992] S. 50 ff.

- Dabei werden 5 ordinale Bewertungsmöglichkeiten zugelassen (von k_{min} = -2 bis k_{max} = 2).
- Die Wirkungsrichtung der Projektionen wird nicht berücksichtigt.

Die Bedeutung der Konsistenzzahlen gibt Tabelle 3-2 wieder:

Konsistenz-zahl	Bedeutung
-2	Totale Inkonsistenz: Die verglichenen Projektionen schließen einander aus.
-1	Partielle Inkonsistenz: Die verglichenen Projektionen widersprechen einander.
0	Keine Korrelation: Zwischen den verglichenen Projektionen gibt es keine direkte Beziehung.
1	Gegenseitige Begünstigung: Die verglichenen Projektionen können gut in einem Szenario vorkommen.
2	Starke gegenseitige Begünstigung: Die verglichenen Projektionen können sehr wahrscheinlich zusammen in einem Szenario vorkommen.

Tabelle 3-2: Bedeutung der Konsistenzzahlen

(Quelle: In Anlehnung an Gausemeier, J./Fink, A./Schlake, O. [1996] S. 255, Reibnitz, Ute v. [1992] S. 50 ff.)

Die Konsistenzzahlen werden formalisiert in einer Konsistenzmatrix $K = (k_{ij})$ mit $k_{ij} \in \{k_{min}, ..., k_{max}\}$ zusammengefasst. K ist dabei eine $(n \times n)$ Matrix. Dabei werden die Ausprägungen nach ihren dazugehörigen Schlüsselfaktoren gruppiert. Die Diagonalelemente von K bewerten die Beziehung einer Größe zu sich selbst und können freigelassen werden. Da das gemeinsame Eintreten von Projektionen bewertet wird, gilt k_{ij} = k_{ji}. Sämtliche Konsistenzschätzungen lassen sich somit in der unteren Dreiecksmatrix ohne Diagonalelemente zusammenfassen.[271]

---

[271] Vgl. Mißler-Behr, M. [1993] S. 34 ff.

Das Ausfüllen der Konsistenzmatrix erfordert Expertenwissen, um die Konsistenzwerte der Projektionskombinationen beurteilen zu können.[272] Das mögliche Spektrum der Herleitung besteht aus subjektiver Herleitung durch den Autor (als Einzel-Experte) einer Szenario-Analyse bis hin zu einer weiteren strukturierten Befragung von Experten durch eine Delphi-Analyse.

Wenn man die Größe der Matrix (im Falle der Szenario-Analyse dieser Arbeit 666 paarweise Schätzungen von Projektionen[273]) und die dafür zu rechnende Ausfüllzeit (in diesem Fall ca. 1h 51min[274]) betrachtet, macht das deutlich, dass eine Delphi-Befragung das Zeitbudget von Experten, die nicht gezwungen sind, an einer Studie teilzunehmen, deutlich überschreitet. Somit wäre nicht mit einer ausreichenden Teilnehmeranzahl für eine solche Studie zu rechnen. Um trotzdem nicht subjektiv die Konsistenzwerte festzulegen und um eventuelle Fehleinträge aufzuspüren, wird zuerst subjektiv (aber auf Basis des Wissens, das zur Erstellung der Schlüsselfaktoren und Projektionen der U-CRM Szenario-Analyse genutzt wurde[275]) eine Basis-Konsistenzmatrix aufgestellt. Diese wird dann mit Vergleichsmatrizen abgeglichen, die von Doktoranten erstellt werden, die zumindest Grundlagenwissen über die Forschungsfragen haben und durch persönlichen Kontakt bereit sind, die erforderliche Zeit zu investieren.[276] Dadurch kann festgestellt werden, ob es einen grundsätzlichen Widerspruch der Werte gibt (die Konsistenzrichtung stimmt nicht überein, d.h. eine positive Korrelation trifft auf eine negative) und ob eine große durchschnittliche Abweichung der Konsistenzwerte vorliegt. Die ursprüngliche Konsistenzmatrix wird so

---

[272] Vgl. Gausemeier, J./Fink, A./Schlake, O. [1996] S. 257.

[273] Bei n=36 Projektionen und 2 Projektionen je Schlüsselfaktor ergeben sich $(n-1)\cdot(n/2)$ Bewertung der paarweisen Konsistenzwerte der Projektionen.

[274] Bei Zugrundelegung von 10 sek. Bearbeitungsdauer pro Bewertung.

[275] Vgl. ausführlich 2.1.5, 2.3 und 4.1.

[276] Die Vergleichsmatrizen finden sich in Anhang D der Arbeit. Sie wurden von drei Doktoranten des Lehrstuhls für Wirtschaftsinformatik der WHU erstellt.

anhand der Vergleichsmatrizen überprüft und ggf. angepasst. Die ange-
passte Konsistenzmatrix ist hinreichend objektiviert zur Grundlage der
weiteren Berechnungen, wenn die maximale durchschnittliche Abweichung
zu einer der Vergleichsmatritzen den Wert 1 nicht überschreitet und gleichzeitig die Konsistenzrichtung bei nicht mehr als 10% der Werte unterschiedlich ist.

Durch ein Enumerationsverfahren werden die Projektionsbündel mit ihrer
Konsistenzsumme (*KS*) (bzw. durchschnittlichen Konsistenzsumme) bewertet. Es wird dabei die paarweise Verträglichkeit sämtlicher Projektionstupel
eines Projektionsbündels bewertet.[277] Die Konsistenzsumme berechnet sich
als Summe der Konsistenzzahlen aller Projektionstupel eines Projektionsbündels[278]:

$$KS = \sum_{\substack{(i,j) \in PB \\ i < j}} k_{ij}$$

Je höher die Konsistenzsumme, desto besser passen die Projektionen eines
Projektionsbündels zusammen. Somit ist *KS* die Maßzahl für die Konsistenz
eines Projektionsbündels.

Die Berechnung der Konsistenzsummen für alle Projektionsbündel ist um-
fangreich. Es werden dafür $\binom{N}{2} \cdot \prod_{i=1}^{N} M_{n_i}$ Additionen durchgeführt. Die hohe
Anzahl der Rechenvorgänge, die sich schon für wenige Schlüsselfaktoren
ergibt, ist mit einer der Gründe dafür, dass die Popularität der Szenario-

---

[277] Vgl. Gausemeier, J./Fink, A./Schlake, O. [1996] S. 257, Mißler-Behr, M. [1993] S. 94,
Reibnitz, Ute v. [1992] S. 52.
[278] Vgl. Mißler-Behr, M. [1993] S. 94.

Analyse mit der Möglichkeit, das Verfahren rechnergestützt zu durchlaufen zusammenkommt.[279]

3.3.2.3   Projektionsbündel-Reduktion

Um bei der weiteren Verdichtung der Daten mit den relevanten Projektionsbündeln weiter zu arbeiten und um auf eine verarbeitbare Menge an Projektionsbündeln zu kommen, werden Ausschlussregeln formuliert.[280] Dabei wird hier die Auswahl nach drei Kriterien vorgenommen, die alternativ verknüpft sind:[281]

Totale Inkonsistenz: Projektionsbündel, bei denen mindestens ein Konsistenzwert der Projektionspaare mit k_{ij}=-2 (totale Inkonsistenz) vorkommt, werden ausgeschlossen.

Partielle Inkonsistenz: Projektionsbündel, bei denen der paarweise Konsistenzwert bei mehr als einer vorher als Schwellenwert definierten Anzahl von Projektionskombinationen k_{ij}=-1 (partielle Inkonsistenz) beträgt, werden ausgeschlossen. Der Schwellenwert für die Szenarioanalyse dieser Arbeit wird mit 12 festgelegt.[282]

Wahrscheinlichkeit: Die Wahrscheinlichkeit eines Projektionsbündels errechnet sich durch die Multiplikation der 18 Einzelwahrscheinlichkeiten der 18 zum Projektionsbündel gehörenden Projektionen. Die Gesamtwahrschein-

---

[279] Vgl. Gausemeier, J./Fink, A./Schlake, O. [1996] S. 257.

[280] Vgl. Mißler-Behr, M. [1993] S. 95.

[281] Vgl. Gausemeier, J./Fink, A./Schlake, O. [1996] S. 259 ff.

[282] Die Festlegung des Schwellenwertes ist letztendlich subjektiv. Im Hinblick auf die Handhabbarkeit und Aussagekraft von Szenario-Analysen haben Gausemeier et. al. mit der Festlegung auf 12 als Schwellenwert für partielle Inkonsistenzen aber gute Erfahrungen gesammelt (Vgl. Gausemeier, J./Fink, A./Schlake, O. [1996] S. 266 f.). Es wird sich deshalb diesem Vorgehen angeschlossen.

lichkeit eines Projektionsbündels muss > 0 sein, d.h. Projektionsbündel mit Projektionen mit der Wahrscheinlichkeit 0 werden eliminiert.

3.3.3   Design der Synthese-Phase

In der Synthese-Phase werden zunächst die Rohszenarien erstellt, die dann graphisch dargestellt werden. Die Szenario-Beschreibung bereitet dann abschließend Rohszenarien zu vollständigen Szenarien auf.

3.3.3.1   Rohszenarioerstellung

Unter Rohszenarien versteht man ein Cluster von Projektionsbündeln. Diese Cluster ist die (Daten-) Basis für ein endgültiges Szenario der Szenarioanalyse.

Die Rohszenarioerstellung ist in zwei Unterphasen gegliedert. Die bereits verdichten Projektionsbündel werden durch Clusterung zu Rohszenarien zusammengefasst und schließlich durch eine Plausibilitätsanalyse bewerten.

3.3.3.1.1   Projektionsbündel-Clusterung

Um zu endgültigen Rohszenarien zu kommen, werden die Projektionsbündel geclustert. Das statistische Verfahren der Cluster-Analyse wird in 3.5.1 vorgestellt. Aus diesem Grund wird hier nicht darauf eingegangen. Durch das Design wird hier das Verfahren zum Messen der Klassendistanz (bzw. der Klassifikationsobjekte) vorgegeben. In der Literatur zur Szenarioanalyse werden die Verfahren Single-Linkage, Complete-Linkage und Average-Linkage gleichberechtigt nebeneinander stehend behandelt.[283] Für diese Arbeit wird das Average-Linkage-Verfahren gewählt, um extreme Vorstellungen hinsichtlich der Homogenität in den Clustern durch Mittelwertbildung zu beseitigen.[284] Man kann dieses Verfahren als Kompromiss zwischen Complete-

---

[283] Vgl. Gausemeier, J./Fink, A./Schlake, O. [1996] S. 276, Mißler-Behr, M. [1993] S. 123 f.
[284] Vgl. Bacher, J. [1996] S. 147.

und Average-Linkage-Verfahren betrachten. Die Berechnung des Distanzma-
ßes beim Average-Linkage-Verfahren erfolgt durch Durchschnittsbildung als
Grundlage der Abstandsmessung zu Clustern mit mehreren Projektionsbündeln (bzw. Klassifikationsobjekten).

Die (Roh-)Szenarioanzahl wird nicht a priori festgelegt, da hier in der Literatur keine Einigkeit besteht.[285] Stattdessen wird während der Durchführung
der jeweils geeigneteste Parameter gewählt.

3.3.3.1.2   Plausibilitätsanalyse

Bei der Betrachtung sowohl eines Projektionsbündels als auch eines (Roh-)
Szenarios muss man zwischen der Konsistenz und der Plausibilität unterscheiden.

Grundlage der Plausibilitätsberechnung kann die Eintrittswahrscheinlichkeit der Projektionen oder die bedingte Eintrittswahrscheinlichkeit der Projektionen sein (Cross-Impact-Analyse).[286] In dieser Arbeit wird nicht die
Cross-Impact-Analyse verwendet.[287] Sie stellt zum einen das Expertenpanel,
das diese bedingten Wahrscheinlichkeiten schätzten muss, vor eine zu hohe
Anzahl von Schätzungen[288], zum anderen gibt es methodische Zweifel bei
der Anwendung der Schätzungen.[289] Die Plausibilität jedes Projektionsbündels berechnet sich aus seiner Wahrscheinlichkeit. Diese wird durch die
Summe der Wahrscheinlichkeiten aller nach der Projektionsbündel-

---

[285] Vgl. Gausemeier, J./Fink, A./Schlake, O. [1996] S. 273.

[286] Vgl. Gausemeier, J./Fink, A./Schlake, O. [1996] S. 262 f.

[287] Vgl. 3.1.

[288] Analog zur den Überlegungen bei der Erstellung der Konsistenzmatrix ergeben sich
bei $n=36$ Projektionen und 2 Projektionen je Schlüsselfaktor $(n-1) \cdot n=1332$ Schätzungen
der bedingten Wahrscheinlichkeiten.

[289] Vgl. Meyer-Schönherr, M. [1992] S. 58.

Reduktion verbliebenen Projektionsbündel geteilt. Somit addieren sich die Plausibilitäten der verbliebenen Projektionsbündel auf 1.

3.3.3.2   Zukunftsraummapping

Der Einsatz graphischer Hilfsmittel ermöglicht es, trotz der umfangreichen Daten und Informationen, die durch die Szenarioanalyse generiert werden, diese so darzustellen, dass ein schneller(er) Überblick über die Ergebnisse der Szenario-Analyse gewonnen werden kann.[290] Die Auswahl und Beschreibung des Verfahrens der Korrespondenzanalyse erfolgt im Rahmen der Beschreibung der statistischen Verfahren der Szenarioanalyse. Deshalb wird an dieser Stelle nur darauf verwiesen.[291]

3.3.3.3   Szenario-Beschreibung

Die Szenario-Beschreibung ist der letzte Schritt des Prozesses der Szenario-Analyse.[292] Durch sie werden Rohszenarien zu Szenarien. Die Untersuchung der Ausprägungen der Schlüsselfaktoren jedes Rohszenarios dient dabei als Gerüst der Beschreibung.[293] Daraus soll eine „anschauliche, spannend aufgemachte Story"[294] entwickelt werden. Die Beschreibung der Szenarien hat also zur Aufgabe, den Prozess der Szenario-Analyse zusammenzufassen und allgemein verständlich darzustellen und zu bewerten. Im Rahmen der Durchführung der U-CRM-Szenario-Analyse werden die U-CRM-Szenarien durch eine formelle Beschreibung mit dem Aufbau

1. Treffende Überschrift

---

[290] Vgl. Gausemeier, J./Fink, A./Schlake, O. [1996] S. 289.

[291] Vgl. 3.4.

[292] Vgl. Fink, A./Schlake, O. [2001] S. 29.

[293] Vgl. Gausemeier, J./Fink, A./Schlake, O. [1996] S. 312.

[294] Vgl. Geschka, H. [1999] S. 529.

2. *Kurzüberblick* als prägnant formulierte Zusammenfassung der Ergebnisse der Szenario-Analyse

3. *Hauptteil* mit wesentlichen Aussagen und Beschreibung der eindeutigen Zukunftsentwicklungen (mit Fokus auf die Unterschiede zu den
   anderen Szenarien)

4. *Bewertung* mit den wesentlichen Erkenntnissen, die sich durch das Szenario ergeben

präsentiert.[295] Es wird dabei der Storytelling-Ansatz[296] für den beschreiben-
den Hauptteil gewählt, der Zusammenhänge konstruiert, um den Leser in die
zukünftige Welt des jeweiligen Szenarios hinein zu versetzen. Diese Beschreibung ist somit vor allem auf die Kommunikation und Veranschaulichung der Szenarien ausgerichtet.[297]

3.3.4   Zusammenfassung

Durch das Design wurde die konkrete Methodik für die folgende U-CRM
Szenarioanalyse festgelegt. Für jede Unterphase der Szenario-Methode ge-
mäß der modellgestützten Logik steht somit das Vorgehen und die für diese
Unterphase verwendete Methodik fest. Abbildung 3-4 fasst die Methodik der
U-CRM Szenarioanalyse zusammen. Sie konkretisiert dabei die Abbildung
3-3.

---

[295] Vgl. Fink, A./Schlake, O. Siebe, A. [2001] S. 94 f.
[296] Vgl. Fink, A./Schlake, O. Siebe, A. [2001] S. 95.
[297] Vgl. Gausemeier, J./Fink, A./Schlake, O. [1996] S. 312.

Analyse-Phase		Prognose-Phase		Synthese-Phase	
Aufgabe	Methode	Aufgabe	Methode	Aufgabe	Methode
Ermittlung wesentlicher Einflussfaktoren und Projektionen	Sachlogisch/ Analytisch	Ermittlung von Projektions-Eintrittswahr-scheinlichkeiten	Empirisch/ Delphi-Analyse	Erstellung von Rohszenarien	Statistisch/ Cluster-Analyse
Abschnitt 4.1		**Abschnitt 4.2.1**		**Abschnitt 4.3.1**	
		Bildung von in sich konsistenten Projektions-bündeln	Analytisch/ Empirisch/ Statistisch	Zukunftsraum-mapping	Statistisch/ Korrespon-denz-Analyse
		Abschnitt 4.2.2		**Abschnitt 4.3.2**	
				Szenario-Beschreibung	Sachlogisch/ Analytisch
				Abschnitt 4.3.3	

Abbildung 3-4: Methodik der U-CRM Szenario-Analyse

3.4   Delphi-Methode

Im Folgenden wird die Delphi-Methode von anderen Prognosemethoden ab-gegrenzt und deren Auswahl als Prognosemethode für die Prognose-Phase der Szenario-Analyse dieser Arbeit begründet. Im nächsten Schritt wird auf den Ursprung und die Entwicklung der Delphi-Methode eingegangen. Es werden beispielhaft Forschungsfragen beschrieben und klassifiziert, bei de-nen die Delphi-Methode eingesetzt wurde. Abschließend werden die defini-torischen Merkmale der Delphi-Methode abgeleitet und vorgestellt.

3.4.1   Einordnung und Abgrenzung der Delphi-Methode

Um zukunftsgerichtete Fragestellungen unter Unsicherheit zu beantworten, gibt es eine Reihe von geeigneten Verfahren:[298] Interaktionsverfahren, Kon-sensverfahren, Nominal Group Technique und die Delphi-Methode. Alle Ver-fahren unterstellen, dass die höhere Informationsmenge der Gruppenbewer-

---

[298] Vgl. Erffmayer, R. C./Lane, I. M. [1984].

tung qualitativ bessere Ergebnisse liefert als eine individuelle Bewertung. Durch praktische Anwendungen und Laborexperimente konnte nachgewiesen werden, dass der Einsatz von Delphi-Analysen[299] bei Folgeabschätzung und Bewertungsproblemen zu einer vergleichsweise hohen Ergebnisqualität und Präzision führt.[300] Die Delphi-Methode hilft, als Prognose- und Entscheidungsmethode komplexe und nicht als Trend extrapolierbare Problemstellungen von einer Gruppe räumlich verteilt agierender Experten asynchron, anonym und rückkoppelnd zu analysieren und zu bewerten.[301] Ziel der Delphi-Methode ist es, die positiven Aspekte der Einbindung von Experten in Studien zu unterstützen (d.h. Einbindung unterschiedlicher Quellen, kreative Synthese, etc.) und die negativen Aspekte (soziale, persönliche, politische Konflikte, etc.) zu minimieren.[302] Die fehlende Repräsentativität der Befragtenauswahl soll dabei durch die hochentwickelte Sachkunde über den Befragungsgegenstand kompensiert werden.[303] Die Delphi-Methode ist und war eine sehr populäre Forschungsmethode. Dies lässt sich zum einen mit den breiten Anwendungsmöglichkeiten in verschiedenen Fachbereichen zum anderen durch die Komplexität vieler Entscheidungen, die von einem einzelnen Experten oft nur schwer beurteilt werden können, erklären.[304]

---

[299] Der Begriff „Delphi-Analyse" beschreibt dabei ein konkretes Forschungsprojekt, das gemäß der Delphi-Methode konzipiert ist. Alternativ wird in der Literatur auch der Begriff „Delphi-Studie" genutzt.

[300] Vgl. König, W./Heinzl, A./v. Poblotzki, A. [1995] S. 559 sowie die dort genannten Quellen: Laux, H. [1979], Salasin, J./Bregman, H./Entingh, D. [1981], Boje, D./Murnighan, J. K. [1982] und Hornsby, J. S./Smith, B. N./Gupta, J. N.D. [1994].

[301] Vgl. Heinzl, A./König, W./Hack, J. [2001] S. 223, Scott, G./Walter, Z. [2003] S. 105, der vor allem auf die Eignung der Methode zur Bewertung von Technikfolgen hinweist.

[302] Vgl. ebd.

[303] Vgl. Brockhaus, K. [2001] S. 730.

[304] Vgl. Häder, M./Häder, S. [2000] S. 12 ff.

3.4.2   Entwicklung und Anwendung der Delphi-Methode

Die Delphi-Methode wurde in den 50er Jahren von Mitarbeitern der RAND Corporation entwickelt, die an einem von der US-Luftwaffe unterstützten Projekt arbeiteten.[305] Die Namensgebung der Methode geht auf einen Mitarbeiter der RAND Corporation in Anlehnung an das griechische Delphi (in der Antike als Orakelheiligtum des Apoll das wichtigste Kultzentrum der Hellenen[306]) zurück.[307] Bekannt wurde die Delphi-Methode aber erst 1964 in den USA durch einen von der RAND Corporation veröffentlichten Bericht, da die Ergebnisse der militärischen Studie der 50er Jahre aus Geheimhaltungsgründen vorher nicht veröffentlicht wurden.[308] Aus den USA kommend wurde die Methode in Westeuropa, Osteuropa und im fernen Osten aufgegriffen.[309] In Deutschland hat Albach als erster die Ergebnisse der RAND Delphi-Analyse besprochen.[310] Zunächst wurde in Deutschland die neue Methode vor allem in der Betriebswirtschaftslehre für Prognosezwecke genutzt. Bereits 1979 wurde festgestellt, dass über 1.500 Delphi-Untersuchungen in verschiedenen Fachbereichen durchgeführt wurden.[311]

Die Anwendung der Delphi-Methode ist auch heute noch populär und weit gestreut. Als Instrument der Technikvorschau ist die Methode seit den 90er Jahren stark verbreitet.[312] Die Untersuchung der jüngeren wissenschaftlichen Literatur zeigt, dass Delphi-Analysen in so unterschiedlichen Gebieten wie Gesundheitswesen, Erziehung, Marketing, Informationssysteme und Ma-

---

[305] Vgl. Linestone, H. A. [2002] S. 320, Rowe, G./Wright, G. [1999] S. 354.
[306] Vgl. Maaß, M. [1997] S. 4 ff.
[307] Vgl. Grupp, H. 1995, S. 38 f.
[308] Vgl. Gordon, T. J./Helmer-Hirschberg, O. [1964].
[309] Vgl. Schlüchter, J. [2001], S. 116.
[310] Vgl. Albach, H. [1970].
[311] Vgl. Seeger, T. [1979] S. 32.
[312] Vgl. Cuhls, K./Möhrle, M. G. [2001] S. 47.

schinenbau durchgeführt wurden.[313] Im deutschen Sprachraum sind z.B. die Studien der Fraunhofer Gesellschaft[314] (Studie zur globalen Entwicklung von Wissenschaft und Technik), von Heinzl et al.[315] (Erkenntnisziele der Wirtschaftsinformatik), Schlüchter[316] (Prognose der künftigen Entwicklung von B2B Marktplätzen) und Bronner et al.[317] (Anforderung an Spitzen-Führungskräfte) zu nennen.

3.4.3   Merkmale der Delphi-Methode

Trotz des vielfältigen Verwendungszwecks der Delphi-Methode und den methodischen Variationen, die man bei den durchgeführten Delphi-Analysen feststellen kann, gibt es eine Reihe von Merkmalen, die kennzeichnend für diese Methode sind. Sie lassen sich entsprechend der einschlägigen Literatur[318] in zwei Bereiche einteilen: Die Auswahl der Experten und den Aufbau und Ablauf einer Delphi-Analyse.

3.4.3.1   Auswahl von Experten

Teilnehmer der Delphi-Analyse bilden das so genannte Panel. Es sollte durch ausgewiesene Experten besetzt sein. Die Auswahl der Experten stellt ein wichtiges Element einer Delphi-Analyse dar und beeinflusst entscheidend die Qualität der Ergebnisse. Die Identifizierung der richtigen Experten für einen

---

[313] Vgl. Rowe, G./Wrigth, G. [1999] S. 355.

[314] Vgl. Cuhls, K./Blind, K/Grupp, H. [2001].

[315] Vgl. Heinzl, A./König, W./Hack, J. [2001].

[316] Vgl. Schlüchter, J. [2001].

[317] Vgl. Bronner, R./Matiaske, W./Stein, F. A. [1991].

[318] Vgl. z.B. Albach, H. [1970], Becker, D.[1974], Häder, M./Häder, S. [2000], Linstone, H. A./Turoff, M. [1975a].

Themenkomplex wird als eines der methodischen Hauptprobleme gesehen.[319] Dieses ist allerdings kein spezifisches Problem der Delphi-Methode.[320]

Die Auswahl der Experten muss daher mit besonderer Sorgfalt vorgenommen werden. Informationsquellen für die Prognoseinstanz zur Identifizierung des aufzustellenden Expertenpanels sind dabei:

- Literaturrecherche

- Befragung bekannter Experten

- Persönliche Kenntnisse

Dabei sollte ein Expertenpanel stets interdisziplinär aufgestellt werden, um das gesamte - möglicherweise heterogene - Meinungsspektrum zu erfassen.[321]

A priori ist die tatsächliche Kompetenz der identifizierten Experten schwer zu testen.[322] Es sind zwar Tests vorstellbar, die von den Experten zu bewältigen wären, bevor sie in das Expertenpanel der eigentlichen Studie aufgenommen würden[323], allerdings wird sich solch ein Vorgehen in der Praxis kaum durchsetzen lassen.[324] Stattdessen wird vorgeschlagen, die Experten ihr Expertenwissen selbst einschätzen zu lassen.[325]

Der zweite wichtige Punkt bei der Auswahl der Experten nach der Suche kompetenter Fachleute ist die Frage, welche Expertenanzahl für eine Delphi-Analyse die richtige ist. Auf diese Frage gibt es keine einheitliche Antwort in

---

[319] Vgl. z.B. Brockhoff, K. [1979] S. 167, Schlüchter, J. [2001] S. 117.

[320] Vgl. Linestone, H. A./Turoff, M. [1975b] S. 6.

[321] Vgl. Rowe, G./Wright, G. [2001] S. 128.

[322] Vgl. Schlüchter, J. [2001] S. 117.

[323] Vgl. Rowe, G./Wright, G./Bolger, F. [1991]

[324] Vgl. Schlüchter, J. [2001] S. 118.

[325] Vgl. Albach, H. [1970] S. 19, Dalkey, N. C./ Brown, B. B./ Cochran, S. W. [1969].

der Literatur. Die Mindestteilnehmerzahl bei einer Delphi-Analyse wird von einigen Autoren mit sieben angegeben.[326] Es gibt zwar Autoren, die eine Obergrenze für die Expertenanzahl nennen[327], allerdings wird vielfach eine Obergrenze nicht als sinnvoll erachtet[328] und in der wissenschaftlichen Praxis kann man Studien mit über 1.000 Experten finden.[329] Als grobe Richtlinie kann man aber feststellen, dass viele Autoren eine Größenordnung von 15 bis 25 Experten für eine Delphi-Analyse für sinnvoll halten.[330]

3.4.3.2   Aufbau und Ablauf einer Studie

Eine verbindliche Vorgabe zum Ablauf einer Delphi-Analyse gibt es nicht[331]. Die im Folgenden genannten Merkmale finden sich bei der überwiegenden Mehrheit der in der wissenschaftlichen Literatur beschriebenen Delphi-Analysen und können als definierender Kern der Delphi-Methode gesehen werden.[332]

1. *Verwendung eines formalen Fragebogens.* Darüber, ob offene Fragen geschlossenen Fragen bei einer Delphi-Analyse in der ersten Runde vorzuziehen sind, herrscht keine Einigkeit unter den Wissenschaftlern, die Delphi-Analysen durchführen. So ist es fraglich, ob Experten durch ein zu enges Korsett geschlossener Fragen schon in eine bestimmte Richtung gedrängt werden, oder ob ein Moderator bei der Überführung von offenen in geschlossene Fragen von der ersten zur zweiten Delphi-Runde nicht überfordert ist.[333]

---

326 Vgl. Becker, D. [1974] S. 156, Dalkey, N. C./ Brown, B. B./ Cochran, S. W. [1969] S. 12.

327 Vgl. Brooks, K. W. [1979].

328 Vgl. Cochran, S. W. [1983], Dalkey, N. C./ Brown, B. B./ Cochran, S. W. [1969] S. 12.

329 Vgl. Cuhls, K./Blind, K./Grupp, H. [2001].

330 Vgl. Martino, Joseph P. [1993] S. 11, Powell, C. [2003] S. 381.

331 Vgl. Powell, C. [2003] S. 381.

332 Vgl. Albach, H. [1970] S.17.

333 Vgl. König, W./Heinzl, A./v. Poblotzki, A. [1995] S. 566.

2. *Abfrage anonymer Einzelantworten.* Dabei ist i.d.R. Anonymität der Experten untereinander gemeint, nicht aber Anonymität gegenüber der Befragungsinstanz.

3. *Ermittlung einer statistischen Gruppenantwort.* Welche Informationen als statistische Gruppenantwort ermittelt werden, um danach (siehe 4.) zurückgespielt zu werden, ist dabei von der Befragungsinstanz zu entscheiden. Üblich sind die statistischen Kennzahlen Median, Quartile und Interquartilsspanne.

4. *Wiederholung der Befragung.* Dabei werden in der Regel die statistischen Kennzahlen graphisch veranschaulicht.

5. *Abbruch bei Einigung oder Stagnation.* Der Prozess wird dabei solange durchgeführt, bis Konsens unter den Teilnehmern erreicht ist oder die Antworten der Teilnehmer sich nicht mehr signifikant von der Vorrunde unterscheiden.[334] Eine einheitliche Definition von „Konsens der Experten" und „signifikanter Unterschied zur Vorrunde" gibt es allerdings nicht. In der wissenschaftlichen Praxis kann man feststellen, dass die Rundenanzahl in der Regel zwischen zwei und sechs schwankt. In Ausnahmefällen sind sogar noch mehr Runden durchgeführt worden.[335] Oft wird berichtet, dass bei drei Runden ein zufriedenstellendes Ergebnis erzielt wurde.[336]

Teilweise wird nur die Durchführung der ersten vier der genannten fünf Schritte als Bedingung, um eine Expertenbefragung als Delphi-Analyse zu klassifizieren, genannt.[337] Es ist allerdings offensichtlich, dass der fünfte von Albach genannte Punkt (die Abbruchbedingung) zumindest implizit bei jeder

---

[334] Vgl. König, W./Heinzl, A./v. Poblotzki, A. [1995] S. 559.

[335] Vgl. Schlüchter, J. [2001] S. 119.

[336] Vgl. König, W./Heinzl, A./v. Poblotzki, A. [1995] S. 559, wobei die erste Runde mit offenen Fragen stattfand; Martion, J. P. [1993].

[337] Vgl. Rowe, G./Wright G. [1999] S. 354.

Studie festgelegt werden muss, damit sie nicht infinit weiterläuft. Diese Abbruchbedingung explizit zu machen, hilft, den erreichten und erwünschten
Konsensgrad unter den Experten im Vorfeld zu definieren.

3.5   Auswahl der statistischen Verfahren

Statistische Verfahren sind ein wesentlicher Bestandteil bei der Szenarioerstellung durch eine Szenario-Analyse. Die Festlegung der Verfahren bestimmt die inhaltliche Struktur der Szenario-Analyse. Dabei sind bei der Erstellung der Rohszenarien und der Visualisierung der Szenarien (Szenario-
raum-Mapping) spezielle statistische Verfahren zu verwenden.

3.5.1   Erstellung der Rohszenarien

Im Folgenden werden die bei der Szenarioanalyse zur Auswahl stehenden
statistischen Verfahren kurz beschrieben und die Auswahl des geeignetesten
getroffen. Danach wird das ausgewählte Verfahren vorgestellt.

3.5.1.1   Auswahl des Verfahrens

Rohszenarien können mit Hilfe von zwei Verfahren erstellt werden:[338]

- Aus der Vielzahl der Projektionsbündel werden nach geeigneten Kriterien einige wenige Projektionsbündel als Rohszenarien ausgewählt und
  dann direkt als Szenarien interpretiert.

- Die vorliegenden Projektionsbündel werden nach ihrer Ähnlichkeit mit
  Hilfe einer Clusteranalyse zusammengefasst, so dass Gruppen von Projektionsbündeln entstehen, die jeweils als Rohszenarien bezeichnet
  werden und interpretiert die Szenarien bilden.

Im Folgenden wird der zweite Weg, d. h. die Clusteranalyse als statistisches
Verfahren zur Ermittlung der Projektionsbündel gewählt, weil sie eine um-

---

[338] Vgl. Gausemeier, J./Fink, A./Schlake, O. [1996] S. 272.

fassende Darstellung des Zukunftsraums ermöglicht, ohne einzelne Projektionsbündel zu vernachlässigen bzw. andere subjektiv zu präferieren.[339]

3.5.1.2   Beschreibung des Verfahrens

Bei der Clusteranalyse ist das primäre Ziel, eine Menge von Klassifikationsobjekten (im Rahmen der Szenarioanalyse die Projektionsbündel) in homoge-
ne Gruppen (im Rahmen der Szenarioanalyse Rohszenarien) zusammenzufassen.[340] Zwischen den Gruppen soll demgegenüber möglichst große Heterogenität bestehen.[341] Ein wesentliches Charakteristikum bei der Gruppenbildung ist die gleichzeitige Heranziehung aller relevanten Eigenschaften zur
Gruppenbildung.[342]

Im Falle der Clusteranalyse im Rahmen der Szenarioanalyse sollen Projektionsbündel, also Kombinationen von Projektionen, klassifiziert werden. Es
handelt sich bei den Klassifikationsobjekten somit um Aggregate, d. h. die
Zeilen einer Datenmatrix bilden die Klassifikationsobjekte. Man spricht in
diesem Fall von einer objektorientierten Datenanalyse.[343] Dabei werden Klassifikationsobjekte mit der Wahrscheinlichkeit von 1 genau einem Cluster zugeordnet (überlappungsfreies deterministisches Clusteranalyseverfahren).[344]

Die Clusterbildung kann nach einem der folgenden drei Grundalgorithmen
vorgenommen werden:[345]

1. Hierarchisch agglomerativer Algorithmus

---

[339] Vgl. ebd.
[340] Vgl. Bacher, J. [1996] S. 1.
[341] Vgl. Gausemeier, J./Fink, A./Schlake, O. [1996] S. 273.
[342] Vgl. Backhaus, K./Erichson, B./Plinke, W. et al. [2003] S. 480.
[343] Vgl. Bacher, J. [1996] S. 2.
[344] Vgl. Bacher, J. [1996] S. 141.
[345] Vgl. Bacher, J. [1996] S. 144.

2. Hierarchisch partitionierender Algorithmus

3. Algorithmus zu Verbesserung der Ausgangpartition

Beim hierarchisch agglomerativen Algorithmus steht das Auffinden einer Klassifikation im Vordergrund, wohingegen beim partitionierendem Algorithmus das Auffinden eines typischen Objektes primäres Ziel ist[346] und beim Algorithmus zur Verbesserung der Ausgangspartition Clusterzentren zur Bildung von Clustern konstruiert werden[347]. Für die Zwecke der Szenarioanalyse ist ein hierarchisches Verfahren das geeigneteste, da hier die Identifikation von Clustern als Grundlage der Rohszenarien im Vordergrund der Untersuchung steht.

Der hierarchisch agglomerative Algorithmus besteht aus 5 Schritten:[348]

1. Jedes Klassifikationsobjekt bildet einen selbstständigen Cluster. Die Clusterzahl K wird gleich der Klassifikationsobjektanzahl n gesetzt.

2. Das Clusterpaar ({p},{q}) mit der größten Ähnlichkeit bzw. der geringsten Unähnlichkeit wird gesucht. Dieses Clusterpaar wird zu einem neuen Cluster {p, q} verschmolzen und die Clusterzahl K um 1 ($K=K-1$) reduziert.

3. Es wird geprüft, ob K gleich 1 ist. In diesem Fall wird der Algorithmus beendet, da alle Klassifikationsobjekte einem Cluster angehören. Falls nicht, folgt Schritt 4.

4. Die Ähnlichkeit bzw. Unähnlichkeit des neu gebildeten Clusters {p,q} zu den verbliebenen Clustern i wird berechnet.

---

[346] Vgl. Bacher, J. [1996] S. 279 ff.

[347] Vgl. Bacher, J. [1996] S. 308 ff.

[348] Vgl. Bacher, J. [1996] S. 144, Gausemeier, J./Fink, A./Schlake, O. [1996] S. 274 ff.

5. Es wird mit Schritt 2 fortgefahren.

Bei der Anwendung des Algorithmus gibt es unterschiedliche Möglichkeiten, die Ähnlichkeit bzw. Unähnlichkeit zu berechnen. Man unterscheidet dabei zwischen Single- und Comple-Linkage, Mittelwertsverfahren, Median- und Zenteroid- und Wardverfahren. Die Auswahl eines dieser Verfahren wird in der Literatur über das Szenario-Management dem Szenario-Ersteller überlassen, der es individuell für jedes Projekt bestimmen soll.[349] Aus diesem Grund wird in dieser Arbeit darauf erst im Rahmen des Designs der Szenario-Analyse eingegangen.

Auch die genaue Anzahl der Cluster (also die der Rohszenarien) ist umstritten. Eine Anzahl zwischen zwei und sechs wird allgemein als günstig angenommen[350] und die genaue Festlegung dem Szenario-Ersteller in Abhängigkeit von der konkreten Szenario-Analyse freigestellt.[351]

3.5.2 Mapping des Zukunftsraums

Im Folgenden werden die für das Mapping des Zukunftsraums (also zur statistischen Visualisierung der Szenarien) zur Auswahl stehenden Verfahren kurz beschrieben und die Auswahl getroffen. Danach wird das ausgewählte Verfahren vorgestellt.

3.5.2.1 Auswahl des Verfahrens

Korrespondenzanalyse, multidimensionale Skalierung (MDS), die Hauptkomponenten- und die Faktorenanalyse gehören alle zu den statistischen

---

[349] Vgl. Gausemeier, J./Fink, A./Schlake, O. [1996] S. 276 ff.

[350] Vgl. Gausemeier, J./Fink, A./Schlake, O. [1996] S. 273, Götze, U. [1990] S.84 und die dort genannten Quellen, Meyer-Schönherr, M. [1992] S. 63.

[351] Vgl. Gausemeier, J./Fink, A./Schlake, O. [1996] S. 273.

Skalierungsverfahren[352] und können grundsätzlich zum Mapping des Zukunftsraums eingesetzt werden.[353] Bei der folgenden kurzen Beschreibung
der Verfahren wird nur auf die wesentlichen Eigenschaften, die dann auch
die Auswahl begründen, eingegangen.[354]

Alle oben genannten statistischen Skalierungsverfahren haben gemeinsam,
dass sie dazu geeignet sind, Strukturen zu entdecken und komplexe Daten zu
visualisieren.[355] Die Korrespondenzanalyse und die MDS bieten sich an, um
qualitative Daten im Raum darzustellen. Im Gegensatz zur MDS werden bei
der Korrespondenzanalyse dabei sowohl die Zeilendaten als auch die Spal-
tendaten (d.h. bei einer Szenarioanalyse Projektionsbündel und Schlüsselfaktoren) im gemeinsamen Raum dargestellt.[356] Bei der Faktorenanalyse geht es
darum, Variablen durch eine Bündelung auf einige wenige Faktoren zurück-
zuführen.

Für die Szenario-Analyse der Arbeit wird die Korrespondenzanalyse gewählt, da bei der Visualisierung der Szenarien nicht die Variablenreduktion
im Vordergrund stehen soll, sondern die Positionierung der Projektionsbündel und der Schlüsselfaktoren. Die Korrespondenzanalyse wird somit als er-

---

[352] Vgl. Blasius, J. [2001], S. 5. Diese Verfahren werden auch den Verfahren der Clusteranalyse zugeordnet und bilden dabei die Untergruppe der unvollständigen Clusteranalyseverfahren; in der Literatur werden sie auch als geometrische Methoden sowie
Repräsentations- oder Projektionsverfahren bezeichnet (vgl. Bacher, J. [1996] S. 2 und
die dort zitierten Quellen).

[353] Vgl. Gausemeier, J./Fink, A./Schlake, O. [1996] S. 289 ff.

[354] Detaillierte Beschreibungen finden sich z.B. bei Backhaus, K./Erichson, B./Plinke, W. et
al. [2003].

[355] Vgl. Backhaus, K./Erichson, B./Plinke, W. et al. [2003] S. 12 ff.

[356] Vgl. Backhaus, K./Erichson, B./Plinke, W. et al. [2003] S. 13 f.

weiterte MDS genutzt[357], die den Vorteil bietet, eben beide Aspekte abzubilden und somit ein kombiniertes Zukunftsraum-Mapping ermöglicht.[358]

3.5.2.2   Beschreibung des Verfahrens

Obwohl die Korrespondenzanalyse als relativ neues Verfahren gilt[359], wurde sie unter unterschiedlichen Bezeichnungen bereits in den 30er und 40er Jahren von verschiedenen Autoren zur Analyse nominalskalierter Variablen entwickelt.[360] Die geometrische Form der Korrespondenzanalyse wurde zuerst in Frankreich während der 60er Jahre von Benzecri[361] entwickelt.[362] Benzecri verwendete in seiner Arbeit eine exakte aussagekräftige Notation, die allerdings durch ihre Komplexität eine Verbreitung über den französischen Sprachraum hinaus behinderte.[363] Erst Lebert[364] und andere Schüler von Benzecri stellten die Korrespondenzanalyse gemeinverständlicher dar und trugen somit entschieden zur weiteren Verbreitung des Verfahrens bei.[365]

Im deutschen Sprachraum ist die steigende Popularität vor allem einem Aufsatz von Backhaus/Meyer[366] zu verdanken, die die Korrespondenzanalyse auf eine konkrete Marketing-Fragestellung anwenden.[367] Mittlerweile wird dieses

---

[357] Vgl. Backhaus, K./Erichson, B./Plinke, W. et al. [2003] S. 674.

[358] Vgl. Gausemeier, J./Fink, A./Schlake, O. [1996] S. 303.

[359] Vgl. Bacher, J. [1996] S. 27.

[360] Vgl. Vgl. Blasius, J. [2001], S. 6, Tenenhaus, M./Young, F. W. [1985] S. 91 ff.

[361] Vgl. Benzecri, J.-P. [1982].

[362] Vgl. Greenacre, M. [1984] S. 9.

[363] Vgl. Scharf, A. [1991] S. 202.

[364] Vgl. Lebart, L./ Morineau, A./ Tabard, N. [1977].

[365] Vgl. Scharf, A. [1991] S. 202.

[366] Vgl. Backhaus, K./Meyer, M. [1988].

[367] Vgl. Scharf, A. [1991] S. 204.

Verfahren auch in der Standardliteratur zur Marktforschung mittels multivariater Analyseverfahren berücksichtigt.[368]

Die Korrespondenzanalyse ist ein Verfahren zur Visualisierung von Datentabellen insbesondere mit qualitativen Daten und dient damit der Veranschaulichung komplexer Sachverhalte.[369] Ähnlich wie bei der MDS gibt es bei diesem Verfahren eine Distanzinterpretation zwischen den Variablen(auspägungen) und den Objekten.[370] Obwohl die maximale Anzahl der Dimensionen bei einer (I x J) Datentabelle Min $\{I,J\}$-1 beträgt, wird gewöhnlich eine zweidimensionale Lösung zur besseren Darstellung angestrebt.[371]

Der Prozess der Korrespondenzanalyse kann mit drei Schritten beschrieben werden:[372]

1. Standardisierung der Ausgangsdaten zu Matrix Z.

2. Singulärwertzerlegung von Z. Als Ergebnis gewinnt man die Dimensionen sowie die Matrizen U und V.

3. Normalisierung der Matrizen U und V zur Gewinnung der Koordinaten der gesuchten Konfiguration.

Die Standardisierung der Matrix Z erfolgt durch Umrechnung der absoluten Häufigkeit der der Untersuchung zugrunde liegenden Kreuz- oder Kontin-

---

[368] Vgl. hierzu z.B. Hüttner, M. [2002], der die Korrespondenzanalyse kurz erwähnt und ausführlicher Backhaus, K./Erichson, B./Plinke, W. et al. [2003], die ab der 10. Auflage das Verfahren aufgenommen haben.

[369] Vgl. Backhaus, K./Erichson, B./Plinke, W. et al. [2003] S. 674.

[370] Vgl. Blasius, J. [2001] S. 6.

[371] Vgl. Backhaus, K./Erichson, B./Plinke, W. et al. [2003] S. 674.

[372] Vgl. Backhaus, K./Erichson, B./Plinke, W. et al. [2003] S. 700 ff; für eine sehr detaillierte Darstellung vgl. Blasius, J. [2001].

genztabelle in relative Häufigkeiten.[373] Darauf folgt die Zentrierung der Daten, um zu erreichen, dass die Centroide der Zeilen- und Spaltenpunkte jeweils in den Koordinatenursprung rücken.[374]

Die Singulärwertzerlegung hilft, die Koordinaten der Zeilen- und Spaltenelemente in einem Raum geringer Dimensionalität bei minimalem Verlust an Informationen zu gewinnen.[375]

Um aus den Matrizen U und V die endgültigen Koordinaten zu gewinnen, damit eine gemeinsame graphische Darstellung sowohl von Zeilen- als auch von Spaltenelementen möglich wird, werden diese Matrizen normalisiert.[376] Für die Untersuchung wird die symmetrische Normalisierung gewählt, die als klassische Form der Korrespondenzanalyse gilt.[377]

---

[373] Vgl. Backhaus, K./Erichson, B./Plinke, W. et al. [2003] S. 692.

[374] Vgl. Backhaus, K./Erichson, B./Plinke, W. et al. [2003] S. 693.

[375] Vgl. Backhaus, K./Erichson, B./Plinke, W. et al. [2003] S. 693 f.

[376] Vgl. Backhaus, K./Erichson, B./Plinke, W. et al. [2003] S. 701.

[377] Vgl. Backhaus, K./Erichson, B./Plinke, W. et al. [2003] S. 703.

4 U-CRM Szenario-Analyse

Die U-CRM Szenario-Analyse besteht gemäß der modellgestützten Logik aus drei Phasen: Analyse-Phase, Prognose-Phase und Synthese-Phase. Diese Phasen werden im Folgenden durchlaufen.

4.1 U-CRM Szenario-Analyse: Analyse-Phase

In der Analyse-Phase werden die Grundlagen für die zu erstellenden Szenarien ermittelt. Die Ermittlung der Schlüsselfaktoren des U-CRM und deren Projektionen wird zunächst durch eine Ermittlung von Bestimmungsfaktoren durch ökonomische und verhaltensorientierte Theorien wissenschaftlich fundiert und dem UC-Konzept zugeordnet. Technische, ökonomische und gesellschaftliche Schlüsselfaktoren des Forschungsfeldes werden daraufhin – basierend auf einer Literaturanalyse – ermittelt. Diese werden jeweils sowohl wenigstens einem Bestimmungsfaktor, der aus der ökonomischen/verhaltenswissenschaftlichen Theorie abgeleiteten wurde, als auch einem Bestimmungsfaktor, der aus den UC-Konzepten abgeleitet wurde, zugeordnet.

4.1.1 Bestimmungsfaktoren als Basis für Validierung der Schlüsselfaktoren

Ein valider Schlüsselfaktor für den Zweck der Szenario-Analyse muss die Anforderung erfüllen, *sowohl* das CRM zu beeinflussen *als auch* UC induziert zu sein. D.h. es muss für jeden Schlüsselfaktor zumindest eine Zuordnung zu einem CRM- und eine Zuordnung zu einem UC-Bestimmungsfaktor möglich sein.

Zunächst wird der Beitrag der ökonomischen und verhaltensorientierten Theorie zur Identifikation der CRM-Bestimmungsfaktoren untersucht. Gleiches geschieht mit UC-Konzepten, von denen UC-Bestimmungsfaktoren ab-

geleitet werden. Ziel ist dabei, jeweils die Bestimmungsfaktoren zu identifizieren, denen ein Schlüsselfaktor zuzuordnen sein muss, um gemäß der Theorie bzw. der Konzepte haltbar zu sein:

Ein Schlüsselfaktor ist somit als valide anzusehen, wenn er sich mindestens
einem CRM-Bestimmungsfaktor gemäß der ökonomischen und verhaltensorientierten Theorie und mindestens einem UC-Bestimmungsfaktor gemäß
den UC-Konzepten zuordnen lässt. Falls ein durch die Literaturanalyse iden-
tifizierter Schlüsselfaktor einem hergeleiteten Bestimmungsfaktor ähnelt oder
sogar identisch ist, handelt es sich also um so mehr um eine gewünschte Zuordnung und nicht um eine zu vermeidende Tautologie.

4.1.1.1 Beiträge ökonomischer und verhaltensorientierter Theorien zur Identifikation von CRM-Bestimmungsfaktoren

Nach Peter sind die wesentlichen theoretischen Ansätze, die das Zustandekommen dauerhafter Geschäftsbeziehungen zu erklären versprechen, die
mikroökonomische Theorie Hirschmans, die Transaktionskostentheorie und
die sozialpsychologische Interaktionstheorie.[378] Zunächst werden die Theorien kurz zusammengefasst vorgestellt und dann herausgearbeitet, welche
Implikation diese Theorien für die Kundenbindung haben und welchen Bestimmungsfaktor für die Kundenbindung man aus ihnen ableiten kann. Es
wird sich dabei auf die positiven Bestimmungsfaktoren konzentriert, weil nur
diese durch ein CRM aktiv gesteuert werden können. Diese positiven Bestimmungsfaktoren sind dann diejenigen Faktoren, zu denen die Einflussfaktoren sich zuordnen lassen müssen, um durch eine der oben genannten Theo-

---

[378] Vgl. Peter, S. I. [1999] S. 83 ff. Das von ihr zusätzlich erwähnte Konzept des "variety
seeking" wird nicht betrachtet, da es sich zum einen um keine Theorie handelt und es
zum anderen keinen positiven Ansatzpunkt zur Kundenbindung liefert und somit für
den Zweck der Arbeit keinen Mehrwert bietet.

rien fundiert zu sein und damit einen positiven Beitrag zum CRM liefern zu können.

Eine Verknüpfung des Konstrukts Kundenbindung mit dem Konstrukt Kundenwert stellt Krafft her, der die bis dahin fehlende Verknüpfung bemängelt.[379] Er stellt fest, dass der intuitiv eingängige positive Zusammenhang zwischen Kundenbindung und Kundenprofitabilität empirisch nicht belegt ist[380] und eine Vernachlässigung transaktionsorientierter Kunden suboptimal sein kann.[381] Hier soll allerdings nur auf die Möglichkeiten des CRM (also ohne Fokus auf den traditionellen transaktionsorientierten Kunden) eingegangen werden. Aus diesem Grund ist die Identifikation der Bestimmungsfaktoren der Kundenbindung ein hilfreicher theoretischer Ansatz zur Bestimmung und wissenschaftlichen Fundierung der Schlüsselfaktoren, denn ein grundsätzlicher positiver Zusammenhang zwischen dem Aufbau langfristiger Anbieter-Nachfrager-Beziehungen und dem Unternehmenserfolg kann durchaus diagnostiziert werden.[382]

4.1.1.1.1 Mikroökonomische Theorie Hirschmans

Die mikroökonomische Theorie Hirschmans[383] baut auf dem Grundgedanken auf, dass eine Qualitäts- oder Leistungsverschlechterung eines Unternehmens das Gefühl der Unzufriedenheit bei den Kunden hervorruft. Die Reaktion des Kunden auf diese Situation kann in diesem Fall Abwanderung oder Widerspruch sein.[384]

---

[379] Vgl. Krafft, M. [2002] S. 31.
[380] Vgl. Krafft, M. [2002] S. 255.
[381] Vgl. Krafft. M. [2002] S. 163 f.
[382] Vgl. Weiber, R./Weber, M. R. [2001] S. 613.
[383] Vgl. Hirschman, A. O. [1974].
[384] Vgl. Hirschman, A. O. [1974] S. 3 ff.

Zum einen ist also Kundenzufriedenheit eine entscheidende Determinante der Kundenbindung, zum anderen bedeutet aber Unzufriedenheit des Kunden mit einer erhaltenen Leistung nicht das automatische Ende seiner Beziehung mit dem Anbieter:[385] Statt Abwanderung kann es zu Widerspruch des Kunden kommen. Die entscheidende Frage aus Sicht des Anbieters besteht somit darin, unter welchen Umständen der Kunde keine Reaktion zeigt, Widerspruch leistet oder abwandert.[386]

Hat ein Kunde die Wahl zwischen Widerspruch und Abwanderung[387], beeinflussen mehrere Determinanten seine Entscheidung:

Die wichtigsten Determinanten, die die Entscheidung zum Widerspruch positiv beeinflussen (und sich somit die Entscheidung zur Abwanderung negativ auswirken) sind:[388]

- Psychische Wechselbarrieren/Loyalität

- Erfolgswahrscheinlichkeit des Widerspruchs

- Wahrgenommenes Risiko

- Wichtigkeit und Wert

- Ökonomische Wechselbarrieren

Die wichtigsten Determinanten, die die Entscheidung zum Widerspruch negativ beeinflussen (und sich somit die Entscheidung zur Abwanderung positiv auswirken) sind:[389]

---

[385] Vgl. Peter, S. I. [1991] S. 83.

[386] Vgl. Peter, S. I. [1991] S. 84.

[387] Hirschman weist darauf hin, dass eine Abwanderung in monopolistisch geprägten Märkten nicht möglich ist, und somit Widerspruch die einzige Möglichkeit der Reaktion des Kunden darstellt. Vgl. Hirschman, A. O. [1974] S. 29.

[388] Vgl. Peter, S. I. [2001] S. 86 und die dort zitierten Quellen.

- Attraktivität des Konkurrenzangebots

- Qualitätselastizität der Nachfrage

- Bleibekosten

Die Implikationen für die Erklärung der Kundenbindung, die sich aus der Theorie Hirschmans ergeben, sind, dass zum einen Zufriedenheit eine zentrale Determinante der Kundenbindung ist, zum anderen bei Nichtzufriedenheit – die in einer Kundenbeziehung zu einem bestimmten Zeitpunkt immer auftreten wird – ökonomischen und psychischen Wechselbarrieren eine zentrale Bedeutung zukommt.[390] Die Attraktivität des Konkurrenzangebotes beeinflusst wiederum die Neigung des Kunden abzuwandern.[391] Durch den Aufbau von Wechselbarrieren kann aber wiederum die Attraktivität des Konkurrenzangebots gemindert werden. Wechselbarrieren und Kundenzufriedenheit sind somit die Bestimmungsfaktoren, die sich aus der mikroökonomischen Theorie Hirschmanns ableiten lassen.[392]

4.1.1.1.2   Transaktionskostentheorie

Die Transaktionskostentheorie geht auf Arbeiten von Coase[393] zurück und wurde von Williamson[394] weiterentwickelt. Sie geht davon aus, dass – im Gegensatz zur Annahme der Neoklassik[395] – die Nutzung des Preismechanismus der Märkte nicht kostenfrei ist, sondern für alle Beteiligten Transaktionskosten anfallen. Transaktionskosten setzen sich dabei aus den Kosten für

---

[389] Vgl. ebd.

[390] Vgl. Peter, S. I. [1999] S. 87f.

[391] Vgl. Peter, S. I. [1999] S. 89.

[392] Vgl. Abbildung 4-1.

[393] Vgl. Coase, R. [1937].

[394] Vgl. u.a. Willamson, O. [1975], Willamson, O. [1985].

[395] Vgl. Strohm, A. [1988] S. 12.

die Anbahnung, Abwicklung, Kontrolle, Anpassung und Auflösung von Ver-
trägen sowie aus Opportunitätskosten zusammen.[396]

Die Transaktionskostentheorie ermöglicht Aussagen über das Zustandekommen dauerhafter Geschäftsbeziehungen unter dem Gesichtspunkt der
(transaktionskosten-)ökonomischen Effizienz.[397] Anbieter, die das Ziel verfol-
gen, ihre Kunden an sich zu binden, können durch eine bestimmte Konstella-
tion von Human- und Umweltfaktoren (als die die Höhe der Transaktionskosten bestimmenden Größen) die Wahrscheinlichkeit, dass Abnehmer dau-
erhafte Geschäftsbeziehungen eingehen, erhöhen. Dies ist der Fall, wenn der
Kunde die Aufrechterhaltung einer dauerhaften Beziehung transaktionskos-
tenökonomisch effizienter als einen Leistungsaustausch mit wechselnden
Partnern erachtet.[398]

Dies trifft nach der Transaktionskostentheorie vor allem dann zu, wenn das
Produkt bzw. die Dienstleistung durch ein hohes Maß an Spezifität gekennzeichnet ist. Diese Spezifität schlägt sich für den Abnehmer in Wechselkosten
nieder.[399] Da der Begriff Wechselkosten relativ weit gefasst ist (darunter fallen
sowohl „sunk costs", die für einen Kunden bei Abwanderung zu einem anderen Anbieter durch den Verlust bereits getätigter Investitionen entstehen, als
auch Erfahrung mit und persönlichem Kontakt zu dem bisherigen Lieferanten), erscheint der Begriff ökonomische, psychische und soziale Wechselbarrieren treffender.[400]

---

[396] Vgl. Homburg, C./ Bruhn, M. [2003] S. 15.
[397] Vgl. Peter, S. I. [1999] S. 90.
[398] Vgl. Peter, S. I. [1999] S. 94.
[399] Vgl. ebd.
[400] Vgl. ebd.

Die Transaktionskostentheorie lässt somit den Schluss zu, dass Kundenbindung durch Effizienzvorteile, die der Leistungsaustausch im Rahmen von Geschäftsbeziehungen mit sich bringt, zustande kommt.[401]

Auch durch die Transaktionskostentheorie lassen sich Wechselbarrieren und Kundenzufriedenheit als die wesentlichen CRM-Bestimmungsfaktoren ableiten.[402]

4.1.1.1.3   Sozialpsychologische Interaktionstheorie

Die sozialpsychologische Interaktionstheorie stammt in der bekanntesten Variante von Thibaut/Kelly.[403]

Es wird postuliert, dass es in einer Austauschbeziehung zu Enttäuschung kommt, wenn das wahrgenommene Nettoergebnis (Outcome, OC) unter einem Vergleichsniveau (Comparision Level, CL) liegt. Eine Beendigung der Geschäftsbeziehung findet allerdings nur statt, wenn das Nettoergebnis unter ein alternativenbezogenes Vergleichsniveau (Comparision Level Given Alternatives, CL_{alt}) sinkt.[404]

Aus Sicht eines Anbieters ist demnach die Schaffung von Zufriedenheit nur zum Teil ein Mittel, die Kundenbindung zu erhöhen.[405] Man kann feststellen, dass der Fortbestand der Geschäftsbeziehung vom Verhältnis der Zufriedenheit eines Abnehmers mit der Beziehung zu dem derzeitigen Lieferanten auf der einen Seite und von der Attraktivität des Konkurrenzangebots auf der

---

[401] Vgl. Peter, S. I. [1999] S. 95.
[402] Vgl. Abbildung 4-1.
[403] Vgl. Thibaut, J./Kelley, H. [1959].
[404] Vgl. Homburg, C./ Bruhn, M. [2003] S. 12.
[405] Vgl. Peter, S. I. [1999] S. 98.

anderen Seite abhängt.[406] Die sozialpsychologische Interaktionstheorie bestätigt somit Kundenzufriedenheit als einen der CRM-Bestimmungsfaktoren.[407]

4.1.1.2 Beitrag der UC-Konzepte zur Identifikation von UC-Bestimmungsfaktoren

Die Bestimmungsfaktoren, denen Schlüsselfaktoren zuzuordnen sein müssen, um als UC induziert zu gelten, lassen sich aus der UC-Definition ableiten.[408] Direkt aus der Definition ergeben sich technische Bestimmungsfaktoren: (Weitere) Miniaturisierung von IuK-Technik und die Möglichkeit, Kontext zu erfassen (also z.B. den Ort) sind technische Vorraussetzungen für UC-Devices und nutzenstiftende Anwendungen.[409]

Neben diesen technischen Bestimmungsfaktoren gibt es noch weitere Bestimmungsfaktoren, die sich indirekt aus der Definition ergeben. Für den Einsatz von UC-Devices und Anwendungen ist es erforderlich, dass ökonomische und gesellschaftliche Voraussetzungen erfüllt sind: So müssen zum einen die direkten[410] und indirekten Kosten[411], die für UC-Devices anzusetzen sind, so niedrig sein, dass eine Kaufbereitschaft der potenziellen Nutzer besteht. Zum anderen wird die erfolgreiche Einführung von UC-Techniken auch von ihrer gesellschaftlichen Akzeptanz abhängen.[412] Die Nutzer müssen bereit sein, zum Teil auf Anonymität zu verzichten, um individuelle kontextsensitive Anwendungen zu ermöglichen. Daneben muss überhaupt ein Bedürfnis nach Individualität vorhanden sein.

---

[406] Vgl. Peter, S. I. [1999] S. 99.

[407] Vgl. Abbildung 4-1.

[408] Vgl. 2.1.5.

[409] Vgl. Schmidt, A./Gellersen, H.-W. [2001] S. 83.

[410] Z.B. für Hardware wie RFID-Tags.

[411] Z.B. für die mobile Kommunikation.

[412] Stanton, N. A. [2001] S. 111.

4.1.1.3   Zusammenfassung

Durch die oben dargestellten Theorien werden die Bestimmungsfaktoren *ökonomische, psychische und soziale Wechselbarrieren* und *Kundenzufriedenheit* abgeleitet. Um theoretisch fundiert zu sein, müssen sich also die Schlüsselfaktoren mindestens einer dieser Bestimmungsfaktoren direkt oder zumindest indirekt zuordnen lassen. Eine nur indirekte Zuordnung wird vor allem bei den Schlüsselfaktoren, die technische Grundlagen beschreiben, möglich sein.

Aus dem Konzept UC lassen sich die technischen Bestimmungsfaktoren *Miniaturisierung* und *Kontextsensitivität,* der ökonomischen Bestimmungsfaktor *Kosten für UC-Devices* und die gesellschaftlichen Bestimmungsfaktoren *Bereitschaft zur Preisgabe von Anonymität* und *Suche nach Individualität* ableiten. Um UC induziert zu sein, müssen sich die Schlüsselfaktoren also einem dieser Bestimmungsfaktoren zuordnen lassen.

In Abbildung 4-1 sind die Bestimmungsfaktoren für UC-CRM Schlüsselfaktoren und ihre Herleitung zusammengefasst:

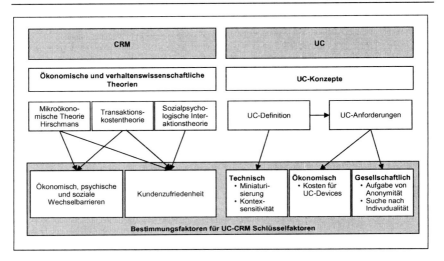

Abbildung 4-1: Herleitung der Bestimmungsfaktoren

4.1.2   Technische Schlüsselfaktoren

Der Punkt „technische Schlüsselfaktoren" fasst alle Faktoren zusammen, die durch technische Entwicklungen bestimmt sind, deren Eintreten bzw. Nichteintreten wesentlichen Einfluss darauf haben, ob es zu einer Entwicklungsstufe U-CRM kommen wird. Sie gehören somit zu den technischen Bestimmungsfaktoren. Es geht dabei nicht um die Frage, ob die technischen Entwicklungen – falls sie eintreten – auch von einer Mehrheit der Unternehmenskunden angenommen werden. Dies wird durch die ökonomischen und gesellschaftlichen Schlüsselfaktoren abgebildet.

Die *Lokalisierbarkeit (S1)*, d.h. die technische Fähigkeit, den Aufenthaltsort von Kunden zu identifizieren, ist eine der Fähigkeiten, die neue Anwendungen im Rahmen des UC ermöglichen würde. Schon heute ist eine grobe Lokalisierung der Kunden durch ihr Handy technisch möglich, da der Netzbetreiber weiß, in welcher Funkzelle sich der Handy-Nutzer befindet.[413] Falls sich GPS oder die geplante europäische Variante Galileo in Geräte integrieren lassen, die Kunden immer bei sich tragen, wäre sogar noch eine genauere Lokalisierbarkeit möglich. Die *Identifizierbarkeit (S2)* von Kunden ist ein Forschungsgebiet, das in der angewandten Forschung schon längere Zeit eine größere Rolle einnimmt. Accenture hat in seiner Forschungseinrichtung ein System entwickelt, das auf Basis von Active Badges Benutzer elektronisch eindeutig identifiziert.[414] Eine technische Möglichkeit, Kunden zu identifizieren, sind RFID-Tags.[415] Die Metro AG hat einen Feldversuch gestartet, RFID-Tags in Karten eines Kundenbonusprogramms zu integrieren, dieses aber nach dem Protest von Datenschützern beendet.[416] Die elektronische Identifizierung von Kunden wäre eine weitere Voraussetzung, um durch UC induziert automatisiert kundenindividuelle Informationen bereitstellen zu können. Eine der Anforderungen, die an die Technik gestellt wird, damit sie sich bei den Kunden durchsetzt, ist die Sicherstellung einer ausreichenden *Benutzerfreundlichkeit (S3)*; dabei müssen die Schnittstellen, die sich durch die allgegenwärtige Möglichkeit zur Vernetzung ergeben, intuitiv nutzbar sein, um angenommen zu werden.[417] Die Erreichbarkeit *(S4)* der Kunden ist heute nicht jederzeit sichergestellt, allerdings sind Techniken denkbar, die dies durch so genannte „Always on devices" ermöglichen.[418] Die *Miniaturisierung (S5)* von IuK-Technik hat bis heute logarithmisch zugenommen.[419] Ob diese Entwicklung auch in

---

[413] Die Genauigkeit beläuft sich in Innenstädten auf bis zu 30 Metern (vgl. Zobel, J. [2001] S. 268).

[414] Vgl. McCarthy, J. F. [2001].

[415] Vgl. Vogt, H. [2002] S.98 ff.

[416] Vgl o.V. [2004].

[417] Vgl. Schrape, K. [2002] S. 136.

[418] Vgl. Schmich, P./Jusczyk, L. [2001] S.79.

[419] Vgl. 2.1.

Zukunft anhält, ist unklar. Auf der einen Seite wird geargwöhnt, dass die Miniaturisierung an ihre natürlichen Grenzen stößt[420], zum anderen wird auf die weiteren Potenziale der Nanotechnologie verwiesen, dass der Trend der Verkleinerung anhält.[421] Eine weitere Miniaturisierung ist notwendig, damit die Hardware unaufdringlicher wird.[422]

Alle technischen Schlüsselfaktoren können dem Bestimmungsfaktor Kunden-zufriedenheit zugeordnet werden, da sie die technische Voraussetzung bil-den, um durch Kontextdienstleistung den Kunden einen Mehrwert zu geben. Tabelle 4-1 gibt einen Überblick über die Validierung der technischen Schlüs-selfaktoren:

Bestimmungs-faktor / Schlüsselfaktor	CRM		UC		
	Wechsel-barrieren	Kunden-zufrieden-heit	Technisch	Öko-nomisch	Gesell-schaftlich
S₁: Lokalisierbarkeit		X	X		
S₂: Identifizierbarkeit		X	X		
S₃: Benutzer-freundlichkeit		X	X		X
S₄: Erreichbarkeit		X	X		
S₅: Miniaturisierung		X	X		

Tabelle 4-1: Validierung der technischen Schlüsselfaktoren

4.1.3 Wirtschaftliche Schlüsselfaktoren

Wirtschaftliche Schlüsselfaktoren beschreiben diejenigen Faktoren, die die ökonomischen Rahmenbedingungen bestimmen, die das Potenzial eines ubi-quitären CRM bestimmen.

---

[420] Vgl. Picot, A./Reichwald, R./Wigand, R. T. [2001] S. 151.

[421] Vgl. Allan, Alan/Edenfeld, Don/William, Joyner, H. et al. [2002] S. 43.

[422] Vgl. Schrape, K. [2002] S. 136.

Sowohl die *Kosten für Miniaturisierung (S6)* als auch die *Kosten für Kommunikation (S7)* sind in der Vergangenheit deutlich gesunken.[423] Das zukünftige
Preisniveau wird die Bereitschaft, UC-Devices zu adaptieren, beeinflussen.
Die *Kundennachfrage nach individueller Ansprache (S8)* und die *Kundennachfrage
nach individuellen Produkten (S9)* wird die Bedeutung, die ubiquitäre Techniken
als Möglichkeit zur verstärkten Individualisierung für das CRM haben, beeinflussen. In der Literatur und in der Praxis wird die Möglichkeit genannt, eine
höhere Kundenbindung durch Individualisierung sowohl der Informationen
als auch der Produkte zu erzielen und eine hohe Kundennachfrage nach
solch einer Individualisierung unterstellt. [424] Der *Kundennutzen (S10)*, den das
Marketing mit ubiquitären Techniken hat, wird die Akzeptanz der Kunden
für ein U-CRM maßgeblich bestimmen. Dabei ist es fraglich, ob die „Technik
an sich" von den Kunden schon als vorteilhaft aufgefasst wird (im Sinne einer technikafinen oder sogar technikbegeisterten Kundengruppe) oder ob es
nicht für den Kunden einen deutlichen messbaren Mehrwert[425] durch lokali-
sierte, personalisierte Dienste geben muss.[426] Durch UC-Technologie ist es
möglich, dass *Objekte als Kunden (S11)* auftreten und weitgehend autonom
Kaufentscheidungen treffen können. So ist es denkbar, dass eine Maschine
bei Bedarf Schmierstoffe nachordert.[427] Ob die *Zielgruppe (S12)* eines ubiquitären CRM Geschäftskunden oder Privatkunden sind, ist noch völlig offen.

Die hier als ökonomisch zusammengefassten Schlüsselfaktoren lassen sich
nicht alle dem ökonomischen UC-Bestimmungsfaktor zuordnen, da nur die
ersten beiden die Kosten für UC-Devices bestimmen und die letzteren der

---

[423] Vgl. 2.1.
[424] Vgl. Piller, F./Schaller, C. [2002] S. 451 ff.
[425] Vgl. Wolfram, G./Scharr, U./Kammerer, K. et al. [2003] S. 21.
[426] Vgl. Schmich, P./Juszczyk, L. [2001] S. 98
[427] Vgl. o.V. [2001a].

Suche nach Individualität zuzuordnen sind. Trotzdem sind auch die folgenden Schlüsselfaktoren der Untergruppe „ökonomisch" zugeordnet, da sie ökonomische Konstrukte (Nachfrage, Nutzen, Nachfrager) referieren. Tabelle 4-2 gibt einen Überblick über die Vailidierung der ökonomischen Schlüsselfaktoren:

Bestimmungs-faktor / Schlüsselfaktor	CRM		UC		
	Wechsel-barrieren	Kunden-zufrieden-heit	Technisch	Öko-nomisch	Gesell-schaftlich
S6: Kosten für Miniaturisierung		X		X	
S7: Kosten für Kommunikation		X		X	
S8: Kundennachfrage nach individueller Ansprache	X				X
S9: Kundennachfrage nach individuellen Produkten	X				X
S10: Kundennutzen		X			X
S11: Objekte als Kunden	X				X
S12: Zielgruppe	X				X

Tabelle 4-2: Validierung der ökonomischen Schlüsselfaktoren

4.1.4   Gesellschaftliche Schlüsselfaktoren

Unter den gesellschaftlichen Schlüsselfaktoren sind die Schlüsselfaktoren subsumiert, die die gesellschaftliche Akzeptanz eines ubiquitären CRM bestimmen. Die gesellschaftliche Akzeptanz von UC wird maßgeblich die Chancen einer erfolgreichen Einführung eines U-CRM bestimmen.[428]

Beim Schlüsselfaktor *Datenschutz (S13)* steht die Frage im Vordergrund, ob die Kunden den Unternehmen zutrauen, ihre persönlichen Daten wirkungsvoll

---

[428] Vgl. Stanton, N. A. [2001] S. 111.

zu schützen und vertrauensvoll damit umzugehen. Eine der wesentlichen Fragen, die es dabei zu beantworten gilt, ist, in wieweit Kunden Unternehmen vertrauen[429], da eine tatsächliche Überprüfung des Datenschutzes der jeweiligen Unternehmen nur schwer vorzunehmen ist.[430] Über Standards kann versucht werden, Transparenz herzustellen und so sichere Nutzerprofile durchzusetzen, die das Kundenvertrauen erhöhen (wie z.B. P3P).[431] Die *Gesetzgebung (S14)* könnte einen technisch möglichen Einsatz ubiquitärer Techniken behindern oder sogar ganz verhindern. Es gibt schon heute in der EU juristische Regelungen, die der Sammlung und Speicherung von personenbezogenen Daten Grenzen setzen und somit die Basis vieler CRM-Projekte beeinträchtigen.[432] In den USA schränkt der US Privacy Act von 1974 die Datensammlung ein.[433] Die *Datensicherheit (S15)*, die Unternehmen bei der Speicherung und Übertragung von personenbezogenen Daten aus Sicht der Kunden gewährleisten, wird ihre Bereitschaft, Unternehmen persönliche Daten anzuvertrauen, beeinflussen. Schon heute beeinflusst dies die Bereitschaft vieler potenzieller Kunden, z.B. ihre Kreditkartennummer über das Internet anzugeben.[434] Sicherheitsmechanismen aufzubauen, gehört bei vernetzten Systemen zu einer der wichtigsten und komplexesten Aufgaben.[435] Der Einsatz von UC Techniken erhöht das schon heute bestehende Sicherheitsrisiko bei CRM-Anwendungen noch einmal deutlich und stellt die Sicherheitstechnik als eine nicht stabile, sondern dem technischen Fortschritt folgende Technik[436]

---

[429] Vgl. Seybold, P. A. [2001] S. 112, Winand U./Pohl W. [1998] S. 252 ff.

[430] Vgl. Siau, K./Shen, Z. [2003] S. 91.

[431] Vgl. Schoder, D./Grasmugg, S. [2003] S. 607.

[432] Vgl. o.V. [2003].

[433] Vgl. Langheinrich, M. [2001] S. 275.

[434] Vgl. Kotler, P. [1997] S. 7.

[435] Vgl. Schoder, D./Fischbach, K. [2002] S. 15.

[436] Vgl. Eggs, H./Müller, G. [2001] S. 28.

vor große Herausforderungen. Obwohl es zahlreiche Ansätze gibt, durch die man auch bei UC-Anwendungen die Sicherheit steigern kann[437], kann somit eine vollständige Reduktion von Sicherheitsrisiken nicht gewährleistet werden.[438] Ob Kunden Unternehmen grundsätzlich vertrauen, eine relativ hohe Datensicherheit sicherstellen, ist deshalb eine Frage, die den Erfolg von U-CRM beeinflussen wird. Die *Technikakzeptanz (S16)*, die die Kunden neuer Technologie entgegenbringen, wird ein Faktor sein, der beeinflusst, ob sich UC durchsetzen wird. Experten gehen davon aus, dass Kunden nur bei einer umfassenden Information über die Techniken bereit sind, diese zu akzeptieren.[439] Ob die „verschwindende" Technik aber überhaupt noch wahrgenommen wird, wird von Datenschützern bezweifelt. Von Trendforschern wird *Individualität (S17)* als ein Lebensgefühl der heutigen Zeit beschrieben.[440] Ob es dabei auch in Zukunft bleibt, wird die Bedeutung der Personalisierungsaspekte von CRM mitbestimmen. Wenn man die technischen Möglichkeiten zur Sammlung von persönlichen Daten durch UC betrachtet, könnte das Akronym UC auch für „ubiquitous control" stehen, eine Kontrolle, die mit dem Grundrecht auf Privatsphäre kaum vereinbar ist.[441] Kunden schätzen zum Teil ihre *Anonymität (S18)* und sind nicht ohne weiteres bereit, ihre persönlichen Daten an Unternehmen abzugeben.[442] Auf der anderen Seite neigen Unternehmen dazu, exzessiv Daten zu sammeln und erachten dies als auch für den Kunden nützlich.[443] Dabei wird auch die Gefahr gesehen, dass sich Kun-

---

[437] Vgl. Burkhardt, J./Henn, H./Hepper, S. et al. [2002] S. 109 ff.

[438] Vgl. Schoder, D./Fischbach, K. [2002] S. 17.

[439] Vgl. Wolfram, G./Scharr, U./Kammerer, K. et al. [2003] S. 21.

[440] Vgl. Horx, M./Wippermann, P. [1996].

[441] Vgl. Čas, J. [2002] S. 51.

[442] Vgl. Earp, J. B./Baumer, D. [2003] S. 81.

[443] Vgl. Langheinrich, M. [2001] S. 277.

den der Datensammlung widersetzen und dass es in solchen Fällen für den Unternehmenserfolg besser sein kann, davon abzusehen.[444]

Tabelle 4-3 gibt einen Überblick über die Vailidierung der gesellschaftlichen Schlüsselfaktoren:

Bestimmungs-faktor / Schlüsselfaktor	CRM		UC		
	Wechsel-barrieren	Kunden-zufrieden-heit	Technisch	Öko-nomisch	Gesell-schaftlich
S_{13}: Datenschutz		X			X
S_{14}: Gesetzgebung	X				X
S_{15}: Datensicherheit		X			X
S_{16}: Technikakzeptanz	X	X			X
S_{17}: Individualität	X				X
S_{18}: Anonymität	X				X

Tabelle 4-3: Validierung der gesellschaftlichen Schlüsselfaktoren

4.1.5 Zusammenfassung der Schlüsselfaktoren und Projektionen

Im Folgenden werden Schlüsselfaktoren und die möglichen Entwicklungen der Schlüsselfaktoren (Projektionen) zusammenfassend dargestellt. Es sind $N=18$ Schlüsselfaktoren ($S_1,...,S_{18}$) mit jeweils $M_1=M_2=...=M_N=2$ Projektionen ($P_{1,1},...,P_{18,2}$) identifiziert worden. Die in diesem Abschnitt aufgeführten Projektionen sind dabei konstruktivistisch abgeleitete Extrem-Projektionen, d.h. überbetonte bzw. dramatisierte potenzielle Entwicklungen der Schlüsselfaktoren. Dies bietet sich an, wenn man auf Grundlage dieser Projektionen Orientierungszenarien mit einem mittel- bis langfristigen Zeithorizont entwickeln will.[445] Die folgende Tabelle ist somit die Grundlage für den strukturierten Fragebogen der Delphi-Studie[446] und die darauf aufbauende Szenario-

---

[444] Vgl. Madeja, N./Schoder, D. [2003] S. 9.

[445] Vgl. Gausemeier, J./Fink, A./Schlake, O. [1996] S. 224.

[446] Vgl. 4.2.1.1.2.3.

Synthese[447]. Für die Projektionen der qualitativen Schlüsselfaktoren wird – wie in der Literatur vorgeschlagen – eine knappe beschreibende Aussage verwendet.[448]

Schlüsselfaktor	Projektion
Technisch	
S_1: Lokalisierbarkeit	$P_{1,1}$: Unternehmenskunden können jederzeit präzise geortet werden.
	$P_{1,2}$: Unternehmenskunden können nicht jederzeit präzise geortet werden.
S_2: Identifizierbarkeit	$P_{2,::}$: Kunden können elektronisch identifiziert werden.
	$P_{2,2}$: Kunden können elektronisch nicht identifiziert werden.
S_3: Benutzerfreundlichkeit	$P_{3,1}$: UC-Interfaces werden leicht zu bedienen sein oder gar nicht mehr als Computer erkannt werden.
	$P_{3,2}$: UC-Anwendungen werden schwer zu bedienen sein.
S_4: Erreichbarkeit	$P_{4,1}$: Kunden sind i.d.R. (durch UC-Technik) jederzeit kontaktierbar.
	$P_{4,2}$: Kunden sind i.d.R. nicht jederzeit kontaktierbar.
S_5: Miniaturisierung	$P_{5,1}$: Computer- und Kommunikationstechnik wird weiterhin kleiner werden.
	$P_{5,2}$: Eine weitere Verkleinerung findet nicht mehr statt.
Ökonomisch	
S_6: Kosten für Miniaturisierung	$P_{6,1}$: Die Kosten für Miniaturisierung werden signifikant sinken.

---

[447] Vgl. 4.3.

[448] Vgl. Geschka, H. [1999].

	$P_{6,2}$: Die Kosten für Miniaturisierung werden nicht signifikant sinken.
S_7: Kosten für Kommunikation	$P_{7,1}$: Die Kosten für (mobile) Kommunikation werden pro Kommunikationseinheit signifikant sinken.
	$P_{7,2}$: Die starke Verringerung der Kosten für Kommunikation wird sich nicht mehr fortsetzen.
S_8: Kundennachfrage nach individueller Ansprache	$P_{8,1}$: Kunden wollen verstärkt von Unternehmen individuell angesprochen werden.
	$P_{8,2}$: Der Kundenwunsch nach individueller Ansprache ist nur bei wenigen Unternehmen/Produkten vorhanden.
S_9: Kundennachfrage nach individuellen Produkten	$P_{9,1}$: Kunden werden verstärkt individuelle Produkte nachfragen.
	$P_{9,2}$: Der Markt für individuelle Produkte wird sich nicht signifikant vergrößern.
S_{10}: Kundennutzen	$P_{10,1}$: UC wird als technischer Fortschritt von den Kunden als nützlich bewertet.
	$P_{10,2}$: Kunden werden zum verstärkten Einsatz von UC nur bereit sein, wenn damit ein Mehrwert verbunden ist.
S_{11}: Objekte als Kunden	$P_{11,1}$: Es wird in nennenswertem Umfang Objekte geben, die autonom Produkte/Dienstleistungen nachfragen.
	$P_{11,2}$: Autonom einkaufende Objekte werden die Ausnahme bleiben.
S_{12}: Zielgruppe	$P_{12,1}$: U-CRM lässt sich vor allem für Geschäftskundenkontakt nutzen.
	$P_{12,2}$: U-CRM lässt sich vor allem für Endkundenkontakt nutzen.
Gesellschaftlich	
S_{13}: Datenschutz	$P_{13,1}$: Kunden werden nicht bereit sein, persönliche Daten abzugeben.
	$P_{13,2}$:: Kunden werden persönliche Daten abgeben, weil sie den Unternehmen vertrauen.

S_{14}: Gesetzgebung	$P_{14,1}$: Moderne Techniken werden die meisten Kunden zwingen, ihre Daten abzugeben, um mit den technischen Neuerungen Schritt zu halten.
	$P_{14,2}$: Rechtliche Rahmenbedingungen werden es Unternehmen unmöglich machen, umfangreich persönliche Daten ihrer Kunden zu sammeln.
S_{15}: Datensicherheit	$P_{15,1}$: Datensicherheit wird durch Unternehmen sichergestellt und von Kunden als selbstverständlich angenommen.
	$P_{15,2}$: Kunden werden nur bereit sein, wenigen Unternehmen ihre Daten anzuvertrauen, weil sie den meisten keinen ausreichenden Schutz ihrer Daten zutrauen.
S_{16}: Technikakzeptanz	$P_{16,1}$: Die meisten Kunden werden UC-Techniken bereitwillig in ihr Leben aufnehmen (ähnlich heute dem Internet).
	$P_{16,2}$: Die meisten Kunden werden die stärkere informationstechnische Durchdringung ihres Alltags nicht wahrnehmen und sie somit unbewusst akzeptieren.
S_{17}: Individualität	$P_{17,1}$: Die Suche nach Individualität wird ein bestimmendes Lebensgefühl werden.
	$P_{17,2}$: Die Bedeutung von persönlicher Individualität nimmt ab.
S_{18}: Anonymität	$P_{18,1}$: Die neuen technischen Möglichkeiten der Unternehmen zur Datensammlung führen zu einem verstärkten Wunsch der Kunden, anonym zu bleiben.
	$P_{18,2}$: Kunden erkennen den Nutzen, den ihnen die Angabe von persönlichen Informationen bringt und schätzen ihn höher ein als ihre Anonymität.

Tabelle 4-4: Schlüsselfaktoren und ihre Projektionen

4.2   U-CRM Szenario-Analyse: Prognose-Phase

In der Prognose-Phase werden die Entwicklungsparameter (d. h. Projektions-Eintrittswahrscheinlichkeiten), die den Einfluss des UC auf das CRM bestimmen, vorhergesagt. Anschließend werden konsistente Projektionsbündel basierend auf einer Konsistenzmatrixanalyse gebildet.

4.2.1   Ermittlung von Projektions-Eintrittswahrscheinlichkeiten

In 4.1 wurden auf Basis einer Literaturanalyse konzeptionell-deduktiv Schlüsselfaktoren für den Erfolg von U-CRM herausgearbeitet. Für jeden der so ermittelten 18 Schlüsselfaktoren wurden jeweils zwei mögliche extreme Entwicklungen (Extremprojektionen) aufgezeigt. Die Wahrscheinlichkeit, mit der eine dieser Projektionen je Schlüsselfaktor Eintritt zu prognostizieren, ist auf Basis der Literatur nicht möglich und kann auch nicht deduktiv abgeleitet werden. Sie sind stattdessen subjektiv.[449] Aus diesem Grund ist eine empirische Untersuchung notwendig, die dann neben den schon hergeleiteten Grundlagen eine solide Basis für eine U-CRM Szenariobildung in der nachfolgenden Synthese-Phase[450] bildet.

Zunächst wird die Methodik der konkreten Delphi-Studie basierend auf der in 3.4 vorgestellten Delphi-Methode zur Prognose der Eintrittswahrscheinlichkeiten erläutert. Dann werden die Ergebnisse, die durch die Durchführung der Studie gewonnen wurden, zusammengefasst dargestellt und bewertet.

4.2.1.1   Methodik der U-CRM Delphi-Analyse

Da die Delphi-Methode eine Vielzahl von Gestaltungsmöglichkeiten zulässt, ist es für die vorliegende Studie besonders wichtig, das Zustandekommen der Ergebnisse und die Schlussfolgerungen nachvollziehbar zu machen. Methodisch nicht sauber durchgeführte Delphi-Studien haben immer wieder zu einer grundsätzlichen Kritik an der Delphi-Methode als Forschungsinstrument geführt.[451]

---

[449] Vgl. Mißler-Behr, M. [1993] S. 24.

[450] Vgl. 4.3.

[451] Vgl. Sackmann, H. [1975].

Um die Methodik der im Folgenden beschriebenen Studie nachvollziehbar zu machen und die wissenschaftliche Fundierung zu belegen, werden Konzept und Design der Delphi-Studie analog dem Vorgehen bei der Erläuterung der Methodik der Szenario-Analyse[452] detailliert erläutert.

4.2.1.1.1 Konzeption

Im Rahmen der Konzeption ist festzulegen, welcher Prognosegegenstand untersucht wird, welche Prognosefelder dabei betrachtet werden und welches Ziel die Delphi-Studie erreichen soll. Die Konzeption legt somit die inhaltliche Struktur der Delphi-Studie fest. Bei dieser Delphi-Studie konnte auf die Vorarbeit der ersten Kapitel der Arbeit zurückgegriffen werden, in der bereits Schlüsselfaktoren und Projektionen herausgearbeitet wurden. Durch dieses Verfahren konnten den Experten weitgehend geschlossene Fragen gestellt werden.

Prognosegegenstand der Delphi-Studie dieser Arbeit ist, den Einfluss des Ubiquitous Computing auf das Customer Relationship Management zu bewerten. Dazu sollen im Rahmen der Studie die drei *Prognosefelder* „Technische Schlüsselfaktoren", „Ökonomische Schlüsselfaktoren" und „Gesellschaftliche Schlüsselfaktoren" sowie das Prognosefeld „Zeitrahmen" untersucht werden. *Ziel* der Studie ist es, den durch die Literaturanalyse gewonnenen, möglichen zukünftigen Ausprägungen (Projektionen) der Schlüsselfaktoren eine Eintrittswahrscheinlichkeit zuzuordnen und den Zeitraum, der bis zum Eintritt eines ubiquitären CRM vergeht, zu bestimmen. Daneben werden noch die Bedeutung der einzelnen Schlüsselfaktoren bestimmt und der Zeitraum, der bis zum Durchbruch eines U-CRM noch vergehen wird, ermittelt.

---

[452] Vgl. Kapitel 3.

4.2.1.1.2   Design

In der Designphase werden die Vorgaben der Methode gemäß dem konzeptionellen Rahmen umgesetzt.[453] Für die oben genannten Gestaltungsmöglichkeiten, die einem die Delphi-Methode bei der Durchführung einer Studie lässt, muss eine konkrete Auswahl getroffen werden.

4.2.1.1.2.1   Auswahl der Experten

Um die Qualität der Expertenurteile sicherzustellen, erfolgte eine Identifizierung der Experten über zwei Quellen. Durch die Analyse der relevanten Literatur wurde ein Teil der Expertengruppe identifiziert. Der andere Teil der Expertengruppe wurde durch den persönlichen Kontakt - entstanden im Rahmen der Forschung der Lehrstühle „Electronic Business" und „Wirtschaftsinformatik und Informationsmanagement" der WHU - identifiziert.

Die Selektion nach Branchen richtete sich nach der Grundüberlegung, auf der einen Seite ausreichend theoretischen Hintergrund des Expertenpanels zu gewährleisten und auf der anderen Seite ausreichend praktische Expertise in der Expertengruppe sicherzustellen. Um das gesamte, möglicherweise auch heterogene Meinungsspektrum zu erfassen[454], wurden drei Branchen gebildet: Wissenschaft, Beratung und Industrie.

Die Gruppe der Wissenschaft soll dafür sorgen, dass ausreichend wissenschaftlicher Sachverstand in die Studie einfließt. Berater sollen als Experten, die oft neue Konzepte zuerst auf ihre Anwendungsmöglichkeit in der Praxis überprüfen, als Bindeglied zwischen Industrie und Wissenschaft eingebun-

---

[453] Vgl. Schlüchter, J. [2001] S. 128.
[454] Vgl. Rowe, G./Wright, G. [2001] S. 128.

den werden. Die Vertreter der Industrie stehen oft der Praktikabilität neuer Konzepte kritisch gegenüber.[455]

Teilweise waren Experten nicht eindeutig einer Branche zuzuordnen. Für die eindeutige Zuordnung dieser Experten nach der Durchführung der Studie wurde als Grundlage ihre jeweilige Selbsteinordnung in eine der Branchen genommen.

Die Anzahl der Experten sollte nach Empfehlungen der Literatur möglichst 7 übertreffen.[456] Bei einer Anzahl um 20 kann man von einem aussagekräftigen Urteil sprechen.[457] Wenn man diese Anzahl nach zwei Runden sicherstellen will und eine Abbruchquote von ca. 25% in der ersten Runde und ca. 10% in der zweiten Runde annimmt, muss man ca. 29-30 Experten finden. Die im Vergleich zur Literatur niedrigere Abbruchquote begründet sich durch den persönlichen Kontakt zu vielen der Teilnehmer[458] und den vergleichsweise geringen Aufwand für die Bearbeitung des Fragebogens.[459]

4.2.1.1.2.2   Auswertungsprinzipien

Als statistische Kennziffer wird der Median sowie das 25% Quartil und das 75% Quartil angegeben. Dies ist bei den meisten Delphi-Studien üblich und auch empfohlen, um extreme Ausreißer bei den Expertenurteilen, die auch durch Missverständnis einer Frage oder einen simplen Ausfüllfehler entstehen können, weniger stark zu gewichten.[460]

---

[455] Überwiegende Meinung der im Vorfeld der Studie telefonisch befragten Experten.

[456] Vgl. 4.1.3.1.

[457] Vgl. ebd.

[458] Vgl. ebd.

[459] Vgl. 4.2.2.4.

[460] Vgl. Amstrong, S. J. [2001a] S. 422.

4.2.1.1.2.3   Gestaltung des Fragebogens

Der Versand der Fragebögen für die Runden der Delphi-Befragung erfolgte elektronisch via Email. Um auch internationalen, nicht deutsch sprechenden Experten die Möglichkeit zur Teilnahme zu geben, wurde der Fragebogen in englischer Sprache erstellt. Damit es durch Übersetzung nicht zu Ungenauigkeiten und sprachlichen Abweichungen bei den zu beantwortenden Fragen für die Experten kommt, wurde auch den deutschsprachigen Experten der englischsprachige Fragebogen zugestellt. In der Email wurde jedem Experten ein individueller Link zu einem Web-Fragebogen geschickt.[461] Der Fragebogen konnte so von den Experten online ausgefüllt werden. Dieses Vorgehen ermöglichte zum einen eine zügige Durchführung der einzelnen Runden der Delphi-Studie, zum anderen konnten die Daten schon während der Eingabe automatisch auf Konsistenz überprüft werden (z.B. Eingaben im Rahmen vorgeschriebener Bandbreiten oder vorgeschriebene Summen bei Angaben in mehreren Feldern) und dem Ausfüllenden eventuelle Fehler direkt zurückgemeldet werden. Schon seit den 70er Jahren gibt es Ansätze, die Expertenbefragung computergestützt durchzuführen.[462] Doch erst das Internet machte es möglich, dass das Verfahren verstärkt eingesetzt werden konnte, entweder als Ergänzung zu konventionellen Fragebögen oder sogar als kompletter Ersatz; in beiden Fällen mit großem Erfolg.[463] Nachdem der Fragebogen durch den Experten vollständig ausgefüllt wurde, konnten anschließend die einge-

---

[461] Der Fragebogen der ersten Runde der Delphi-Analyse ist in Anhang B, der Fragebogen der zweiten Runde in Anhang C zu finden.

[462] Vgl. Brockhoff, K. [1979], Linstone, H. A./Turoff, M. [1975b].

[463] Vgl. Heinzl, A./König, W. /Hack, J. [2001] S. 224, Schüchter, J. [2001] S. 135.

gebenen Daten direkt ohne Medienbrüche weiterverarbeitet werden und damit auch mögliche Übertragungsfehler minimiert werden.[464]

Die Fragen im Fragebogen sind weitgehend geschlossen formuliert. Im Falle
dieser Delphi-Studie konnte auf offene Fragen verzichtet werden, da auf die
intensive Vorarbeit der Kapitel zwei und drei der Arbeit aufgebaut wird. Der
Gefahr, wesentliches Wissen der Experten trotz umfangreicher Literaturrecherche zur Identifizierung aller relevanten Schlüsselfaktoren nicht abzufra-
gen, da diese eventuell noch Kenntnis über weitere Schlüsselfaktoren oder
andere relevante Punkte haben, wurde dadurch begegnet, dass die Experten
explizit nach fehlenden Schlüsselfaktoren gefragt wurden und sie außerdem
die Möglichkeit bekamen, sonstige Anmerkungen zu machen (siehe auch Un-
terpunkt 4.2.2.3.1). Auch dem erstehenden Problem der Kreativitätsreduktion
bei geschlossenen Fragen[465] wurde durch die Möglichkeit einer freien Ergänzung für die Experten begegnet.[466] Dafür wurde die Rücklaufwahrscheinlich-
keit durch das Verwenden der mehrheitlich geschlossenen Fragen deutlich
erhöht, da der Aufwand für die Experten, den Fragebogen auszufüllen, deutlich abnimmt und damit dem Umstand, dass in dieser Studie die Experten
nicht zur Mitarbeit gezwungen sind, Rechnung getragen.

Um den Rücklauf der Fragebögen auf Personenebene nachhalten zu können,
wurden die Fragebögen eindeutig gekennzeichnet. Diese Information wird
weder an die anderen Experten weitergeleitet, noch genutzt, um die Exper-
tenantwort mit dem Experten zu verbinden, sondern lediglich verwendet, um

---

[464] Vgl. Morell-Samuels, P. [2003], der diese Vorteile bei einem guten Fragebogendesign
benennt. Die von ihm genannte Gefahr einer zu guten Bewertung aus Opportunitäts-
gründen stellt sich im Zusammenhang der Delphi-Analyse nicht, da keine Werturteile
abgefragt werden.

[465] Vgl. Hüttner, M. [2002].

[466] Vgl. Angermeyer-Naumann, R. [1985] S. 374.

den Rücklauf zu protokollieren und ggf. die Abgabe anzumahnen bzw. den Abbruch der Teilnahme einzelner Experten zu protokollieren. Die Anonymität der Einzelantworten war somit gewährleitet.

Im Rahmen eines Pre-Tests[467] wurde der Fragebogen vor Versand auf Verständlichkeit und Vollständigkeit überprüft.[468]

4.2.1.1.2.3.1   Erste Runde

Beim Fragebogen, der in der ersten Runde an die Experten versandt wurde, wurde einleitend die im Rahmen dieser Arbeit gültigen Definitionen von UC und CRM vorangestellt, um eine einheitliche Sicht der Experten auf das Forschungsfeld zu gewährleisten.[469]

Der Fragenteil des Fragebogens gliedert sich in vier Teile[470]:

1. *Demographische Angaben:* Der Experte wird um Angabe von Alter und Branche sowie einer Selbsteinschätzung seiner Expertise gebeten. Bei der Selbsteinschätzung kann der Experte seinen Expertenstatus selbst begutachten und zwischen dem Status „Elite" oder „Experte im weiteren Sinne" wählen.[471] Zur Verbesserung des Gruppenurteils wird die iterative Delphi-Technik dann nur noch auf die Expertengruppe und nicht auf die Elite angewandt. Das Urteil der Elite wird fortgeschrie-

---

[467] An dem Pre-Test nahmen 5 Doktoranden des Lehrstuhls für Wirtschaftsinformatik der WHU teil.

[468] Eine Überprüfung auf Vollständigkeit und Verständlichkeit im absoluten Sinne ist natürlich nicht möglich. Es wurde die Gruppenmeinung abgefragt und sich daraus ergebende Anregungen eingearbeitet.

[469] Vgl. 2.1.5 und 2.2.2.

[470] Der komplette Fragebogen der ersten Runde findet sich in Anhang B der Arbeit.

[471] Ist im Folgenden vom Experten die Rede, schließt dieser Terminus beide Gruppen (Elite und Experten im weiteren Sinne) ein. Soll auf eine spezifische Gruppe Bezug genommen werden, wird sie dezidiert als „Elite" bzw. „Experten im weiteren Sinne" bezeichnet.

ben.[472] Alter und Branche werden zur Überprüfung der Heterogenität der Expertengruppe herangezogen.

2. *Bewertung der Projektion der Schlüsselfaktoren:* Die Experten sind aufgefordert, die im Vorfeld der Studie identifizierten Projektionen der Schlüsselfaktoren zu gewichten. Dabei sollen den einzelnen Projektionen Eintrittswahrscheinlichkeiten zugeordnet werden. Die Summe der Einzelwahrscheinlichkeiten muss 100% ergeben. Die Bedeutung jedes einzelnen Schlüsselfaktors soll mit einer zehnstufigen Ordinalskala bewertet werden („1" entspricht weniger wichtig, „10" entspricht sehr wichtig). Die Bewertung ist nach technischen, ökonomischen und gesellschaftlichen Schlüsselfaktoren gegliedert. Um die Experten in ihrem Urteil wenig einzuschränken, werden Extremprojektionen gewählt, die das Spektrum aller Entwicklungsmöglichkeiten weitestgehend abbilden.[473]

3. *Abschätzung des Zeithorizontes:* Der Zeitpunkt, wann eine Vision des ubiquitären CRM Wirklichkeit werden kann, ist unklar. Hier sollen die Experten angeben, wann sie mit dem Durchbruch eines ubiquitären CRMs rechnen.

4. *Sonstiges:* Der Punkt „Sonstiges" gibt den Experten Gelegenheit anzugeben, ob sie noch wesentliche Einflussfaktoren sehen, die in dem versandten Fragebogen noch nicht berücksichtigt sind. Falls mehr als ein Experte einen spezifischen Einflussfaktor nennt, wird er in der zweiten Runde aufgenommen. Des Weiteren können die Experten

---

[472] Vgl. Albach, H. [1970] S .19; Albach unterscheidet zwischen Elite und Experten im weiteren Sinne.

[473] Vgl. Gausemeier, J./Fink, A./Schlake, O. [1996] S. 241.

sonstige Kommentare abgeben, wie z. B. grundsätzliche Anmerkungen zur Studie.

4.2.1.1.2.3.2   Zweite Runde

Der Fragebogen, der in der zweiten Runde an die Experten versandt wurde, gliedert sich in zwei Teile[474]:

Bewertung der Projektionen der Schlüsselfaktoren: Die Experten sind aufgefordert, die Projektion der Schlüsselfaktoren, bei deren Beurteilung in der ersten Runde keine Einigkeit erzielt wurde, zu gewichten. Einzige Neuerung gegenüber der ersten Runde ist, dass den Experten gemäß der Delphi-Methode das statistische Gruppenurteil der ersten Runde mitgeteilt wird. Die graphisch veranschaulichte Darstellung hilft den Experten, leichter Fehler zu erkennen und sich zu orientieren.[475]

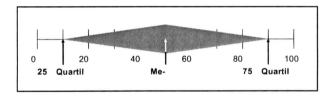

Abbildung 4-2: Visualisierung der statistischen Gruppenantwort

Wie schon in der ersten Runde sollen den einzelnen Projektionen Eintrittswahrscheinlichkeiten zugeordnet werden. Dabei muss wiederum die Summe der Einzelwahrscheinlichkeiten 100% ergeben. Den Experten wird ihre Antwort der ersten Runde nicht zurückgespielt.

---

[474] Der komplette Fragebogen der zweiten Runde findet sich in Anhang C der Arbeit.

[475] Vgl. Amstrong, S. J. [2001b] S. 691.

Sonstiges: Der Punkt „Sonstiges" gibt den Experten analog zur ersten Runde Gelegenheit, sonstige Kommentare zu dem Fragebogen und der Studie abzugeben.

4.2.1.1.2.3.3   Anzahl der Befragungsrunden

Gemäß der Definition der Delphi-Methode werden bei einer Studie so viele Runden durchgeführt, „bis Konsens unter den Teilnehmern erreicht ist oder die Antworten der Teilnehmer sich nicht mehr signifikant von der Vorrunde unterscheiden."[476] In dieser Studie wird die Anzahl der Runden also nicht a priori vorgegeben. Stattdessen sind die beiden Kriterien „Konsens der Experten" und „Signifikanter Unterschied zwischen den Runden" genauer zu spezifizieren. Allerdings wird bei der Ausgestaltung der Kriterien der Tatsache Rechnung getragen, dass in der Praxis die Motivation der Experten bei Delphi-Studien, bei denen die Teilnehmer nicht verpflichtet werden können, ein limitierender Faktor ist.[477] Angewendet wird die Definition auf die Eintrittswahrscheinlichkeiten der Schlüsselfaktoren, weil diese die entscheidende Größe für die weiteren Untersuchungen im Rahmen der Szenarioanalyse[478] sind.

4.2.1.1.2.3.4   Abbruchkriterien

Konsens zwischen den Experten bei der Bewertung der Eintrittswahrscheinlichkeit einer Projektion eines Schlüsselfaktors wird angenommen, wenn der Abstand zwischen dem 25% Quartil und dem 75% Quartil der Schätzungen ≤ 20 Prozentpunkte ist. Darüber hinaus darf der Interquartilabstand bei der Schätzung der Bedeutung eines Faktors 3 Punkte nicht überschreiten. Bei der Beurteilung der Projektionseintrittswahrscheinlichkeit wurde gegenüber der

---

[476] Vgl. 4.1.3.2.

[477] Vgl. Geschka, H. [1977] S. 43, der Abbruchquoten zwischen 50% bis 80% pro Runde feststellt.

[478] Vgl. 4.2.2.

Beurteilung der Projektionsbedeutung das Konsenskriterium strenger ausgelegt, da auf der Ermittlung der Eintrittswahrscheinlichkeiten der Projektionen das Hauptaugenmerk der Studie liegt, um diese im nächsten Schritt als eine der Grundlagen für die Szenarioanalyse zu nutzen.[479]

Als „signifikanter Unterschied" zwischen den Runden wurde gewertet, wenn sich der Median der Wahrscheinlichkeit der Projektion eines Schlüsselfaktors zwischen zwei Runden um mehr als 10 Prozentpunkte verschiebt oder sich die Bewertung der Bedeutung eines Faktors um mehr als einen Punkt verändert.

4.2.1.1.2.4 Durchführung

Zu Beginn der Studie wurde 29 identifizierten Experten eine Email mit dem Link zur Internetseite des Fragebogens zugesandt. Als Zeit für das Bearbeiten der Fragebögen stand ihnen ca. eine Woche zur Verfügung. Den Experten, die in diesem Zeitraum den Fragebogen nicht ausgefüllt hatten, wurde eine Nachfrist von ca. zwei Wochen zugestanden. Der Fragebogen der zweiten Runde wurde den 21 Experten, die schließlich den Fragebogen der ersten Runde ausfüllten, zugeschickt. Wiederum hatten die Experten ca. eine Woche regulär und zwei Wochen als Nachfrist Zeit zur Bearbeitung des Fragebogens. Der Fragebogen der zweiten Runde wurde von 19 Experten vollständig beantwortet.[480] Von den angeschriebenen Experten haben an der ersten Runde somit 28% nicht teilgenommen. Die Abbruchquote der zweiten Runde beträgt 5%. Insgesamt haben 66% der ursprünglich ermittelten Experten an der Studie teilgenommen. Man kann somit feststellen, dass eine ausreichende Anzahl von Experten an der Studie teilgenommen hat, um fundierte Aussa-

---

[479] Vgl. ebd.

[480] Eine Liste der Teilnehmer des Panels, die bis zum Ende der zweiten Runde an der Studie teilgenommen haben, findet sich im Anhang A der Arbeit.

gen treffen zu können. Die Branchen-Zusammensetzung des Expertenpanels blieb über die Runden relativ konstant. An der zweiten Runde der Studie nahmen 7 Experten aus der Wissenschaft und jeweils 6 Experten aus Beratung und Industrie teil.[481]

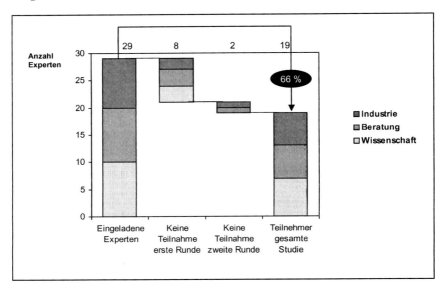

Abbildung 4-3: Anzahl der teilnehmenden Experten

In der ersten Runde machten nur drei Experten von der Möglichkeit Gebrauch, weitere Schlüsselfaktoren vorzuschlagen. Da es sich um unterschiedliche Vorschläge handelte und somit kein neuer Schlüsselfaktor von mehr als zwei Experten genannt wurde, blieb es bei der Gesamtzahl von 18 Schlüsselfaktoren.

---

[481] Vgl. Abbildung 4-3.

4.2.1.2   Ergebnisse der U-CRM Delphi-Analyse

Die Darstellung der Ergebnisse der Delphi-Studie lässt sich gut entsprechend dem Fragebogen der Studie gliedern: Zuerst werden die demographischen Angaben der Experten betrachtet. Im Mittelpunkt steht das Herzstück der Befragung: die Ergebnisse der Untersuchung der Schlüsselfaktoren (und dabei vor allem die Eintrittswahrscheinlichkeiten). Diese werden bewertet und graphisch veranschaulicht wiedergegeben. Abschließend wird auf den Zeithorizont und die sonstigen Angaben eingegangen.

4.2.1.2.1   Demographische Angaben

Die Abfrage der Branchenzugehörigkeit sollte die a priori durch die Experten vorliegenden Erkenntnisse bestätigen und als ausschlaggebend für die endgültige Zuordnung zu genau einer Branche genutzt werden. Das Ergebnis zeigt, dass es, wie gewünscht, eine ausgeglichene Verteilung zwischen den drei definierten Branchen bei den durchgeführten zwei Runden gibt.[482]

Die Altersverteilung der Experten macht deutlich, dass sich in jeder Altersgruppe wenigstens ein Vertreter befindet. So wird eine grobe Verfälschung durch Vernachlässigung einer Altersgruppe ausgeschlossen.[483]

---

[482] Vgl. 4.2.2.4
[483] Vgl. Abbildung 4-4.

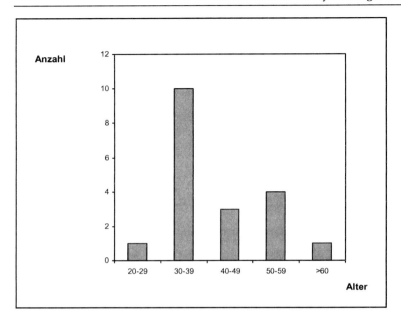

Abbildung 4-4: Altersverteilung des Expertenpanels

Als „Elite" hat sich nur einer von den 21 Experten, die an der ersten Runde teilgenommen haben, selbst eingeschätzt. Das mag auf den ersten Blick erstaunen, da die Experten ja durch ihr Wissen im Vorfeld der Studie bereits aufgefallen sind. Eine Erklärungsmöglichkeit ist der Blick auf das Themenfeld. Die Komplexität eines Schnittstellenthemas (zwischen UC und CRM) verleitet dazu, sich zumindest bei einem der Themen nicht als „Elite", also als anerkannter Experte zu fühlen und so auch insgesamt lieber den Status „Experte im weiteren Sinne" für sich zu wählen.

4.2.1.2.2   Schlüsselfaktoren

Die Schlüsselfaktoren im Fragebogen sind gemäß ihrer Herleitung in technische, wirtschaftliche und gesellschaftliche Schlüsselfaktoren unterteilt. Bei allen Themenfeldern gab es in der ersten Runde sowohl Schlüsselfaktoren, bei

denen sich die Experten bei der Beurteilung einig waren und Schlüsselfaktoren, bei denen Uneinigkeit bestand. Auch in der zweiten Runde blieb es bei
diesem Bild, allerdings gab es ungleich weniger Einigkeit bei den gesellschaftlichen Schlüsselfaktoren als bei den beiden anderen Gruppen. Bei den
Schlüsselfaktoren, bei denen auch in der zweiten Runde keine Einigkeit erzielt werden konnte, fand keine signifikante Abweichung zur ersten Runde
mehr statt.[484]

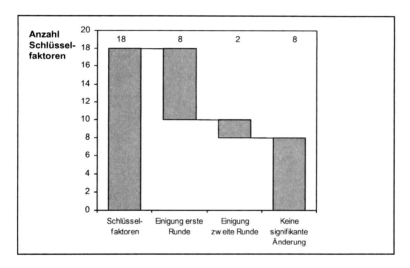

Abbildung 4-5: Einigkeit der Experten bei Bewertung

Für die Darstellung der Bewertung der Schlüsselfaktoren wurde eine graphische Illustration gewählt. Das Endergebnis der Delphi-Studie ist in einer
grauen Raute dargestellt. Die Enden der Rauten geben die Quartilgrenzen an,
die Mitte den Median. Falls das Ergebnis der ersten Runde nicht das Ender-

---

[484] Vgl. Abbildung 4-5 sowie im Detail die statistische Auswertung der Delphi-Analyse
im Anhang E.

gebnis der Studie ist, wird zum Vergleich auch das Ergebnis der ersten Runde in grau dargestellt.[485]

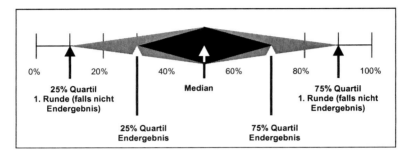

Abbildung 4-6: Legende der Delphi-Studie

4.2.1.2.2.1   Technische Schlüsselfaktoren

Am eindeutigsten ist der Schlüsselfaktor „Miniaturisierung" bewertet. Hier gehen die Experten fast mit Sicherheit davon aus, dass eine weitere Miniaturisierung stattfindet (100%[486]). Die größte Unsicherheit, welche der Projektionen eine größere Eintrittswahrscheinlichkeit hat, besteht bei den Schlüsselfaktoren „Lokalisierbarkeit" (Eintrittswahrscheinlichkeit dafür, dass Kunden lokalisiert werden können 60%) und „Erreichbarkeit" (Eintrittswahrscheinlichkeit dafür, dass Kunden jederzeit erreicht werden können 50%). Nur bei der Beurteilung dieser beiden Schlüsselfaktoren können die Experten bis zum Ende der zweiten Runde keine Einigkeit erzielen.

Die Bedeutung der technischen Schlüsselfaktoren wird uneinheitlich gesehen. Der „Lokalisierbarkeit" wird die geringste Bedeutung unter allen technischen Schlüsselfaktoren gegeben, der Identifizierbarkeit die größte. Dies überrascht auf den ersten Blick, da Lokalität in der Beschreibung vieler möglicher UC-

---

[485] Vgl. Abbildung 4-6.

[486] Bei den statistischen Angaben handelt es sich im Folgenden, wenn nicht anders angegeben, um den Median.

Anwendungen eine Rolle spielt. Erklärungsansätze sind zum einen, dass die Streuung der Bedeutung der technischen Schlüsselfaktoren mit 44% der Maximalstreuung relativ gering ist (Minimum 4, Maximum 8) und somit alle Schlüsselfaktoren grundsätzlich als bedeutend angesehen werden. Zum anderen scheint Lokalität relativ tatsächlich eine geringere Bedeutung als die anderen genannten Schlüsselfaktoren zu haben, um UC erfolgreich im CRM zu nutzen.

Die Bewertung der technischen Schlüsselfaktoren durch die Experten gibt Tabelle 4-5 wieder:[487]

Schlüsselfaktor	Eintrittswahrscheinlichkeit und Bedeutung
Technisch	
S_1: Lokalisierbarkeit	$P_{1,1}$: Unternehmenskunden können jederzeit präzise geortet werden.

0%   20%   40%   60%   80%   100%

0   2   4   6   8   10

[487] Da es sich bei den Projektionen der 18 Schlüsselfaktoren um jeweils zwei sich ausschließende Projektionen handelt, sind die Bewertungen der Projektion A immer spiegelbildlich zur Projektion B. Es wird deshalb hier auf die explizite Angabe der Bewertungen der Projektion B verzichtet. Vgl. auch Anhang E.

S₂: Identifizierbarkeit	P₂,₁: Kunden können elektronisch identifiziert werden.

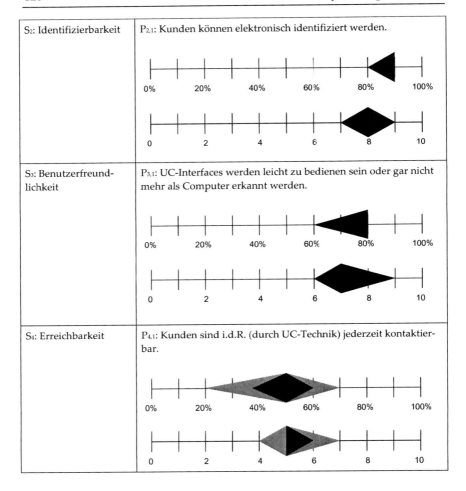

S₃: Benutzerfreund-lichkeit	P₃,₁: UC-Interfaces werden leicht zu bedienen sein oder gar nicht mehr als Computer erkannt werden.

S₄: Erreichbarkeit	P₄,₁: Kunden sind i.d.R. (durch UC-Technik) jederzeit kontaktier-bar.

| S₅: Miniaturisierung | P₅,₁: Computer und Kommunikationstechnik wird sich weiter verkleinern.

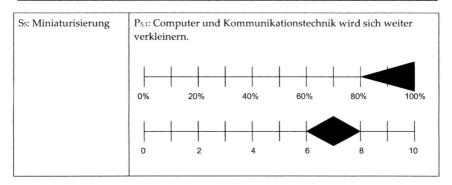 |

Tabelle 4-5: Eintrittswahrscheinlichkeit und Bedeutung der technischen Schlüsselfaktoren

4.2.1.2.2.2 Wirtschaftliche Schlüsselfaktoren

Bei den wirtschaftlichen Schlüsselfaktoren sind die Schlüsselfaktoren „Kosten für Kommunikation" (Die Kosten für (mobile) Kommunikation werden pro Kommunikationseinheit signifikant sinken: 80%) und „Kundennutzen" (Kunden werden zum verstärkten Einsatz von UC nur bereit sein, wenn für sie damit ein Mehrwert verbunden ist: 80%) am eindeutigsten bewertet. Unsicherheit herrscht vor allem bei den Projektionen der Schlüsselfaktoren „Objekte als Kunde" (Autonom einkaufende Objekte werden die Ausnahme bleiben: 60%) und „Zielgruppe" (U-CRM lässt sich vor allem für Endkundenkontakt nutzen: 60%). Beim erstgenannten und beim Schlüsselfaktor „Kundennachfrage nach individueller Ansprache" kann auch nach der zweiten Runde der Delphi-Studie keine Einigkeit der Experten erzielt werden. Beim letztgenannten Schlüsselfaktor und allen anderen ökonomischen Schlüsselfaktoren sind sich die Experten nach der zweiten Runde einig.

Die Bedeutung der Schlüsselfaktoren 6 bis 10 wird von den Experten überdurchschnittlich eingeschätzt. Schlüsselfaktor 11 ist mit Abstand der unbedeutendste ökonomische Schlüsselfaktor. Schlüsselfaktor 12 ist unterdurchschnittlich bedeutend.

Die Bewertung der wirtschaftlichen Schlüsselfaktoren durch die Experten gibt Tabelle 4-6 wieder:

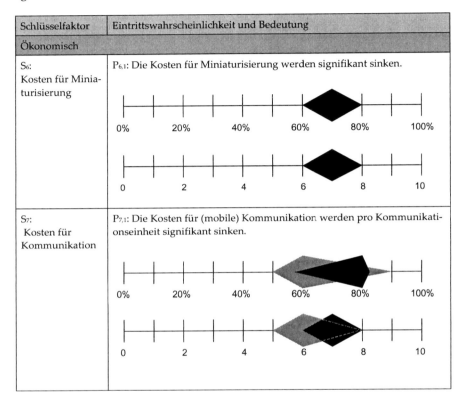

Schlüsselfaktor	Eintrittswahrscheinlichkeit und Bedeutung
Ökonomisch	
S_6: Kosten für Minia-turisierung	$P_{6,1}$: Die Kosten für Miniaturisierung werden signifikant sinken.
S_7: Kosten für Kommunikation	$P_{7,1}$: Die Kosten für (mobile) Kommunikation werden pro Kommunikationseinheit signifikant sinken.

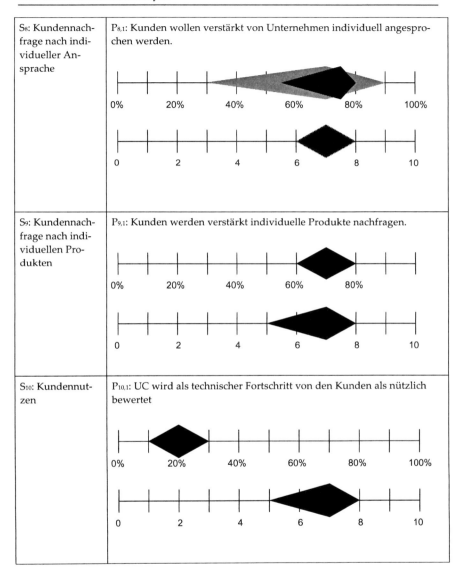

| S_8: Kundennach-frage nach indi-vidueller An-sprache | $P_{8,1}$: Kunden wollen verstärkt von Unternehmen individuell angesprochen werden. |

| S_9: Kundennach-frage nach indi-viduellen Pro-dukten | $P_{9,1}$: Kunden werden verstärkt individuelle Produkte nachfragen. |

| S_{10}: Kundennut-zen | $P_{10,1}$: UC wird als technischer Fortschritt von den Kunden als nützlich bewertet |

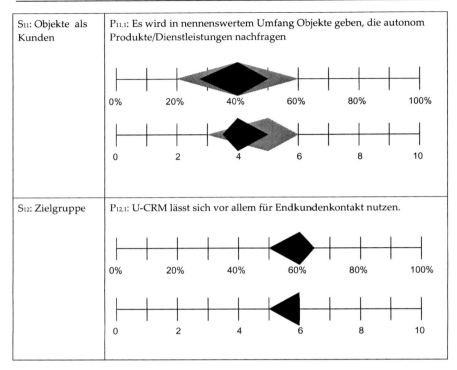

S$_{11}$: Objekte als Kunden	P$_{11,1}$: Es wird in nennenswertem Umfang Objekte geben, die autonom Produkte/Dienstleistungen nachfragen
S$_{12}$: Zielgruppe	P$_{12,1}$: U-CRM lässt sich vor allem für Endkundenkontakt nutzen.

Tabelle 4-6: Eintrittswahrscheinlichkeit und Bedeutung der ökonomischen Schlüsselfaktoren

4.2.1.2.2.3   Gesellschaftliche Schlüsselfaktoren

Die größte Sicherheit bei der Bewertung der Eintrittswahrscheinlichkeit eines Schlüsselfaktors in der Gruppe der gesellschaftlichen Schlüsselfaktoren herrscht beim Schlüsselfaktor „Individualität". Hier gehen die Experten mit 80% Wahrscheinlichkeit davon aus, dass die Suche nach Individualität ein bestimmendes Lebensgefühl sein wird. Unsicherheit herrscht hingegen bei der Beurteilung von 3 der 6 gesellschaftlichen Schlüsselfaktoren (Gesetzgebung, Datensicherheit und Anonymität), bei denen keine Eintrittswahrscheinlichkeit von mehr als 60% einer der beiden Projektionen der Schlüssel-

faktoren zugeordnet wurde. Nur bei den zwei gesellschaftlichen Schlüsselfaktoren „Technikakzeptanz" und „Anonymität" konnten sich die Experten
bis zum Ende der zweiten Runde einigen.

Die Bedeutung der Schlüsselfaktoren bewegt sich um den Durchschnitt. Lediglich der Schlüsselfaktor „Anonymität" ist deutlich unterdurchschnittlich
bewertet.

Die Bewertung der gesellschaftlichen Schlüsselfaktoren durch die Experten
gibt Tabelle 4-7 wieder:

Schlüsselfaktor	Eintrittswahrscheinlichkeit und Bedeutung
Gesellschaftlich	
S_{13}: Datenschutz	$P_{13,1}$: Kunden werden nicht bereit sein, persönliche Daten abzugeben.

S14: Gesetzgebung	P14,1: Moderne Techniken werden die meisten Kunden zwingen, ihre Daten abzugeben, um mit den technischen Neuerungen Schritt zu halten. 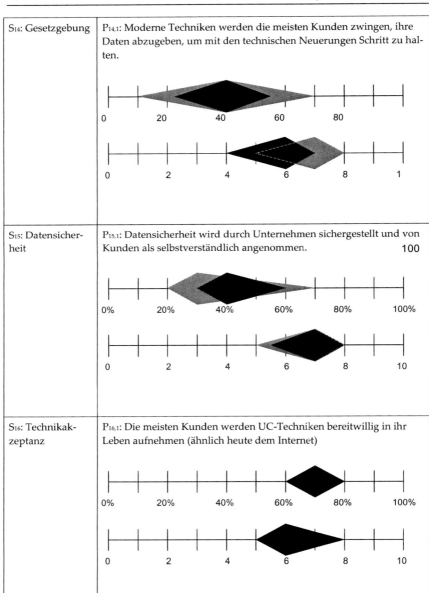
S15: Datensicherheit	P15,1: Datensicherheit wird durch Unternehmen sichergestellt und von Kunden als selbstverständlich angenommen.
S16: Technikakzeptanz	P16,1: Die meisten Kunden werden UC-Techniken bereitwillig in ihr Leben aufnehmen (ähnlich heute dem Internet)

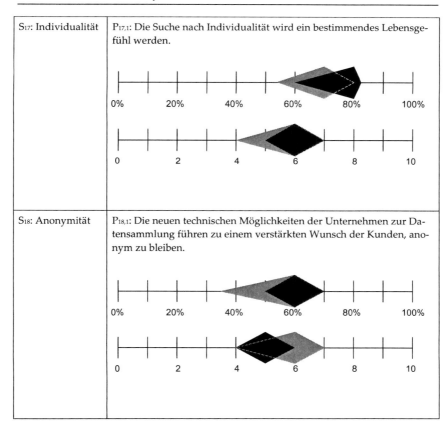

| S₁₇: Individualität | P₁₇,₁: Die Suche nach Individualität wird ein bestimmendes Lebensgefühl werden. |

| S₁₈: Anonymität | P₁₈,₁: Die neuen technischen Möglichkeiten der Unternehmen zur Datensammlung führen zu einem verstärkten Wunsch der Kunden, anonym zu bleiben. |

Tabelle 4-7: Eintrittswahrscheinlichkeit und Bedeutung der gesellschaftlichen Schlüsselfaktoren

4.2.1.2.3   Zeithorizont

Bei der Beurteilung des Zeithorizontes, bis zu dem mit dem Durchbruch eines ubiquitären CRM zu rechnen ist, gibt es schon in der ersten Runde ein einheitliches und eindeutiges Ergebnis. Die überwiegende Mehrheit der Experten hält den Durchbruch in 5-10 Jahren für realistisch. Kein Experte geht davon aus, dass es nie zu einem Durchbruch von U-CRM kommen wird. Dies zeigt, dass, selbst wenn die Schätzung der Eintrittswahrscheinlichkeit der

Projektionen bei einigen für U-CRM wichtigen Projektionen keine hohe Wahrscheinlichkeit haben, grundsätzlich die Überzeugung bei den Experten vorherrscht, der Durchbruch von U-CRM sei eine realistische Zukunftsannahme.

4.2.1.2.4   Sonstige Angaben

Die meisten Experten nennen weder weitere Schlüsselfaktoren noch haben sie ergänzende Kommentare. Wie schon oben erläutert, wurde nicht mehr als einmal der gleiche Schlüsselfaktor genannt, wenn nach fehlenden Schlüsselfaktoren gefragt wurde. Als Einmalnennung traten auf: Standardisierung, Pricing sowie Schnelligkeit und Verfügbarkeit der Systeme.

Das Kommentarfeld wurde von einem Experten genutzt, um auf seine Schwierigkeiten hinzuweisen, die in seinen Augen weit gefassten Fragen zu beantworten, und seinen damit verbundenen Entschluss, möglichst konservative Schätzungen abzugeben. Ein anderer Experte fand es problematisch, die Fragen für den B2B und den B2C Bereich einheitlich zu beantworten. Dieser Experte nahm auch Rückfrage per Mail und wurde darum gebeten, die Fragen aus Sicht der seiner Einschätzung nach relevanten Zielgruppe (Schlüsselfaktor 12) zu beantworten.

4.2.1.2.5   Zusammenfassung

Die Ergebnisse nach dem Abschluss der zweiten Runde der Delphi-Studie sind eine tragfähige Grundlage, um im nächsten Schritt eine Szenarioanalyse zu erstellen.

Die Bewertung der Bedeutung der Schlüsselfaktoren durch die Experten zeigt, dass lediglich 44% des möglichen Spektrums genutzt werden. Selbst die am wenigsten bedeutsamen Schlüsselfaktoren haben noch eine Bewertung mit 4 Punkten. Der bedeutsamste Schlüsselfaktor erreicht 8 Punkte. Die überwiegende Mehrzahl ist mit 6 oder 7 Punkten bewertet.

Diese Einschätzung der Experten ist insofern bedeutend, als dass sie sich mit der Anforderung an die Schlüsselfaktoren, die nur die wesentlichen Einflussfaktoren für die untersuchte Themenstellung sein sollen[488], deckt[489] und bestätigt somit die Ergebnisse der Literaturanalyse. Hätten die Experten einen an Hand der Literaturanalyse identifizierten Schlüsselfaktor eine signifikant niedrigere Bedeutung beigemessen als anderen, wäre zu hinterfragen gewesen, ob es sich tatsächlich um einen Schlüsselfaktor handelt, oder ob dieser Faktor nur ein zu vernachlässigender Einflussfaktor bei der Szenarioanalyse ist. Dieser Sachverhalt und die Tatsache, dass keine neuen Schlüsselfaktoren durch die Delphi-Analyse identifiziert wurden, lassen den Schluss zu, dass alle wesentlichen Einflussfaktoren in die Szenario-Analyse einfliessen.

Betrachtet man die Sicherheit der Projektion der jeweiligen Schlüsselfaktoren, ist festzustellen, dass bei 39% der Schlüsselfaktoren große Unsicherheit herrscht (Eintrittswahrscheinlichkeit einer Projektion zwischen 50% und 60%). Bei der Projektion eines Schlüsselfaktors sind sich die Experten (im Median) sicher, welche Projektion eintritt.[490]

---

[488] Vgl. Gausemeier, J./Fink, A./Schlake, O. [1996], S. 187 f.
[489] Vgl. Abbildung 4-7.
[490] Vgl. ebd.

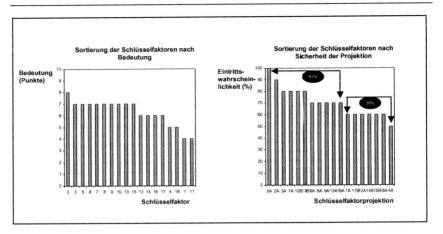

Abbildung 4-7: Zusammenfassung der Bewertung der Schlüsselfaktoren

Die Delphi-Anaylse ergibt die folgende Matrix als Grundlage der Berechnung der Plausibilität einzelner Projektionsbündel der Szenario-Analyse:

$$p_{nm_n} = \begin{pmatrix} 0,6 & 0,9 & 0,8 & 0,5 & 1,0 & 0,7 & 0,8 & 0,7 & 0,7 & 0,2 & 0,4 & 0,6 & 0,7 & 0,4 & 0,4 & 0,7 & 0,8 & 0,6 \\ 0,4 & 0,1 & 0,2 & 0,5 & 0,0 & 0,3 & 0,2 & 0,3 & 0,3 & 0,8 & 0,6 & 0,4 & 0,3 & 0,6 & 0,6 & 0,3 & 0,2 & 0,4 \end{pmatrix}^T$$

$$\text{mit } n \in \{1,...,18\}$$

$$M_n \in \{1,2\}$$

4.2.2   Bildung von konsistenten Projektionsbündeln

Im nächsten Schritt erfolgt die Bildung konsistenter Projektionsbündel. Die Grundlage wird durch die Konsistenzmatrix gelegt. Abbildung 4-8 zeigt die Konsistenzmatrix für die 18 Schlüsselfaktoren und 36 Ausprägungen der Arbeit, die gemäß der Vorgaben des Designs der Studie ermittelt wurde[491]:

---

[491] Vgl. 3.3.2.2.

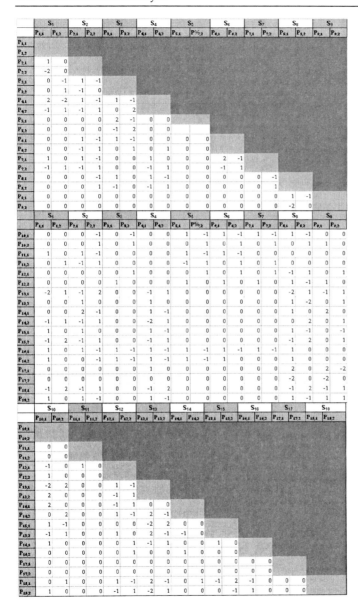

Abbildung 4-8: Konsistenzmatrix

Zur Verdeutlichung der Bedeutung der Einträge in der Konsistenzmatrix wird beispielhaft der erste Eintrag in der Matrix erklärt: Die erste Projektion des ersten Schlüsselfaktors ($P_{1,1}$: Unternehmenskunden können jederzeit präzise geortet werden) und die erste Projektion des zweiten Schlüsselfaktors ($P_{2,1}$: Kunden können elektronisch identifiziert werden) begünstigen sich gegenseitig. Deshalb ist die Konsistenzzahl 1 eingetragen.

Die durchschnittliche Abweichung mit den Vergleichsmatrizen lag bei höchstens 0,95 (Durchschnitt: 0,79). Die Anzahl der Abweichungen der Konsistenzwerte der Konsistenzmatrix zu den Vergleichsmatrizen, die eine grundsätzlich andere Bewertung der Konsistenz zweier Projektionen bedeuten (d.h. Konsistenzwert 1 oder 2 bei der Konsistenzmatrix und gleichzeitig -1 oder -2 bei der Vergleichmatrix, bzw. vice versa), lag bei höchstens 7,8% der 666 Konsistenzwerte (Durchschnitt: 6,3%). Diese signifikante Übereinstimmung zeigt, dass man die Konsistenzmatrix gut als Grundlage für die weitere Szenarioanalyse nutzen kann.[492]

Die Bildung der Projektionsbündel erfolgt durch Kombination aller Projektionen der Schlüsselfaktoren. Um die Rechenzeit vertretbar zu gestalten, werden bei der Ausgabe der insgesamt 2^N Projektionsbündel (d.h. hier bei $N=18$ Schlüsselfaktoren mit je zwei Projektionen 262.144 Projektionsbündel) nur diejenigen ausgegeben, die im Rahmen der Projektionsbündelreduktion der Synthesephase relevant sind.[493]

---

[492] Vgl. 3.3.2.2.

[493] Die Realisierung des Algorithmus erfolgt in VBA für Excel und entspricht einer programmtechnischen Realisierung der im Design der Szenario-Analyse genannten Anforderungen und Algorithmen (vgl. 3.3.2.2).

Die Ermittlung erfolgte auf Basis der Konsistenzmatrix und der im Design festgelegten Maßnahmen zur Projektionsbündelreduktion.[494] Es können insgesamt 301 Projektionsbündel durch den o.g. Algorithmus ermittelt werden, die den Anforderungen des Designs der Szenarioanalyse zur Projektionsbündelreduktion entsprechen.[495] Das konsistenteste Projektionsbündel ist das Bündel 98 mit einem Konsistenzwert von 81 (Durchschnittlicher Konsistenzwert: 0,53). Das wahrscheinlichste Projektionsbündel ist das Bündel 481 mit einer Wahrscheinlichkeit von 0,02% (Plausibilität: 2,76%).

4.3 U-CRM Szenario-Analyse: Synthese-Phase

In der Synthese-Phase werden U-CRM Szenarien aufgestellt. Im Folgenden werden zunächst aus den Projektionsbündeln Rohszenarien erstellt. Die Projektionsbündel (bzw. die Rohszenarien werden dann durch das Zukunftsraum-Mapping visualisiert. Dann werden die identifizierten (Roh-) Szenarien beschrieben.

4.3.1 Erstellung von Rohszenarien

Zur Erstellung der Rohszenarien wird gemäß dem Design der Szenario-Analyse die Clusteranalyse eingesetzt.[496] Diese führt zur Bildung von vier Clustern (d.h. vier Rohszenarien) von Projektionsbündeln.[497] Als Entscheidungsunterstützung zur Festlegung der Clusteranzahl wird die Fehlerquadratsumme gegen die entsprechende Clusterzahl abgetragen. [498]

---

[494] Die 301 Projektionsbündel sind im Anhang F der Arbeit (Projektionsbündel und Kennzahlen) vollständig wiedergegeben.

[495] Vgl. 3.3.2.3.

[496] Vgl. 3.3.3.1.1.

[497] Die Clusteranalyse wurde gemäß den Designvorgaben mit dem Programmpaket SPSS 12.0 durchgeführt. Das Agglomerationsprotokoll findet sich im Anhang F: *Clusteranalyse (Zuordnungsübersicht)* der Arbeit.

[498] Vgl. Abbildung 1-2: Aufbau der Untersuchung.

Das Anlegen des „Elbow" Kriteriums[499] würde die Wahl von zwei bis fünf als Clusteranzahl rechtfertigen.[500] Da für eine Szenario-Analyse zwei bis vier Cluster (d.h. zwei bis vier Rohszenarien) als sinnvoll erachtet werden (Vgl. 3.3.3.1.1) und die graphische Darstellung im Rahmen der Korrespondenzanalyse dies unterstützt, werden vier Cluster gewählt.

---

[499] Vgl. Backhaus, K./Erichson, B./Plinke, W. et al. [2003] S. 530.

[500] Vgl. Abbildung 4-9.

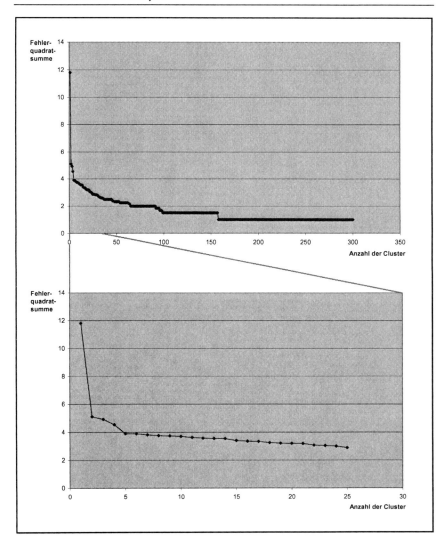

Abbildung 4-9: Heterogenitätsmaß der Clusteranalyse

Zusammenfassend gibt die Tabelle 4-9 einen Überblick über die Zusammensetzung der einzelnen Cluster (und somit die Zusammenfassung der vier Rohszenarien).[501]

Zusammenfassung der Rohszenarien			S_1		S_2		S_3		S_4		S_5		S_6	
Rohszenario	Durchschn. Konsistenz	Plausi- bilität	$P_{1,1}$	$P_{1,2}$	$P_{2,1}$	$P_{2,2}$	$P_{3,1}$	$P_{3,2}$	$P_{4,1}$	$P_{4,2}$	$P_{5,1}$	$P_{5,2}$	$P_{6,1}$	$P_{6,2}$
1	0,33743856	62,5%	97%	3%	100%	0%	75%	25%	94%	6%	100%	0%	64%	36%
2	0,27950254	31,1%	42%	58%	100%	0%	89%	11%	1%	99%	100%	0%	82%	18%
3	0,36503268	2,9%	0%	100%	5%	95%	45%	55%	0%	100%	100%	0%	45%	55%
4	0,34432561	3,6%	0%	100%	26%	74%	53%	47%	0%	100%	100%	0%	56%	44%

	S_7		S_8		S_9		S_{10}		S_{11}		S_{12}	
	$P_{7,1}$	$P_{7,2}$	$P_{8,1}$	$P_{8,2}$	$P_{9,1}$	$P_{9,2}$	$P_{10,1}$	$P_{10,2}$	$P_{11,1}$	$P_{11,2}$	$P_{12,1}$	$P_{12,2}$
1 (Fortsetzung)	76%	24%	100%	0%	100%	0%	40%	60%	61%	39%	31%	69%
2 (Fortsetzung)	90%	10%	100%	0%	100%	0%	53%	47%	75%	25%	15%	85%
3 (Fortsetzung)	45%	55%	0%	100%	100%	0%	0%	100%	45%	55%	95%	5%
4 (Fortsetzung)	52%	48%	0%	100%	0%	100%	0%	100%	53%	47%	77%	23%

	S_{13}		S_{14}		S_{15}		S_{16}		S_{17}		S_{18}	
	$P_{13,1}$	$P_{13,2}$	$P_{14,1}$	$P_{14,2}$	$P_{15,1}$	$P_{15,2}$	$P_{16,1}$	$P_{16,2}$	$P_{17,1}$	$P_{17,2}$	$P_{18,1}$	$P_{18,2}$
1 (Fortsetzung)	0%	100%	98%	2%	80%	20%	46%	54%	100%	0%	12%	88%
2 (Fortsetzung)	0%	100%	75%	25%	97%	3%	43%	57%	100%	0%	1%	99%
3 (Fortsetzung)	100%	0%	5%	95%	0%	100%	5%	95%	100%	0%	100%	0%
4 (Fortsetzung)	100%	0%	27%	73%	0%	100%	23%	77%	0%	100%	100%	0%

Tabelle 4-8: Zusammenfassung der Rohszenarien

Zunächst sind für alle Rohszenarien die durchschnittliche Konsistenz (als Durchschnitt der durchschnittlichen Konsistenz aller zum jeweiligen Rohszenario gehörenden Projektionsbündel) und die Plausibilität (als Summe der einzelnen Plausibilitäten der Projektionsbündel aller zum jeweiligen Rohszenario gehörenden Projektionsbündel) angegeben. Je Projektion jedes Schlüsselfaktors (S_i) ist dann angegeben, wie oft prozentual eine der beiden möglichen Projektionen bei den zu dem Rohszenario gehörenden Projektionsbündeln auftritt. Ein eindeutiges Auftreten wird unterstellt, wenn der ermittelte

---

[501] Die einzelnen Projektionsbündel je Cluster (d.h. je Rohszenario) sind in Anhang F aufgeführt. Abweichende Markierungen bei 75% Projektionen sind rundungsbedingt.

Prozentsatz des Auftretens über 75% liegt.[502] Eindeutiges Auftreten einer Projektion in einem Rohszenario wird hellgrau markiert, eindeutiges Nicht-Auftreten dunkelgrau. Die Eindeutigkeit des Auftretens einer Projektion des Schlüsselfaktors bedingt das eindeutige Nicht-Auftreten der alternativen Projektion, da sich definitionsgemäß die Anteile des Auftretens der zwei Projektionen je Schlüsselfaktor auf 100% addieren.

Eine genauere Analyse der Daten erfolgt im Rahmen der Darstellung der Ergebnisse der Szenario-Analyse.[503]

4.3.2   Zukunftsraummapping

Das Ergebnis der Korrespondenzanalyse der 301 Projektionsbündel ist in Tabelle 4-9 zusammengefasst aufgeführt[504]:

---

[502] Vgl. Gausemeier, J./Fink, A./Schlake, O. [1996] S. 308, dies entspricht einem Schärfegrad von 25%, der in der Regel bei Szenario-Analysen angenommen wird.

[503] Vgl. 4.3.3.

[504] Die gemäß 3.5.2 konzipierte Korrespondenzanalyse wurde mit dem Programmpaket SPSS 12.0 durchgeführt.

Dimension	Singular Value	Inertia	Chi Square	Sig.	Proportion of Inertia		Confidence Singular Value	
					Accounted for	Cumulative	Standard Deviation	Correlation 2
1	,671	,450			,477	,477	,007	-,145
2	,278	,077			,082	,558	,011	
3	,237	,056			,059	,618		
4	,235	,055			,058	,676		
5	,223	,050			,053	,729		
6	,217	,047			,050	,778		
7	,211	,044			,047	,825		
8	,202	,041			,043	,869		
9	,195	,038			,040	,909		
10	,164	,027			,028	,937		
11	,145	,021			,022	,959		
12	,122	,015			,016	,975		
13	,108	,012			,012	,987		
14	,093	,009			,009	,997		
15	,056	,003			,003	1,000		
Total		,944	5117,000	1,000[a]	1,000	1,000		

a. 10500 degrees of freedom

Tabelle 4-9: Zusammenfassung der Korrespondenzanalyse

In der abnehmenden Reihenfolge der Singulärwerte (Singular Value) spiegelt sich die abnehmende Bedeutung der Dimensionen wider. Der Eigenwertanteil (Proportion of Inertia) der ersten Dimension beträgt 0,477. Die erste Dimension erklärt also 47,7% der Streuung der Daten. Analog erklärt die zweite Dimension 8,2% der Streuung, der kumulierte Eigenwertanteil der ersten beiden Dimensionen beträgt 55,8%. Auf eine Berücksichtigung weiterer Dimensionen kann zugunsten einer zweidimensionalen Darstellung verzichtet werden, da schon bei der dritten Dimension der Eigenwertanteil nur noch 0,059 beträgt.

Die genauere Betrachtung der Spaltenpunkte (d.h. der Projektionen) ermöglicht, den Beitrag der Projektionen (bzw. des Trägheitswerts einer Projektion) zu einer Dimension und den Beitrag einer Dimension (bzw. des Trägheitswert einer Dimension) zu einer Projektion zu bestimmen.

| Column | Mass | Score in Dimension | | Inertia | Contribution | | | | |
| | | 1 | 2 | | Of Point to Inertia of Dimension | | Of Dimension to Inertia of Point | | |
					1	2	1	2	Total
1A	,027	-,985	,663	,028	,039	,043	,621	,116	,738
1B	,028	,940	-,633	,027	,037	,041	,621	,116	,738
2A	,040	-,640	-,193	,016	,024	,005	,711	,027	,737
2B	,016	1,654	,499	,040	,063	,014	,711	,027	,737
3A	,039	-,237	-,363	,017	,003	,018	,089	,086	,174
3B	,017	,557	,851	,039	,008	,043	,089	,086	,174
4A	,021	-1,006	1,197	,034	,032	,110	,419	,246	,666
4B	,034	,622	-,740	,021	,020	,068	,419	,246	,666
5A	,056	,000	,000	,000	,000	,000	,000	,000	,000
5B	,000	.	.	.	.	.	.	.	.
6A	,036	-,144	-,900	,020	,001	,104	,025	,408	,433
6B	,020	,261	1,632	,036	,002	,189	,025	,408	,433
7A	,039	-,258	-,524	,016	,004	,039	,107	,182	,288
7B	,016	,615	1,249	,039	,009	,092	,107	,182	,288
8A	,036	-,897	-,057	,020	,043	,000	,965	,002	,967
8B	,020	1,603	,101	,036	,076	,001	,965	,002	,967
9A	,039	-,694	-,005	,016	,028	,000	,781	,000	,781
9B	,016	1,679	,012	,039	,068	,000	,781	,000	,781
10A	,016	-,999	-,468	,039	,024	,013	,272	,025	,297
10B	,039	,406	,190	,016	,010	,005	,272	,025	,297
11A	,034	-,128	-,631	,022	,001	,049	,017	,174	,191
11B	,022	,202	,993	,034	,001	,077	,017	,174	,191
12A	,025	,722	-,065	,031	,019	,000	,285	,001	,286
12B	,031	-,587	,053	,025	,016	,000	,285	,001	,286
13A	,020	1,603	,101	,036	,076	,001	,965	,002	,967
13B	,036	-,897	-,057	,020	,043	,000	,965	,002	,967
14A	,037	-,623	,344	,019	,021	,016	,501	,063	,564
14B	,019	1,198	-,661	,037	,041	,030	,501	,063	,564
15A	,031	-,919	-,001	,025	,039	,000	,706	,000	,706
15B	,025	1,145	,001	,031	,048	,000	,706	,000	,706
16A	,020	-,436	-,603	,036	,006	,026	,071	,056	,128
16B	,036	,244	,337	,020	,003	,015	,071	,056	,128
17A	,039	-,694	-,005	,016	,028	,000	,781	,000	,781
17B	,016	1,679	,012	,039	,068	,000	,781	,000	,781
18A	,023	1,302	,083	,033	,057	,001	,785	,001	,787
18B	,033	-,899	-,057	,023	,040	,000	,785	,001	,787
Active Total	1,000			,944	1,000	1,000			

a. Symmetrical normalization

Tabelle 4-10: Übersicht über die Spaltenpunkte

Wenn man den Beitrag der Projektionen an der Trägheit der Dimensionen (Contribution of Point to Inertia of Dimension) betrachtet, fällt bezüglich der ersten Dimension auf, dass keine der Projektionen dominiert. Der größte Beitrag wird von den Projektionen 8B (0,076), 9B (0,068) und 13A (0,076) geliefert. Auch bezüglich der zweiten Dimension besteht keine eindeutige Dominanz. Den größten Beitrag liefern hier die Projektionen 4A (0,110), 6a (0,104) und 6B (0,189).

Die Übersicht über die Zeilenpunkte wird hier der Übersichtlichkeit halber und weil dies keinen wesentlichen Erkenntnisgewinn liefert, der nicht durch die Clusteranalyse gewonnen wird, nicht dargestellt.[505]

Das Zukunftsraum-Mapping veranschaulicht die vier gefunden Cluster[506] (d.h. Rohszenarien) durch Darstellung der zugehörigen Projektionsbündel im Raum. Des Weiteren werden die den Projektionsbündeln zugrunde liegenden Projektionen[507] im Raum dargestellt. Die räumliche Darstellung wird zweimal genutzt: In der ersten Darstellung gibt die Größe der Datenpunkte die durchschnittliche Konsistenz der einzelnen Projektionsbündel an; in der zweiten Darstellung verdeutlicht die Größe die Plausibilität der einzelnen Projektionsbündel. In der Legende ist die Darstellung der Projektionsbündel der vier Szenarien durch die Nummern 1 bis 4 gekennzeichnet. Die Nummer 5 gibt die graphische Darstellung der Projektionen an. Um die Lesbarkeit zu erhöhen, erfolgt die graphische Kodierung der Projektionsbündel doppelt: Zum einen durch unterschiedliche Farbgebung je Szenario, zum andern durch unterschiedliche Formen.

---

[505] Eine komplette Aufstellung findet sich der Vollständigkeit halber im Anhang F (Korrespondenzanalyse: Übersicht über die Zeilenpunkte (Projektionsbündel)) der Arbeit.

[506] In der Legende durch 1 bis 4 gekennzeichnet.

[507] In der Legende durch 5 gekennzeichnet.

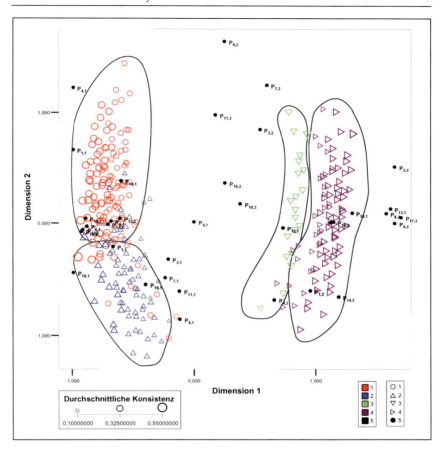

Abbildung 4-10: Zukunftsraum-Mapping (gewichtet nach Konsistenz)

Es wird bei der Darstellung mit Gewichtung der Größe der Datenpunkte nach durchschnittlicher Konsistenz der Projektionsbündel deutlich, dass es keine wesentlichen Konsistenzunterschiede der einzelnen Szenarien gibt.

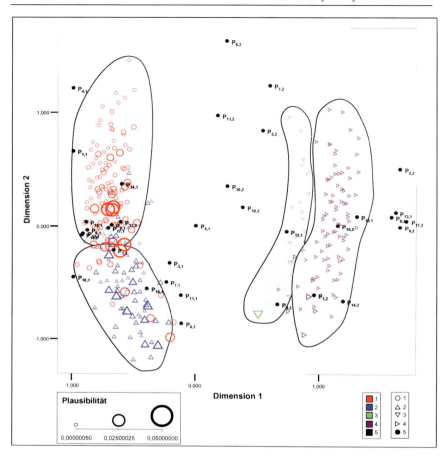

Abbildung 4-11: Zukunftsraum-Mapping (gewichtet nach Plausibilität)

Die Gewichtung der Projektionsbündel mit der Plausibilität veranschaulicht, dass die Gesamtplausibilität von Cluster 1 und Cluster 2 deutlich höher ist, als die Gesamtplausibilität von Cluster 3 und Cluster 4.

Die räumliche Verteilung der Projektionen und Projektionsbündel ist definitionsgemäß in beiden Abbildungen identisch. Es fällt auf, dass Cluster 1 und Cluster 2 sich sehr ähnlich (im Sinne von „Nähe der Projektionsbündel") in

Dimension 1 sind und sich vor allem in Dimension 2 unterscheiden. Cluster 3 und Cluster 4 weisen eine Ähnlichkeit in Dimension 2 auf, unterscheiden sich aber in Dimension 1.

Cluster 1 ist geprägt[508] durch die Projektionen $P_{4,1}$ (Kunden sind i.d.R. (durch UC-Technik) jederzeit kontaktierbar.), $P_{1,1}$ (Unternehmenskunden können jederzeit präzise geortet werden) und $P_{14,1}$ (moderne Techniken werden die meisten Kunden zwingen, ihre Daten abzugeben, um mit den technischen Neuerungen Schritt zu halten).

Die Projektionen $P_{6,1}$ (die Kosten für Miniaturisierung werden signifikant sinken) und $P_{11,1}$ (es wird in nennenswertem Umfang Objekte geben, die autonom Produkte/Dienstleistungen nachfragen) prägen Cluster 2.

Cluster 3 ist durch die Nähe der Projektionen $P_{12,1}$ (U-CRM lässt sich vor allem für Geschäftskundenkontakt nutzen) und $P_{4,2}$ (eine weitere Verkleinerung findet nicht mehr statt) gekennzeichnet.

Bei Cluster 4 dominieren die Projektionen $P_{15,2}$ (Kunden werden nur bereit sein, wenigen Unternehmen ihre Daten anzuvertrauen, weil sie den meisten keinen ausreichenden Schutz ihrer Daten zutrauen) und $P_{1,2}$ (Unternehmenskunden können nicht jederzeit präzise geortet werden).

4.3.3 Szenario-Beschreibung

Im Folgenden werden im Detail die vier identifizierten Rohszenarien beschrieben (erst durch einen Kurzüberblick über die Kennzahlen „Durchschnittliche Konsistenz" und „Plausibilität" sowie durch die eindeutigen Projektionen des Szenarios, danach durch eine ausführliche Beschreibung und

---

[508] Prägen in der Korrespondenzanalyse meint graphische Nähe der Projektionen zu einem Projektionsbündelcluster.

einer abschließenden Bewertung). Dadurch werden die Rohszenarien zu Szenarien.

4.3.3.1   Szenario 1: Die U-CRM Welt

Kurzüberblick:[509]

Durchschnittliche Konsistenz: 0,34
Plausibilität: 62,5 %

$P_{1,1}$:   Unternehmenskunden können jederzeit präzise geortet werden.

$P_{2,1}$:   Kunden können elektronisch identifiziert werden.

$P_{3,1}$:   UC-Interfaces werden leicht zu bedienen sein oder gar nicht mehr als Computer erkannt werden.

$P_{4,1}$:   Kunden sind i.d.R. (durch UC-Technik) jederzeit kontaktierbar.

$P_{5,1}$:   Computer- und Kommunikationstechnik wird weiterhin kleiner werden.

$P_{7,1}$:   Die Kosten für (mobile) Kommunikation werden pro Kommunikationseinheit signifikant sinken.

$P_{8,1}$:   Kunden wollen verstärkt von Unternehmen individuell angesprochen werden.

$P_{9,1}$:   Kunden werden verstärkt individuelle Produkte nachfragen.

$P_{13,1}$:   Kunden werden persönliche Daten abgeben, weil sie den Unternehmen vertrauen.

$P_{14,1}$:   Moderne Techniken werden die meisten Kunden zwingen, ihre Daten abzugeben, um mit den technischen Neuerungen Schritt zu halten.

$P_{15,1}$:   Datensicherheit wird durch Unternehmen sichergestellt und von Kunden als selbstverständlich angenommen.

$P_{17,1}$:   Die Suche nach Individualität wird ein bestimmendes Lebensgefühl werden.

$P_{18,2}$:   Kunden erkennen den Nutzen, den die Angabe von persönlichen Informationen ihnen bringt und schätzen ihn höher ein als ihre Anonymität.

---

[509] Auflistung der Kennzahlen und eindeutigen Projektionen des Szenarios.

Beschreibung:

Im Szenario „*Die U-CRM Welt*" sind die technischen, ökonomischen und gesellschaftlichen Voraussetzungen für den Einsatz eines ubiquitären CRM ideal. Technisch sind Kunden immer und überall aufnahmebereit. Dabei ist auch die gesellschaftliche Akzeptanz gegeben, Anonymität aufzugeben, um individuelle Ansprache und Produkte erhalten zu können. Vertrauen in Unternehmen und das Bedürfnis, mit dem technischen Fortschritt mitzuhalten, führen dazu, dass Kunden bereitwillig ihre persönlichen Daten abgeben. Die Technik wird dabei so einfach zu bedienen sein, dass sie entweder gar nicht oder nicht als Fremdkörper angesehen wird. U-CRM wird sowohl im B2C als auch im B2B-Bereich eine Rolle spielen.

Bewertung:

Das Szenario „*Die U-CRM Welt*" ist das plausibelste der vier entwickelten Szenarien. Es zeichnet sich gleichzeitig durch einen hohen Konsistenzwert aus. Dieses Szenario zeigt, dass die Fragestellung, die dieser Arbeit zu Grunde liegt, zu Recht aufgeworfen wurde. Die Definition von U-CRM wird durch ein konsistentes und plausibles Szenario mit Leben gefüllt.[510] Der Einfluss von UC auf das CRM ist mit hoher Wahrscheinlichkeit groß. UC wird Unternehmen nicht nur neue Möglichkeiten der Kundeninteraktion bieten, sondern wird auch von Kunden bereitwillig genutzt werden. Unternehmen sollten sich darauf einstellen und entsprechende Auswirkungen und Übertragbarkeit auf ihre konkrete Geschäftsmodelle überprüfen.

---

[510] Vgl. 2.3.

4.3.3.2   Szenario 2: Die U-CRM-nahe Welt

Kurzüberblick:[511]

Durchschnittliche Konsistenz: 0,28
Plausibilität: 31,1 %

$P_{2,1}$:	Kunden können elektronisch identifiziert werden.
$P_{3,1}$:	UC-Interfaces werden leicht zu bedienen sein oder gar nicht mehr als Computer erkannt werden.
$P_{4,2}$:	Kunden sind i.d.R. nicht jederzeit kontaktierbar.
$P_{5,1}$:	Computer- und Kommunikationstechnik wird weiterhin kleiner werden.
$P_{6,1}$:	Die Kosten für Miniaturisierung werden signifikant sinken.
$P_{7,1}$:	Die Kosten für (mobile) Kommunikation werden pro Kommunikationseinheit signifikant sinken.
$P_{8,1}$:	Kunden wollen verstärkt von Unternehmen individuell angesprochen werden.
$P_{9,1}$:	Kunden werden verstärkt individuelle Produkte nachfragen.
$P_{12,2}$:	U-CRM lässt sich vor allem für Endkundenkontakt nutzen.
$P_{13,2}$:	Kunden werden persönliche Daten abgeben, weil sie den Unternehmen vertrauen.
$P_{15,1}$:	Datensicherheit wird durch Unternehmen sichergestellt und von Kunden als selbstverständlich angenommen.
$P_{17,1}$:	Die Suche nach Individualität wird ein bestimmendes Lebensgefühl werden.
$P_{18,2}$:	Kunden erkennen den Nutzen, den ihnen die Angabe von persönlichen Informationen bringt und schätzen ihn höher ein als ihre Anonymität.

Beschreibung:

Im Szenario *„Die U-CRM nahe Welt"* sind die technischen, ökonomischen und gesellschaftlichen Voraussetzungen für den Einsatz eines ubiquitären CRM weitgehend ideal. Technisch sind Kunden überall aufnahmebereit. Sie sind lediglich nicht immer kontaktierbar. Die gesellschaftliche Akzeptanz, Ano-

---

[511] Auflistung der Kennzahlen und eindeutigen Projektionen des Szenarios.

nymität aufzugeben, ist vorhanden, um individuelle Ansprache und Produkte erhalten zu können. Vertrauen in Unternehmen und das Bedürfnis, mit dem technischen Fortschritt mitzuhalten, führen dazu, dass Kunden bereitwillig ihre persönlichen Daten abgeben. Die Technik wird dabei so einfach zu bedienen sein, dass sie entweder gar nicht oder nicht als Fremdkörper angesehen wird. U-CRM wird vor allem im Endkundenkontakt eine Rolle spielen.

Bewertung:

Das Szenario *„Die U-CRM nahe Welt"* ist das zweitplausibelste der vier entwickelten Szenarien. Es zeichnet sich wie auch die anderen drei Szenarien gleichzeitig durch einen hohen Konsistenzwert aus. Auch dieses Szenario belegt die hohe Wahrscheinlichkeit, mit der UC das CRM beeinflussen wird. Wenn auch nicht im selben Umfang wie im Szenario *„Die U-CRM Welt"* aber immer noch weitgehend, wird UC Unternehmen neue Möglichkeiten der Kundeninteraktion bieten, die bereitwillig genutzt werden. Auch dieses Szenario stützt die Aussage, dass Unternehmen sich auf ein U-CRM einstellen sollten.

4.3.3.3   Szenario 3: Die anonyme Welt

Kurzüberblick:[512]

Durchschnittliche Konsistenz: 0,37
Plausibilität: 2,9 %

$P_{1,2}$:   Unternehmenskunden können nicht jederzeit präzise geortet werden.

$P_{2,2}$:   Kunden können elektronisch nicht identifiziert werden.

$P_{4,2}$:   Kunden sind i.d.R. nicht jederzeit kontaktierbar.

$P_{5,1}$:   Computer- und Kommunikationstechnik wird weiterhin kleiner werden.

$P_{8,2}$:   Der Kundenwunsch nach individueller Ansprache ist nur bei wenigen Unternehmen/Produkten vorhanden.

---

[512] Auflistung der Kennzahlen und eindeutigen Projektionen des Szenarios.

P$_{9,1}$:   Kunden werden verstärkt individuelle Produkte nachfragen.

P$_{10,2}$:   Kunden werden zum verstärkten Einsatz von UC nur bereit sein, wenn damit ein Mehrwert verbunden ist.

P$_{12,1}$:   U-CRM lässt sich vor allem für Geschäftskundenkontakt nutzen.

P$_{13,1}$:   Kunden werden nicht bereit sein, persönliche Daten abzugeben.

P$_{14,2}$:   Rechtliche Rahmenbedingungen werden es Unternehmen unmöglich machen, umfangreich persönliche Daten ihrer Kunden zu sammeln.

P$_{15,2}$:   Kunden werden nur bereit sein, wenigen Unternehmen ihre Daten anzuvertrauen, weil sie den meisten keinen ausreichenden Schutz ihrer Daten zutrauen.

P$_{16,2}$:   Die meisten Kunden werden die stärkere informationstechnische Durchdringung ihres Alltags nicht wahrnehmen und sie somit unbewusst akzeptieren.

P$_{17,1}$:   Die Suche nach Individualität wird ein bestimmendes Lebensgefühl werden.

P$_{18,1}$:   Die neuen technischen Möglichkeiten der Unternehmen zur Datensammlung führen zu einem verstärkten Wunsch der Kunden, anonym zu bleiben.

Beschreibung:

Im Szenario *„Die anonyme Welt"* legen Kunden verstärkt Wert darauf, anonym zu bleiben. Obwohl Kunden ein individuelles Lebensgefühl haben und sie die stärkere informationstechnische Durchdringung des Alltags kaum bemerken, werden sie versuchen, die Sammlung ihrer persönlichen Daten zu unterbinden, da sie den Unternehmen nicht zutrauen, ihre Daten ausreichend zu schützen. Sie wollen deshalb darauf verzichten, individuell angesprochen zu werden. Lediglich individuelle Produkte werden gewünscht. Deshalb können Kunden auch nicht lokalisiert und jederzeit erreicht werden. U-CRM wird höchstens im Geschäftskundenkontakt Bedeutung erlangen können, wo Anonymität nicht so eine herausragende Rolle spielt wie im Privatkundenkontakt.

Bewertung:

Das Szenario *„Die anonyme Welt"* ist das unplausibelste der vier entwickelten Szenarien. Es zeichnet sich allerdings wie auch die anderen drei Szenarien durch einen hohen Konsistenzwert aus. Dieses Szenario zeigt, die geringe Wahrscheinlichkeit mit der U-CRM nicht als nächste CRM-Entwicklungsstufe auftreten wird. Deutlich macht dieses aber auch, dass Unternehmen sich mit der Möglichkeit der mangelnden Kundenakzeptanz von U-CRM auseinander setzen sollten, denn je nach konkretem Geschäftsmodell kann die Wahrscheinlichkeit größer sein. Typisch für die Szenario-Methode zeigt dieses Szenario auf, dass es auch konsistente Zukunftsbilder gibt (wenn auch mit geringer Plausibilität), die deutlich machen, dass eine flexible Einstellung auf künftige Entwicklungen des CRM notwendig sind.

4.3.3.4 Szenario 4: Die nicht-individuelle Welt

Kurzüberblick:[513]

Durchschnittliche Konsistenz: 0,34
Plausibilität: 3,6 %

$P_{1,2}$:   Unternehmenskunden können nicht jederzeit präzise geortet werden.
$P_{4,2}$:   Kunden sind i.d.R. nicht jederzeit kontaktierbar.
$P_{5,1}$:   Computer- und Kommunikationstechnik wird weiterhin kleiner werden.
$P_{8,2}$:   Der Kundenwunsch nach individueller Ansprache ist nur bei wenigen Unternehmen/Produkten vorhanden.
$P_{9,2}$:   Der Markt für individuelle Produkte wird sich nicht signifikant vergrößern.
$P_{10,2}$:   Kunden werden zum verstärkten Einsatz von UC nur bereit sein, wenn damit ein Mehrwert verbunden ist.
$P_{12,1}$:   U-CRM lässt sich vor allem für Geschäftskundenkontakt nutzen.
$P_{13,1}$:   Kunden werden nicht bereit sein, persönliche Daten abzugeben.

---

[513] Auflistung der Kennzahlen und eindeutigen Projektionen des Szenarios.

$P_{15,2}$:   Kunden werden nur bereit sein, wenigen Unternehmen ihre Daten anzuvertrauen, weil sie den meisten keinen ausreichenden Schutz ihrer Daten zutrauen.

$P_{16,2}$:   Die meisten Kunden werden die stärkere informationstechnische Durchdringung ihres Alltags nicht wahrnehmen und sie somit unbewusst akzeptieren.

$P_{17,2}$:   Die Bedeutung von persönlicher Individualität nimmt ab.

$P_{18,1}$:   Die neuen technischen Möglichkeiten der Unternehmen zur Datensammlung führen zu einem verstärkten Wunsch der Kunden, anonym zu bleiben.

Beschreibung:

Im Szenario *„Die nicht-individuelle Welt"* führt der Wunsch nach Anonymität dazu, dass die Suche nach persönlicher Individualität und damit auch individueller Ansprache sowie individuellen Produkten nicht ausgeprägt ist. Kunden sind i.d.R. schlecht erreichbar und nicht lokalisierbar. Sie sind nicht bereit, individuelle Daten abzugeben. Lediglich die nicht bemerkte Durchdringung des Alltages mit Informationstechnik führt zu einer unbewussten Akzeptanz. Falls kein signifikanter Mehrwert vorhanden ist, werden Kunden nicht bereit sein, U-CRM zu nutzen. U-CRM wird deshalb höchstens im B2B Bereich eine Rolle spielen können.

Bewertung:

Das Szenario *„Die nicht individuelle Welt"* ist das zweitunplausibelste der vier entwickelten Szenarien. Es hat trotzdem wie auch die drei anderen Szenarien einen hohen Konsistenzwert. Dieses Szenario zeigt, wie schon das Szenario *„Die anonyme Welt"*, die geringe Wahrscheinlichkeit, mit der U-CRM nicht als nächste CRM-Entwicklungsstufe auftreten wird. Die Implikationen sind deshalb auch die selben: Unternehmen, die die Einführung von U-CRM planen, brauchen eine Strategie, die ihnen hilft, flexibel zu reagieren, falls der prognostizierte Erfolg von U-CRM ausbleibt.

5 Bewertung, kritische Würdigung und Ausblick

In der vorliegenden Forschungsarbeit wurden gemäß der modellgestützten Szenario-Methode vier Szenarien entwickelt. Die dabei gewonnenen Erkenntnisse werden zunächst bewertet und sodann kritisch gewürdigt. Daraufhin wird ein Ausblick zum einen auf ein mögliche UC-CRM Anwendung gemäß dem plausibelsten Szenario exemplarisch gegeben und zum anderen auf sich ergebende weitere Forschungsfragen eingegangen.

5.1 Bewertung der Ergebnisse

Die Szenario-Analyse hat zu vier konsistenten Szenarien geführt, die sich in zwei Hauptgruppen (Szenario 1: *Die U-CRM Welt* und Szenario 2: *Die U-CRM-nahe Welt* auf der einen Seite sowie Szenario 3: *Die anonyme Welt* und Szenario 4: *Die nicht-individuelle Welt* auf der anderen Seite) aufteilen. Alle vier Szenarien sind etwa gleich konsistent (Durchschnitt: 0,33; Standardabweichung: 0,03). Die Konsistenz aller Szenarien ist hoch.

Szenario 1 und 2 zeichnen ein Zukunftsbild, das den Einfluss von UC auf das CRM als signifikant zeigt. Sie sind – gemäß der Einschätzung der Experten – sehr plausibel (Szenario 1: 62,5%, Szenario 2: 31,1%). Man kann also mit einer Plausibilität von 93,6% davon ausgehen, dass UC die Möglichkeiten und den Einsatz von CRM deutlich erweitern wird und man dann somit zu Recht von einem U-CRM als nächster bedeutender Entwicklungsstufe des CRM sprechen kann. Technisch, ökonomisch und gesellschaftlich werden sich in diesen beiden Szenarien die meisten Schlüsselfaktoren so entwickeln, dass für den Einsatz von U-CRM gute Bedingungen herrschen.

Mit einer Plausibilität – gemäß der Einschätzung der Experten – von 6,5%[514] wird UC nicht zu einer wesentlichen Weiterentwicklung des CRM führen. Stattdessen wird UC den Wunsch nach Anonymität (Szenario 3: 2,9%), der teilweise zusätzlich noch mit einem schwächer ausgeprägten Wunsch nach Individualität (Szenario 4: 3,6%) gepaart ist, verstärken. Die Möglichkeiten und die Bedeutung von CRM fallen also in diesen Szenarien sogar noch hinter die des heute schon praktizierten CRM zurück. U-CRM wird in Szenario 3 und Szenario 4 keine relevante Entwicklungsstufe des CRM werden. Lediglich im B2B Bereich kann UC das CRM in diesen Szenarien erweitern. Die Entwicklung der technischen, ökonomischen und gesellschaftlichen Schlüsselfaktoren wird in diesen beiden Szenarien den Einsatz von U-CRM nicht fördern.

Als Empfehlung zur Realitätsgestaltung für Unternehmen im Sinne des Konstruktivismus (konkreter: als Handlungsempfehlung) ist – basierend auf der vorgenommenen Szenario-Analyse – den Unternehmen anzuraten, sich darauf einzustellen, dass UC das CRM mit hoher Plausibilität deutlich verändern wird. Sie sollten sich somit schon heute intensiv mit UC und den Potenzialen, die sie für ihr aktuelles CRM haben, auseinandersetzen. Zugleich sollten sie aber nicht außer Acht lassen, dass auch (wenngleich nur mit einer geringeren Plausibilität) die Möglichkeit besteht, dass in Zukunft CRM nicht mehr in der schon heute vorhandenen Intensität durchgeführt werden kann und somit die Bedeutung dieser potenziellen Entwicklung für ihr Geschäftsmodell prüfen, um eine entsprechende Strategie bei Eintritt dieser Szenarien bereit zu haben.

Es bietet sich an, die durch die Szenarioanalyse dieser Arbeit gewonnenen Szenarien mit den Beispielen für mögliche Anwendungen abzugleichen, die

---

[514] Abweichungen von 100% sind rundungsbedingt.

in der Literatur bereits existieren.[515] Grundsätzlich ist festzustellen, dass die in der Literatur beschriebenen Anwendungen sich oft darauf konzentrieren, illustrativ die betriebswirtschaftlichen Möglichkeiten des Einsatzes von UC aufzuzeigen, in dem sie Geschäftsmodelle sehr konkret charakterisieren. Die in dieser Arbeit entwickelten Szenarien setzen sich hingegen (gemäß der gewählten Methodik) aus der Kombination abstrakterer Einschätzungen zukünftiger technischer, ökonomischer und sozialer Entwicklungen (d. h. der Kombination von Projektionen der Schlüsselfaktoren) zusammen. Somit sind die Anwendungsbeispiele die zur Zeit in der Literatur diskutiert werden und die hier entwickelten Szenarien auf zwei unterschiedlichen Abstraktionsebenen: Während die Anwendungsbeispiele sehr konkret eine Zukunft beschreiben, spannen die hier entwickelten Szenarien den Rahmen auf, der durch solche Anwendungsbeispiele gefüllt werden kann.

Ob die Beispiele für Anwendungen, die in der Literatur entwickelt wurden mit den in dieser Arbeit entwickelten Szenarien kongruent sind wird im Folgenden betrachtet. In dem man feststellt, in wie weit diese Anwendungen zu den Erkenntnisse, die durch die Szenario-Analyse gewonnen wurden, passen, zeigt sich ein weiterer Nutzen der Szenarioanalyse, nämlich die Möglichkeit nun zu prüfen, ob U-CRM Anwedungsbeispiele sich durch die Szenario-Analyse als Plausibel und Konsistent erweisen.

Alle diskutierten Anwendungen haben gemein, dass sie implizit eine grundsätzliche gesellschaftliche Akzeptanz und eine ökonomisch gewinnbringende Umsetzung eines ubiquitären CRM voraussetzen.[516] Sie gehen somit implizit von den in Summe plausibelsten und somit wahrscheinlichsten Szenarien (Szenario 1 und Szenario 2) aus, die beide eine hohe Konsistenz besitzen. Die

---

[515] Vgl. 2.1.5.2.
[516] Vgl. 2.1.5.2.

Gesamtplausibilität dieser beiden Szenarien von 93,6% zeigt, dass diese An-
nahmen der Anwendungsbeispiele durch die Szenario-Analyse als hoch
plausibel gestützt werden. Nicht alle Aspekte der zwei Szenarien, die eine U-
CRM (nahe) Welt beschreiben, werden in den Anwendungen umgesetzt.[517]
Von den sechs beschriebenen Anwendungen nutzen fünf Miniaturisierung,
vier individuelle Profile, drei Lokalisierung und jeweils eine Vernetzung oder
künstliche Intelligenz. Wenn man diese Aspekte mit den eindeutigen Projektionen der technischen Schlüsselfaktoren gegenüberstellt, kann man zwar die
in den Anwendungen genannten Aspekte in den Szenarien wieder finden,
die Beschreibungen sind aber oft allgemeiner als die in den relevanten Szenarien identifizierten eindeutigen Projektionen. So sind die Aspekte der Ortung
($P_{1, 1}$) und elektronischen Identifizierung ($P_{2, 1}$) sowie der Allgegenwärtigkeit
($P_{4, 1}$) nur allgemein gehalten. Die Benutzerfreundlichkeit $P_{(3, 1)}$ wird explizit
nicht herausgestellt, sondern lässt sich durch die Beschreibung der Anwendungen nur vermuten. Lediglich die Miniaturisierung ($P_{5, 1}$) ist bei der Mehrzahl der Anwendungen deutlich hervorgehoben.

Man kann somit feststellen, dass die Anwendungen zwar als grundsätzlich
plausibel und konsistent gemäß der durchgeführten Szenario-Analyse zu
charakterisieren sind. Allerdings decken Sie nur einen begrenzten Ausschnitt
der hier entwickelten U-CRM Szenarien ab.

Ein Anwendungsbeispiel zu charakterisieren, dass alle wesentlichen Schlüsselfaktoren abdeckt und einem konsistenten und plausiblen Szenario zuzuordnen ist, kann somit einen neuen Ausblick geben, wie U-CRM in der Zukunft umgesetzt werden könnte. Dieser Ausblick durch ein neues Anwen-
dunsbeispiel wird deshalb in 5.3 gegeben.

---

[517] Vgl. Tabelle 2-2.

5.2 Kritische Würdigung

Die Szenarien dieser Arbeit beruhen auf Ausgangsdaten und -informationen, die durch Literaturanalyse und Erfassung von Expertenmeinungen gewonnen wurden. Dies impliziert einige Kritikpunkte:

Die Gültigkeit und Vollständigkeit der Schlüsselfaktoren wurden theoretisch fundiert auf Basis einer Literaturanalyse erstellt und durch Expertenbefragung gestützt. Wie bei jedem Thema, das sich mit Zukunftsfragen auseinander setzt, kann nach einigen Jahren eine Überprüfung der Aktualität notwendig sein. Eventuell sind dann weitere Schlüsselfaktoren zu beachten und eine Aktualisierung notwendig. Der methodische Rahmen wird allerdings seine Gültigkeit bewahren.

Bei der Abschätzung der Plausibilität von Szenarien muss beachtet werden, dass diese sich durch die Aussagen von Experten errechnet, denen dadurch, dass sie sich intensiv mit der Themenstellung beschäftigen, eine Affinität zu UC bescheinigt werden kann. Dadurch sind sie der Gefahr ausgesetzt, die Potenziale von UC zu überschätzen. Allerdings handelt es sich hier um ein methodisches Problem, dass allen Delphi-Studien inhärent ist. Der skizzierten Gefahr wurde durch eine heterogene Zusammensetzung der Expertengruppe weitgehend vorgebeugt.

Allgemein kann man feststellen, dass die Potenziale und Auswirkungen für das CRM, die sich in der Zukunft durch UC ergeben könnten, konnten systematisch und nachvollziehbar durch Szenarien illustriert werden.

5.3 Ausblick

5.3.1 UC-CRM Anwendung

Ein Anwendungsbeispiel des U-CRMs, das alle Schlüsselfaktoren eines entwickelten U-CRM Szenarios abbildet, hilft die Bedeutung des Szenarios kon-

kret zu veranschaulichen.[518] Im Folgenden wird deshalb entlang der eindeutigen Projektionen des Szenarios „Die U-CRM Welt" eine mögliche Anwen-
dungssituation konstruiert:

Thomas hat gerade im Designer-Store seine neue Cyber-Jacke gekauft. Er ist
fast überrascht, wie günstig das individuell nach seinen Maßen (die er auf
seinem Handy gespeichert hat) gefertigte Stück ist, doch dank der Kombination mit dem integrierten UC-Ortungs-Device seines Telecom-Providers (ent-
stehende Kommunikationsentgelte sind bereits in seinem abgeschlossenen
günstigen Handy-Flarate-Tarif erfasst) kann sie wirklich als Schnäppchen gelten ($P_{2,1}$, $P_{7,1}$, $P_{9,1}$). Massenware hätte Peter nur in größter Not gewählt, darin
fühlt er sich nicht als Individuum ($P_{17,1}$). Auf die Hinweise, die ihm das kleine
Display im linken Ärmel jederzeit geben wird, ist er schon stark gespannt
($P_{3,1}$, $P_{4,1}$). Besonders angenehm ist es, dass dieses High-Tech-Stück gar nicht
als solches auffällt, da die Technik inzwischen so klein ist, dass sie fast unsichtbar eingenäht werden kann ($P_{5,1}$). Dafür, dass er jetzt so eine günstige
und coole Jacke besitzt, nimmt er es gern in Kauf, jederzeit präzise geortet
werden zu können ($P_{1,1}$). Außerdem hat er den Vorteil auch Hinweise zu be-
kommen, die individuell auf seine örtliche Position zugeschnitten sind – wie
z.B. aktuelle Sonderangebote von Geschäften, die sich in seiner Nähe befinden ($P_{8, 1}$). Damit diese Angebote auch seinen Interessen entsprechen, hat er
sich bereit erklärt, dass von seinem Service-Provider sein Kaufverhalten gespeichert und systematisch ausgewertet wird ($P_{14,1}$). Über die Sicherheit seiner Daten beim Service-Provider macht er sich keine Gedanken – schon seit
Jahren sind dank der ausgefeilten Schutzmassnahmen keine Diebstähle mehr
bekannt geworden ($P_{15,1}$). Darüber hinaus gilt sein Service-Provider auch
dank der konsequenten Ethik-Codes als vertrauenswürdig ($P_{13,1}$). Und schon

---

[518] Vgl. 5.1.

als er um die nächste Ecke biegt und in Sichtweite des Kinos auf seinem Display ein Voucher für ein Kino-Popkorn-Menü bei Besuch des neuen Blockbusters aufleuchtet, freut er sich, dass er sich entschlossen hat, seinem Service-Provider zu erlauben, seine Interessen zu speichern (P18,2).

5.3.2 Weitere Forschungsfragen

Die entwickelten Szenarien zu nutzen, um sie mit den in der Prototypenforschung konkrete U-CRM-Systeme abzugleichen, ist basierend auf dieser Arbeit gut möglich. Mit Hilfe der Prototypen könnte überprüft werden, ob die in den Szenarien 1 und 2 gezeigten Potenziale den Anforderungen im Praxiseinsatz genügen werden und ob die technischen Voraussetzungen für eine Realisierung schon heute gegeben sind.

Szenarien geben einen Ausblick auf mehrere mögliche, konsistente Zukünfte. Um die hier entwickelten vier Szenarien auf die aktuelle Situation von Unternehmen zu übertragen und konkretere Handlungsempfehlungen als die schon oben gegebenen aus diesen Szenarien abzuleiten, könnte man im Rahmen einer weiteren Forschungsarbeit Roadmaps entwickeln.[519] Dafür existiert bereits die Methodik der explorativen Technik-Roadmaps.[520] Für die im Rahmen dieser Arbeit entwickelten Szenarien solche unternehmensspezifischen Roadmaps zu definieren, ist zukünftig ein interessantes Forschungsfeld für weitergehende Untersuchungen, die auf diese Arbeit aufbauen können.

Darüber hinaus sollten die Szenario-Methode und dabei insbesondere die Szenario-Methode gemäß der modellgestützten Logik noch intensiver auf ihre Eignung als Methode zur Zukunftsprognose getestet werden – ähnlich wie es bereits bei der Delphi-Methode geschehen ist – um auch Vertretern von

---

[519] Vgl. Möhrle, M. G./Isenmann, R. [2002], S. 11.

[520] Vgl. Geschka, H./ Schauffele, J./Zimmer, C. [2002], S. 106 ff.

nicht konstruktivistischen Forschungsparadigmen die Akzeptanz dieses Forschungsansatzes zu erleichtern.

Ob und wenn ja welches der vier in dieser Arbeit entwickelten Szenarien eintreffen wird, kann niemand – wie in der Zukunftsforschung üblich – mit Sicherheit sagen. Es konnte allerdings die Unsicherheit, wie der Einfluss des UC auf das CRM einzuschätzen ist, durch die Entwicklung von vier konsistenten mit Plausibilitäten bewerteten Szenarien deutlich reduziert werden. Die Erkenntnis, dass mit einer Plausibilität von 93,6% ein Szenario eintreffen wird, in dem das CRM (weitgehend) ubiquitär wird, zeigt, dass der Einfluss von UC mit hoher Wahrscheinlichkeit als signifikant eingeschätzt werden kann und eine dezidierte Untersuchung sinnvoll war.

Welches der hier entwickelten Szenarien letztendlich ideal (im Sinne von wünschenswert) ist, bleibt – ganz im Sinne eines konstruktivistischen Forschungsparadigmas – der Subjektivität jedes einzelnen überlassen.

Quellenverzeichnis

Abowd, Gregory D./Brummit, Barry/Shaver, Steven (Hrsg.) [2001]
Ubiquitous Computing. International Conference proceedings / Ubicomp. 2001. Berlin: Springer, 2001.

Abowd, Gregory.D./Mynatt, Elizabeth.D. [2000]
Charting Past, Present, and Future Research in Ubiquitous Computing. In: ACM Transactions on Computer-Human Interaction, (7) 2000, 1, S. 29-58.

Albach, Horst [1970]
Informationsgewinnung durch strukturierte Gruppenbefragung - Die Delphi-Methode. In: ZfB, 40 Jg., Ergänzungsheft 1970, S. 11-26.

Allan, Alan/Edenfeld, Don/William, Joyner H. et al. [2002]
2001 Technology Roadmap for Semiconductors. In: IEEE Computer 35(1), 2002, S. 42-53.

Amstrong, Scott J. [2001a]
Combining Forecasts. In: Amstrong, Scott J. (Hrsg.): Principales of Forecasting. A Handbook for Researchers and Practitioners. S. 417-440, Boston: Kluwer, 2001.

Amstrong, Scott J. [2001b]
Standards and Practices of Forecasting. In: Amstrong, Scott J. (Hrsg.): Principales of Forecasting. A Handbook for Researchers and Practitioners. S. 679-732, Boston: Kluwer, 2001.

Angermeyer-Naumann, Regine [1985]
Szenarien und Unternehmenspolitik. München: Planungs- und Organisationswissenschaftliche Schriften. 1996.

Amor, Daniel [2002]
Internet Future Strategies. How Pervasive Computing Services Will Change the World. New Jersey: Prentice-Hall, 2002.

Apel, Heino [1979]
Simulation sozio-ökonomischer Zusammenhänge. Darmstadt: S. Toeche-Mittler-Verlag, 1979.

Bacher, Johann [1996]
Clusteranalyse. Anwendungsorientierte Einführung. 2.Aufl. München: Oldenbourg, 1996.

Backhaus, Klaus/Meyer, Margit [1988]
Korrespondenzanalyse. Ein vernachlässigtes Analyseverfahren nicht metrischer Daten in der Marketing-Forschung. In: Marketing ZFP, 1988, S. 295-307.

Backhaus, Klaus/Erichson, Bernd/Plinke, Wulff et al. [2003]
Multivariate Analysemethode. Eine anwendungsorientierte Einführung. 10. Aufl. Berlin: Springer, 2003.

Bauer, Martin/ Jendoubi, Lamine/Rothermel, Kurt et al. [2003]
Grundlagen ubiquitärer Systeme und deren Anwendung in der „Smart Factory". In: Industrie Management (19) 6/2003, S. 17-20.

Becker, Dirk [1974]
Analyse der Delphi-Methode und Ansätze zu ihrer optimalen Gestaltung. Frankfurt am Main: Harry Deutsch, 1974.

Becker, Jörg/König, Wolfgang/Schütte, Reinhard et al. [1999]
Vorwort. In: Becker, Jörg/König, Wolfgang/Schütte, Reinhard et al. (Hrsg.): Wirtschaftsinformatik und Wissenschaftstheorie. Bestandsaufnahme und Perspektiven. S. V-VI, Wiesbaden: Gabler, 1999.

Beigl, Michael./Krohn, Albert/Zimmer Tobias et. al. [2003]:
AwareCon: Situation Aware Context Communication. In Lecture Notes in Computer Science (LNCS), Volume 2864, Dey, A.K./Schmidt, A./McCarthy, J.F. (Hrsg.). Springer Verlag 2003, S. 132-139.

Benzerci, Jean-Paul [1982]
L'Analyse des Données. 4. Aufl. Paris: Dunod, 1982.

Berth, Rolf [1992]
Visionäres Management: Die Philosophie der Innovation. 2. Aufl. Düsseldorf: Econ, 1992.

Blasius, Jörg [2001]
Korrespondenzanalyse. München: Oldenbourg, 2001.

Bode, Jürgen [1997]
Der Informationsbegriff in der Betriebswirtschaftslehre. In: ZfbF, Nr. 5, 1997, S. 459-464.

Boje, David M./Murnighan, Keith J. [1982]
Group Confidence Pressures in Iterative Decisions. In: Management Science, October 1982, S. 1187-1196.

Bickmore, Timothy W./Picard, Rosalind W. [2004]
Towards caring machines. In: CHI Extended Abstracts, 2004, S. 1489-1492.

Brockhoff, Klaus [1969]
Probleme und Methoden technologischer Vorhersagen. In: ZfB, 2. Ergänzungsheft zum 39. Bd., 1969, S. 1-24.

Brockhoff, Klaus [1975]
The Performance of Forecasting Groups. In: Linstone, Harold A./Turoff, Murray (Hrsg.) The Delphi Methode. Techniques and Applications, S. 291-321, Reading, Mass.: Addison-Wesley, 1979.

Brockhoff, Klaus [1977]
Prognoseverfahren für die Unternehmensplanung. Wiesbaden: Gabler, 1977.

Brockhoff, Klaus [1979]
Delphi-Prognosen im Computer-Dialog. Experimentelle Erprobung und Auswertung kurzfristiger Prognosen. Tübingen: Mohr, 1979.

Brockhoff, Klaus [2001]
Prognosen. In: Bea, F. X./Dichtl, E./Schweitzer, M. (Hrsg.) Allgemeine Betriebswirtschaftslehre. 8. Aufl., Bd. 2, Stuttgart: Lucius & Lucius, 2001, S. 715-752.

Brooks, Kenneth W. [1979]
Delphi Technique: Expanding Applications. In: North Central Association Quarterly (53), 3/1979, S. 377-385.

Bronner, Rolf/Matiaske, Wenzel/Stein, Friedrich A. [1991]
Anforderungen an Spitzen-Führungskräfte. Ergebnisse einer Delphi-Studie. In: ZfB, 61 Jg., 11 (1991) S. 1227-1242.

Burkhardt, Jochen/Henn, Horst/Hepper, Stefan et al. [2002]
Pervasive Computing. Technology and Architecture of Mobile Internet Applications. Boston: Addison-Wesley, 2002.

Čas, Johann [2002]
UC – Ubiquitous Computing oder Ubiquitous Control? In: Britzelmaier, Bern/Geberl, Stephan/Weinmann, Siegfried (Hrsg.): Der Mensch im Netz – Ubiquitous Computing. Stuttgart: Teubner, 2002, S. 39-51.

Cerf, Vinton G. [2001]
Beyond the Post-PC Internet. In: Communications of the ACM, 44(9), 2001, S. 35-37.

Clement, Michel [2000]
Interaktives Fernsehen – Analyse und Prognose seiner Nutzung, Wiesbaden: DUV, 2000.

Coase, Ronald [1937]
The Nature of the Firm. In: Economica (4) 1937, S. 386-405.

Cochran, Samuel W. [1983]
The Delphi Method. Formulating and Refining Group Judgements. In: Journal of Human Science (2) 2/1983, S. 111-117.

Conlon, Ginger [1999]
Wired Executive: Trends in CRM. In: Sales & Marketing Management, 151   (1999)
S. 94-98.

Coroama, Vlad/Hähner, Jörg/Handy, Matthias et al. [2003]
Leben in einer smarten Umgebung: Ubiquitous-Computing-Szenarien und -Auswirkungen. Technical Report No. 431, ETH Zurich, December 2003.

Cuhls, Kerstin/Blind, Knut/Grupp, Hariolf [2001]
Innovation for our future. Delphi '98: New Foresight on Science and Technology. Heidelberg: Physika, 2001.

Cuhls, Kerstin/Möhrle, Martin G [2002]
Unternehmensstrategische Auswertung der Delphi-Berichte. In: Möhrle, Martin G./Isenmann, R. (Hrsg.) Technologie-Roadmapping. Zukunftsstrategien für Technologieunternehmen. S.47-74, Berlin: Springer, 2003

Dalkey, Norman Crolee/ Brown, Bernice B./ Cochran, S.W. [1969]
The Delphi Method, III: Use of Self-Ratings To Improve Group Estimates. Santa Monica, Calif: Rand, 1969.

Diller, Hermann [1996]
Kundenbindung als Marketingziel. In: Marketing ZFP, Heft 2 April 1996, S. 81-94.

Diller, Hermann [2002]
Grundprinzipien des Marketings. Nürnberg: GIM, 2002.

Dörner, Dietrich [1989]
Die Logik des Misslingens. Strategisches Denken in komplexen Situationen. Hamburg: Rowohlt, 1989.

Ducot, Claude/Lübben G. J. [1980]
A Typology for Scenarios. In: Futures, 12/1980, S. 51-57.

Earp, Julia B./Baumer, David [2003]
Innovative Web Use to Learn about Consumer Behaviour and Online Privacy. In: Communications of the ACM, 96(4) April 2003, S. 81-83.

Earp, Julia B./Baumer, David [2003]
Innovative Web Use to Learn about Consumer Behaviour and Online Privacy. In: Communications of the ACM, 96(4) April 2003, S. 81-83.

Eggert, Andreas/Fassott, Georg [2001]
Elektronisches Kundenbeziehungsmanagement. In: Eggert, Andreas/Fassott, Georg (Hrsg.) E-CRM – Electronic Costomer Relationship Management, S. 1-14. Stuttgart: Schäfer Poeschel, 2001.

Eggs, Holger/Müller, Günter[2001]
Sicherheit und Vertrauen: Mehrwert im E-Commerce. In: Müller, Günter/Reichenbach, Martin (Hrsg.) Sicherheitskonzepte für das Internet, S. 27-43. Berlin: Springer, 2001.

Evans, Philip/Wurster, Thomas S. [1997]
Strategy and the new economics of information. In: HBR September-Oktober 1997, S. 71-82.

Evans, Philip/Wurster, Thomas S. [2000]
Blown to bits. How the new economics of information transforms strategy. Boston Massachusetts: Harvard Business School Press, 2000.

Erffmayer, Robert C./Lane, Irving M. [1984]
Quality and acceptance of an Evaluative Task. The Effects of Four Group-Decision-Making Formats. In: Group & Organization Studies, December 1984, S. 509-529.

Fano, Andrew/Gershman, Anatole [2002]
The Future of Business Services in the Age of Ubiquitous Computing. In: Communications of the ACM, 45 (12), 2002, S. 509-529.

Fassot, Georg [2002]
E-CRM – Kundenbeziehungsmanagement im E/M-Commerce. In: Keuper, Frank (Hrsg.): Electronic Business and Mobile Business. Wiesbaden: Gabler, 2001, 465-498.

Fink, Alexander/Schlake, Oliver [2000]
Scenario Management. An Approach for Strategic Foresight. In: IEEE Engineering Management Review, Vol. 29 T.1, 2001, S.25-32.

Fink, Alexander/Schlake, Oliver/Siebe, Anderas [2001]
Erfolg durch Szenario-Management. Frankfurt Main: Campus, 2001.

Finkenzeller, Klaus [2002]
RFID-Handbuch. München: Hanser, 2002.

Fischer, Thomas [1982]
Hierarchische Regelungsmodelle zur Unterstützung der Unternehmensplanung. In: Pfeiffer, Rolf/Lindner, Helmut (Hrsg.) Systemtheorie und Kybernetik in Wirtschaft und Verwaltung. Berlin: Duncker & Humblot, S. 283-335.

Fischer, Thomas [1986]
Ein Beitrag der Kybernetik zur Integration computergestützter Informations- und Produktionssysteme in der Praxis. In: Fischer, Thomas (Hrsg.) Betriebswirtschaftliche Systemforschung und ökonomische Kybernetik. Berlin: Duncker & Humblot, S. 359-377.

Fleisch, Elgar [2001]
Das Netzwerkunternehmen. Strategien und Prozesse zur Steigerung der Wettbewerbsfähigkeit in der „Network economy". Berlin: Springer, 2001.

Fleisch, Elgar/Dierkes, Markus [2003]
Ubiquitous Computing aus betriebswirtschaftlicher Sicht. In: Wirtschaftsinformatik 45, 6/2003, S. 611-620.

Fleisch, Elgar/Mattern, Friedemann/Billinger, Stephan [2003]
Betriebswirtschaftliche Applikationen des Ubiquitous Computing - Bei-
spiele, Bausteine und Nutzenpotentiale. In: Ubiquitous Computing,
HMD 229 - Praxis der Wirtschaftsinformatik, dpunkt.verlag, S. 5-15,
Februar 2003.

Frielitz, Claudia/Hippner, Hajo/Martin, Stephan/Wilde, Klaus D. [2000]
CRM 2000. Erfahrungen, Einschätzungen und Bedürfnisse aus Anwen-
dersicht. In: Hippner, Hajo/Wilde, Klaus D. Marktstudie CRM 2000.
Sonderpublikation Absatzwirtschaft, 2000.

Fritz, Wolfgang [2001]
Internet-Marketing und Electronic Commerce. Grundlagen - Rahmenbedingungen – Instrumente. 2. Aufl., Wiesbaden: Gabler, 2001.

Gausemeier, Jürgen/Fink, Alexander/Schlake, Oliver [1996]
Szenario-Management. Planen und Führen mit Szenarien. 2. Aufl.,
München: Hanser, 1996.

Gawlik, Tom/ Kellner, Joachim/Seiffert, Dirk [2002]
Effiziente Kundenbindung mit CRM. Bonn: Galileo, 2002.

Geschka, Horst [1977]
Delphi. In: Bruckmann Gerhart (Hrsg.): Langfristige Prognosen - Mög-
lichkeiten und Methoden der Langfristprognostik komplexer Systeme,
Würzburg: Physika, 1978, S. 27-44.

Geschka, Horst [1999]
Die Szenario-Technik in der strategischen Unternehmensplanung. In:
Hahn, Dietger/Tylor, Bernard (Hrsg.): Strategische Unternehmenspla-
nung. 8. Aufl., Heidelberg: Physika, 1999, S. 518-545.

Geschka, Horst/ Schauffele, Jochen/Zimmer, Claudia [2002]
Explorative Technologie-Roadmaps – Eine Methodik zur Erkundung
technologischer Entwicklungslinien und Potenziale. In: Möhrle, Martin
G./Isenmann, R. (Hrsg.) Technologie-Roadmapping. Zukunftsstrategien
für Technologieunternehmen. Berlin: Springer, 2003, S.

Greenacre, Michael J. [1984]
Theory and Application of Correspondence Analysis. New York: Aca-
demic Press, 1984.

174 Quellenverzeichnis

Gregory, Larry W./Duran, Anne [2001]
Scenarios and the acceptance of forecasts. In: Amstrong, Scott J. (Hrsg.): Principales of Forecasting. A Handbook for Researchers and Practitioners. S. 519-540, Boston: Kluwer, 2001.

Grupp, Hariolf [1995]
Der Delphi-Report. Innovationen für unsere Zukunft. Stuttgart: Deutsche Verlags-Anstalt, 1995.

Gordon, Theodore J. /Helmer-Hirschberg, Olaf [1964]
Report on a Long-Range Forecasting Study. Santa Monica, Calif.: Rand, 1964.

Götze, Uwe [1990]
Szenariotechnik in der strategischen Unternehmensplanung. Wiesbaden: DUV, 1990.

Häder, Michael/Häder, Sabine [2000]
Die Delphi-Methode als Gegenstand methodischer Forschung. In: Häder, Michael (Hrsg.): Die Delphi-Technik in den Sozialwissenschaften. Methodische Forschungen und innovative Anwendungen. Wiesbaden: Westdeutscher Verlag, 2000, S. 11-31.

Heinrich, Lutz J. [2002]
Informationsmanagement. Planung, Überwachung und Steuerung der Informationsstruktur. München: Oldenbourg, 2002.

Heinzl, Armin/König, Wolfgang /Hack, Joachim [2001]
Erkenntnisziel der Wirtschaftsinformatik in den nächsten drei und zehn Jahren. In: Wirtschaftsinformatik 43 (2001) 3, S. 223-233.

Henderson, Bruce D. [1993]
Langfristige Planung. In: Oetinger, Bolko von (Hrsg.): Das Boston Consulting Group Strategie-Buch. Düsseldorf: Econ, 1993, S. 596-598.

Hildebrand, Volker G. [1997]
Individualisierung als strategische Option der Marktbearbeitung. Wiesbaden: Gabler, 1997.

Hirschman, Albert O. [2001]
Customer Relationship Management. In: WiSt (8) 2001, S.417–422.

Hüttner, Manfred [1986]
Prognoseverfahren und ihre Anwendungen. Berlin: de Gruyter, 1986.

Hüttner, Manfred [2002]

Grundzüge der Marktforschung. 6. Aufl., München: Oldenbourg, 2002.

Homburg, Christian/Bruhn, Manfred [2003]

Kundenbindungsmanagement – Eine Einführung. In: Bruhn, Manfred/Homburg, Christian (Hrsg.): Handbuch Kundenbindungsmanagement. Strategien und Instrumente für ein Erfolgreiches CRM. Wiesbaden: Gabler, 2003, S. 3-37.

Homburg, Christian/Sieben, Frank G. [2003]

Customer Relationship Management (CRM) – Strategische Ausrichtung statt IT-getriebenem Aktionismus. In: Bruhn, Manfred/Homburg, Christian (Hrsg.): Handbuch Kundenbindungsmanagement. Strategien und Instrumente für ein erfolgreiches CRM. Wiesbaden: Gabler, 2003, S. 423-450.

Horx, Matthias/Wippermann, Peter [1996]

Was ist Trendforschung? Düsseldorf: Econ, 1996.

Kahn, Herman [1965]

The Japanese Challenge. New York: Crowell, 1979.

Kahn, Herman [1979]

On Escalation. Metaphores and Scenarios. New York: Preager, 1965.

Kahn, Herman/Wiener, Anthony [1968]

Ihr werdet es erleben. Wien: Molden, 1968.

Keuper, Frank (Hrsg.) [2002]

Electronic Business und Mobile Business. Ansätze, Konzepte und Geschäftsmodelle. Wiesbaden: Gabler, 2002.

Kiesel, Jochen [2001]

Szenario-Management als Instrument zur Geschäftsfeldplanung. Marburg: Tectum, 2001.

Kindberg, Tim/Morris, Howard/Schettino, John [2002]

People, places, things: web presence for the real world. In: Mobile Networks and Applications (7) 5/2002, S. 365-376.

Klee, Alexander [2000]

Strategisches Beziehungsmanagement: Ein integrativer Ansatz zur strategischen Planung und Implementierung des Beziehungsmanagements. Aachen: Shaker, 2000.

Krafft, Manfred/Bromberger, Jörg [2001]
Kundenwert und Kundenbindung. In: Albers, Sönke/Clement, Michel/Peters, Kay/Skiera, Bernd (Hrsg.) Marketing mit Interaktiven Medien. S.160-174, Frankfurt am Main: F.A.Z.-Institut für Management-, Markt- und Medieninformationen, 2001.

Krafft, Manfred [2002]
Kundenbindung und Kundenwert. Heidelberg: Physica, 2002.

Krcmar, Helmut [2003]
Informationsmanagement. 3. Aufl., Berlin: Springer, 2003.

Kuhn, Thomas S. [1996]
The Structure of Scientific Revolutions. 3. Aufl., Chicago: University of Chicago Press, 2002.

Kutschera, Franz von [1993]
Die falsche Objektivität. Berlin: Gruyter, 1993.

König, Wolfgang/Heinzl, Armin/v. Poblotzki, Ansgar [1995]
Die zentralen Forschungsgegenstände der Wirtschaftsinformatik. In: Wirtschaftsinformatik 37 (1995) 6, S. 558-569.

Kotler, Philip[1997]
Marketing Management. Analysis, Planning, Implementation and Control. New Jersey: Prentice Hall, 1997.

Lai, Jennifer/Mitchell, Stella/Viveros, Marisa et al. [2002]
Ubiquitous Access to Unified Messaging: A Study of Usability and the Use of Pervasive Computing. In: International Journal of Human-Computer Interaction, 14 (1995) 3&4, S. 385-404.

Lanford, Haurace W [1972]
Technological forecasting methodologies: a synthesis. New York: American Management Association, 1972.

Langheinrich, Marc [2001]
Privacy by Design – Principles of Privacy-Aware Ubiquitous Systems. In: Abowd, Gregory D./Brumitt, Barry/Shafer, Steven (Hrsg.); Ubicomp 2001: Ubiquitous Computing. Berlin: Springer, 2001 S. 273-291.

Laux, Helmut [1979]
Grundfragen der Organisation: Delegation, Anreiz und Kontrolle. Berlin: Springer, 1979.

Lebart, Ludovic/Morineau, Alain/Tabard, Nicole [1977]

Techniques de la Description Statistique. Méthodes et logiciels pour l'analyse des grands tableaux. 2. Aufl. Paris: Dunod, 1977.

Lewis, Richard J. [1970]

A Logistical Information System for Marketing Analysis. Cincinnati: South-Western Publishing Company, 1977.

Liebl, Franz. [1992]

Simulation: problemorientierte Einführung. München: Oldenbourg, 1992.

Link, Jörg [1999]

Der Trend geht zum Internet. In: sapinfo.net/-, das Magazin der SAP Gruppe, Nr. 64, November 1999, S. 26-28.

Link, Jörg [2001]

Grundlagen und Perspektive des Customer Relationship Managements. In: Link, Jörg (Hrsg.) Customer Relationship Management. Erfolgreiche Kundenbeziehungen durch integrierte Informationssysteme. Berlin: Springer, 2001, S. 1-34.

Link, Jörg/Gerth, Norbert [2001]

E-CRM als strategische und organisatorische Herausforderung. In: Eggert, Andreas/Fassott, Georg (Hrsg.) E-CRM – Electronic Customer Relationship Management. S. 1-14. Stuttgart: Schäfer Poeschel, 2001.

Link, Jörg/Tiedtke, Daniela (Hrsg.) [2001]

Erfolgreiche Beispiele im Online Marketing, 2. Aufl., Heidelberg: Springer, 2001.

Linstone, Harold A./Turoff, Murray [1975a]

Introduction. In: Linstone, Harold A./Turoff, Murray (Hrsg.) The Delphi Method. Techniques and Applications. S. 3-12, Reading, Mass.: Addison-Wesley, 1979.

Linstone, Harold A./Turoff, Murray [1975b]

General Applications. In: Linstone, Harold A./Turoff, Murray (Hrsg.) The Delphi Method. Techniques and Applications. S. 75-83, Reading, Mass.: Addison-Wesley, 1979.

Linstone, Harold A. [2002]

Corporate planning, forecasting and the long wave. In: Futures, 3/4/2002
S. 317-336.

Lorenzen, Paul [1987]

Lehrbuch der konstruktivistischen Wissenschaftstheorie. Mannheim: Metzler, 1987.

Maaß, Michael [1997]

Das antike Delphi. Orakel, Schätze und Monumente. 2. Aufl., Stuttgart: Theiss, 1997.

Madeja, Nils/Schoder, Detlef [2003]

Impact of Electronic Commerce Customer Relationship Management on Corporate Success - Results from an Empirical Investigation. In: Proceedings of the Thirty-Sixth Annual Hawaii International Conference on System Sciences (HICSS 36) (CD/ROM), January 6-9, 2003, Computer Society Press, 2003. 10 S.

Maier, Ronald [2002]

Knowledge Management Systems. Information and Communication Technologies for Knowledge Management. Berlin: Springer, 2002.

Martino, Joseph P. [1993]

Technological forecasting for decision making. 3. Aufl., New York: McGraw-Hille, 1993.

Mattern, Friedemann [2002]

Ubiquitous Computing: Vision und technische Grundlagen. In: Eberspächer, Jörg/Hertz, Udo (Hrsg.): Leben in der e-Society: Computerintelligenz für den Alltag. S. 129-144, Berlin: Springer, 2002.

Mattern, Friedemann [2004a]

Ubiquitous Computing: Szenarien einer informatisierten Welt. In: Zerdick, Axel/Picot, Arnold/Schrape, Klaus et al. (Hrsg.) E-Merging Media. Kommunikation und Medienwirtschaft der Zukunft. Berlin: Springer, 2003, S. 155-174.

Mattern, Friedemann [2004b]

Ubiquitous Computing: Schlaue Alltagsgegenstände – Die Vision von der Informatisierung des Alltags. Bulletin SEV/VSE, Nr. 19, 17. September, 2004, S. 9-13.

McCarthy, Joseph F. [2001]
Active Environments: Sensing and Responding to Groups of People. In: Personal and Ubiquitous Computing, Vol. 5, No. 1, 2001.

Meadows, Donella H./Meadows, Dennis L./Randers, Jorgen et al. [1972]
The Limits to Growth. New York: Potomac Associates, 1972.

Meffert, Heribert [2003]
Vom Transaktions- zum Kundenbindungsmarketing. In: Bruhn, Manfred/Homburg, Christian (Hrsg.): Handbuch Kundenbindungsmanagement. Strategien und Instrumente für ein erfolgreiches CRM. Wiesbaden: Gabler, 2003, S. 423-450.

Meyer, Anton/Oevermann, Dirk [1995]
Kundenbindung. In: Tietz, Bruno/Köhler, Richard/Zentes, Joachim (Hrsg.) Handwörterbuch des Marketing, 2. Aufl., Stuttgart: Springer, 1995, S. 1340-1351.

Meyer-Schönherr, Mirko [1992]
Szenario-Technik als Instrument der strategischen Planung. Ludwigsburg: Wissenschaft & Praxis, 1992.

Mierdorf, Zygmunt [2003]
In die Zukunft schauen. Im Extra Future Store bei Duisburg regiert High-Tech. In: Frankfurter Allgemeine Zeitung, Verlagsbeilage Einzelhandel, 11.11.2003, S. B4.

Mißler-Behr, Magdalena [1993]
Methoden der Szenarioanalyse. Wiesbaden: DUV, 1993.

Möhlenbruch, Dirk/Schmieder Ulf-Marten [2001]
Gestaltungsmöglichkeiten und Potenziale des Mobile Marketing. In: Mobile Commerce, HMD 220 - Praxis der Wirtschaftsinformatik, dpunkt.verlag, S. 15-26, August 2001.

Möhrle, Martin G./Isenmann, R. [2002]
Einführung in das Technologie-Roadmapping. In: Möhrle, Martin G./Isenmann, R. (Hrsg.) Technologie-Roadmapping. Zukunftsstrategien für Technologieunternehmen. Berlin: Springer, 2003, S. 1-15.

Moore, Gordon E. [1965]
Cramming more components onto integrated circuits. In: Electronics, Vol. 38, 19. April 1965, S. 114-117.

Morell-Samuels, Palmer [2003]
Die Tücken von Umfragen per Computer. In: HBM, Oktober 2003, S. 20-23.

Müller, Günter/Kohl, Ulrich/Schoder, Detlef [1997]
Unternehmenskommunikation: Telematiksysteme für vernetzte Unternehmen. Bonn: Addison Welsey, 1997.

Müller, Günter/Kreutzer, Michael/Strasser, Moritz et. al. [2003]
Geduldige Technologie für ungeduldige Patienten: Führt Ubiquitous Computing zu mehr Selbstbestimmung? In: Mattern, Friedemann (Hrsg.): Total vernetzt, Springer-Verlag (2003), S. 159-186.

Müller, Günter [2003]
WI-Literatur: The Future of Business Services in the Age of Ubiquitous Computing. In: Wirtschaftsinformatik, 45 (2003) 4, S. 453-470.

Nagumo, Toshitada [2002]
Innovative Business Models in the Era of Ubiquitous Networks. NRI Papers, 1. Juni 2002.

Newell, Frederick [2000]
Customer Relationship Management im E-Business. Landsberg: Moderne Industrie, 2000.

Nikolau, N. A./Vaxevankis, K. G./Maniatis, S. I. [2002]
Wireless Convergence Architectutre. In: Mobile Networks and Applications 7/2002, S. 259-267.

Oetinger, Bolko, v. [1993]
Visionen: Fernbild einer neuen Logik. In: Oetinger, B. von (Hrsg.): Das Boston Consulting Group Strategie-Buch. Düsseldorf: Econ, 1993, S. 596-598.

Oberkampf, Volker [1976]
Szenario-Technik – Darstellung der Methode, Frankfurt a. M., 1976.

o.V. [2001a]
Introducing uCommerce. Chicago: Accenture, 2001.

o.V. [2001b]
The use of pervasive computing, data warehousing, GIS, 1 to 1 messaging, and a preference engine to allow customers and products to locate each other. In: Research Disclosure, Nr. 44, 2001 S. 649.

o.V. [2002]

Expanding Moore's Law. The Exponential Opportunity. Santa Clara: Intel, 2002.

o.V. [2003]

CRM-Projekte scheitern oft an Datenschutzproblemen. In: Frankfurter Allgemeine Zeitung, 27.10.2003, S. 22.

o.V. [2004]

Metro zieht RFID-Karte zurück. In: Heise-Online, 27.02.2004, [http://www.heise.de/newsticker/meldung/45062, Abruf 31.03.2004].

Pan, Shan L./Lee, Jah-Nam [2003]

Using e-CRM for a Unified View of the Customer. In: Communications of the ACM 96(4) April 2003, S. 95-99.

Paniccia, Mario/Borkar, Shekhar Y. [2002]

Silicon Photonics. New Opportunities for Silicon. Whitepaper. Santa Clara: Intel, 2002.

Pech, Eckart/Esser, Marc R. [2002]

Mobile Business – Was bleibt nach dem Hype. In: Diebold Management Report 03/2002, S. 10-13.

Peppers, Don/Rogers, Martha [1997]

Enterprise One to One. Tool for Competing in the Interactive Age. New-York: Doubleday, 1999.

Peter, Sibylle, I. [1999]

Kundenbindung als Marketingziel. 2. Aufl., Wiesbaden: Gabler, 1999.

Pfaff, Donovan/Skiera, Bernd [2002]

Ubiquitous Computing – Abgrenzung, Merkmale und Auswirkungen aus betriebswirtschaftlicher Sicht. In: Britzelmaier, Bern/Geberl, Stephan/Weinmann, Siegfried (Hrsg.): Der Mensch im Netz – Ubiquitous Computing. Stuttgart: Teubner, 2002, S. 25-37.

Piller, Frank/Schaller, Christian [2002]

E-Loyalty. Kundenbindung durch Individualisierung im E-Business. In: Keuper, Frank (Hrsg.): Electronic Business and Mobile Business. Wiesbaden: Gabler, 2001, S. 465-498.

Pine, Joseph B. [1994]
Maßgeschneiderte Massenfertigung: neue Dimensionen im Wettbewerb. Wien: Ueberreuter, 1994.

Plinke, Wulff [1989]
Die Geschäftsbeziehung als Investition. In: Specht, Günther/Silberer, Günther/Engelhardt, Werner H. (Hrsg.): Marketing-Schnittstellen. Herausforderung für das Management. S. 305-325, Stuttgart: Schäffer, 1989.

Pfohl, Hans-Christian/Rürup, Bert [1978]
Anwendungsprobleme moderner Planungs- und Entscheidungstechniken, Königstein/Ts.: Hanstein, 1978.

Popper, Karl R. [1995]
Objektive Erkenntnis. Ein evolutionärer Entwurf. 3. Aufl., Hamburg: Hoffmann & Campe, 1995.

Powell, Chatherina [2003]
The Delphi technique: myths and realities. In: Journal of advanced Nursing 41(4) 2003, S. 376-383.

Reibnitz, Ute von [1987]
Szenarien, Optionen für die Zukunft. Hamburg: McGraw-Hill, 1987.

Reibnitz, Ute von [1992]
Szenario-Technik: Instrument für die unternehmerische und persönliche Erfolgsplanung. 2. Aufl., Wiesbaden: Gabler, 1992.

Reichheld, Frederick F./Sasser, W. [1990]
Zero Defections. Quality comes to Service. In: HBR(68) 5/1990, S. 105-111.

Riemer, Kai/Trotz, Carsten/Klein, Stefan [2002]
Customer-Relationship-Management. In: Wirtschaftsinformatik, 44, 6/2002, S. 598-619.

Roberti, Mark [2003]
Analysis: Wal-Mart's Network Effekt, 9/2003 .

Rowe, Gene/Wright, George/Bolger, Fergus [1991]
Delphi: A Revaluation of Research and Theory. In: Technology Forecasting and Social Change, 39, 1991, S. 235-251.

Rowe, Gene/Wright, George [1999]
The Delphi technique as a forecasting tool. Issues and analysis. In: International Journal of Forecasting 15, 1999, S. 353-375.

Rowe, Gene/Wright, George [2001]
Expert opinions in Forecasting. In: Amstrong, Scott J. (Hrsg.): Principales of Forecasting. A Handbook for Researchers and Practitioners. S. 235-251, Boston: Kluwer, 2001.

Sadeh, Norman [2002]
M-commerce: technologies, services and business models. New-York: John Wiley & Sons, 2002.

Sackman, Harold [1975]
Delphi critique. Expert opinion, forecasting, and group process. Lexington, Mass.: Lexington Books, 1975.

Saha, Debashis/Mukherjee, Amitava [2003]
Pervasive Computing: A Paradigm for the 21st Century. In: IEEE Computer, März 2003, S. 25-32.

Salasin, John/Bregman, H./Entingh, D. [1981]
A Comparison of Two Group-Process Techniques. In: IEEE Transactions on Engineering Management, November 1981, S. 97-107.

Scharf, Andreas [2001]
Konkurrierende Produkte aus Konsumentensicht. Erfassung und räumliche Darstellung unter besonderer Berücksichtigung der Korrespondenzanalyse. Thun: Deutsch, 2001.

Schmidt, Albrecht/Gellersen, H.-W. [2001]
Nutzung von Kontext in ubiquitären Informationssystemen. In: it+ti 43, 2/2001, S. 83-89.

Schmid, Roland E./Bach, Volker/Österle, Hubert [2000]
Mit Customer Relationship Management zum Prozessportal. In: Bach, Volker/Österle, Hubert (Hrsg.): Customer Relationship Management in der Praxis: Wege zur kundenzentrierten Lösung. S. 3-55, Berlin: Springer, 2000.

Schrape, Klaus [2002]

Technologie und Gesellschaft: Evolutionäre Perspektiven. In: Eberspächer, Jörg/Hertz, Udo (Hrsg.): Leben in der e-Society: Computerintelligenz für den Alltag. S. 129-144, Berlin: Springer, 2002.

Seiffert, Helmut [1985]

Einführung in die Wissenschaftstheorie. Bd. 3. Handlungstheorie – Modallogik – Ethik – Systemtheorie. München: Beck, 1985.

Seybold, Patricia B. [2001]

The Customer Revolution: how to thrive when customers are in control. New-York: Crown Business, 2001.

Schlögel, Marcus/Schmidt, Inga [2002]

E-CRM – Management von Kundenbeziehzungen im Umfeld neuer Informations- und Kommunikationstechnologien. In: Schlögel, Marcus/Schmidt Inga (Hrsg.): eCRM mit Informationstechnologie Kundenpotenziale nutzen. Düsseldorf: Symposion, S. 29-83.

Schlüchter, Jan [2001]

Prognose der künftigen Entwicklung elektronischer B2B Marktplätze. Konzeptionelle Basis und empirische Ergebnisse eines Experten-Delphi. Thüngersheim: EuWi-Verlag, 2001.

Schmich, Peter/Juszczyk, Lukas [2001]

Mobiles Marketing. Verlust der Privatsphäre oder Gewinn für den Verbraucher. In: Kahmann, Martin (Hrsg.): Report Mobile Business. Neue Wege zum mobilen Kunden. Düsseldorf: Symposion, S. 77-100.

Schmidt, Albrecht/Gellersen, Hans-Werner [2001]

Nutzung von Kontext in ubiquitären Informationssystemen. In: it + ti, 43 (2001) 2, S. 83-89.

Schnaars, Steven P. [1987]

How to Develop and Use Scenarios. In: LRP (20) 1/1987, S. 105-114.

Schoder, Detlef/Fischbach, Kai [2002]

Peer-to-Peer Anwendungsbereiche und Herausforderungen. In: Schoder, Detlef/Fischbach, Kai/Teichmann René (Hrsg.): Peer-to-Peer. Berlin: Springer, S. 3-21.

Schoder, Detlef/Grasmugg, Stefan L. [2003]
Individualisierung der Leistungserstellungs- und Kommunikationsprozesse. In: Wirtz, Bernd W. (Hrsg.): Handbuch Medien- und Multimediamanagement. Wiesbaden: Gabler, S. 599-620.

Schwetz, Wolfgang [2000]
Customer Relationship Management. Wiesbaden: Gabler, 2000.

Schütte, Reinhard [1999]
Basispositionen in der Wirtschaftsinformatik – ein gemäßigt-konstruktivistisches Programm. In: Becker, Jörg/König, Wolfgang/Schütte, Reinhard et al. (Hrsg.): Wirtschaftsinformatik und Wissenschaftstheorie. Bestandsaufnahme und Perspektiven. S. 211-242, Wiesbaden: Gabler, 1999.

Scott, George/Walter, Ziphing [2003]
Delphi findings about internet system problems, with implication for other technologies. In: Strategic Analysis & Technology Management, 15 (2003) 1, S. 103-116.

Seeger, Thomas [1979]
Die Delphi-Methode. Expertenbefragungen zwischen Prognose und Gruppenmeinungsbildungsprozessen, überprüft am Beispiel von Delphi-Befragungen im Gegenstandsbereich Information u. Dokumentation. Breisgau: Hochschulverlag, 1979.

Siau, Keng/Shen, Zixing [2003]
Building Customer Trust in Mobile Commerce. In: Communications of the ACM, 96(4) April 2003, S. 91-94.

Stanton, Neville A. [2001]
Introduction: Ubiquitous Computing: Anytime, Anyplace, Anywhere? In: International Journal of Human-Computer Interaction, 13(2) 2001, S. 107-111.

Strauss, Ralf/Schoder, Detlef [2000]
Wie werden Produkte den Kundenwünschen angepasst? Massenhafte Individualisierung. In: Albers, Sönke/Clement, Michel/Peters, Kay/Skiera, Bernd (Hrsg.): eCommerce, 2. Aufl., Frankfurt a. M.: FAZ-Institut, 2000, S. 109-121.

Strauss, Ralf/Schoder, Detlef [2002]
eReality. Das e-Business-Bausteinkonzept. Frankfurt a. M.: FAZ-Institut, 2002.

Strohm, Andreas [1988]
Ökonomische Theorie der Unternehmensentstehung. Freiburg: Haufe, 1988.

Wack, Peter [1986]
Ein managementorientiertes Planungsinstrument für eine ungewisse Zukunft. In: Harvard Manager, 2/1986, S. 60-77.

Tapscott, Don [1995]
The Digital Economy. New-York: McGraw-Hill, 1995

Tenenhaus, Michel/Young, F. W. [1985]
An Analysis and Synthesis of Multiple Correspondence Analysis, Optimal Scaling, Dual Scaling, Homogeneity Analysis, and Other Methods of Quantifying Categorical Multivariate Data. In: Psychometrika 50 (1) S. 91-120.

Thibaut, John/Kelley, Harold [1959]
The Social Psychology of Groups. New-York: Wiley, 1959

Vogt, Harald [2002]
Efficient Object Identification with Passive RFID Tags. In: Mattern, Friedemann/Naghshineh, Mahmoud (Hrsg.): Pervasive Computing: first international conference, pervasive 2002, proceedings. Berlin: Springer,   2002, S. 98-113.

Want, Roy/Hopper, Andy/Falcao, Veronica et al. [1992]
The Active Badge Location System. In: ACM Transactions on Information Systems (TOIS), (10) 1/1992: S. 91-102.

Want, Roy/Fishkin, Kenneth P./Gujar, Anuj et al. [1999]
Bridging physical and virtual worlds with electronic tags. In: Proceedings of the SIGCHI conference on Human factors in computing systems: the CHI is the limit, 1999, S. 370-377.

Weiber, Rolf/Weber, Markus R. [2001]
Customer Lifetime Value im Electronic Business. In: Weiber, Rolf (Hrsg.): Handbuch Electronic Business. Informationstechnologie – Electronic Commerce – Geschäftsprozesse. 2. Aufl., Wiesbaden: Gabler, 2001, S. 609-644.

Weiser, Marc [1993]
Some Computer Science Issues in Ubiquitous Computing. In: Communications of the ACM, 36(7), Juli 1993, S. 75-84.

Weiser, Marc/Gold, Rich/Brown, John S. [1999]
The origins of ubiquitous computing research at PARC in the late 1980s. In: IBM System Journal, 38(4): S. 693-698 1999.

Williamson, Oliver [1975]
Markets and Hierarchies. Analysis and Antitrust Implications. New York: Free Pres, 1975.

Williamson, Oliver [1985]
The Economic Institutions of Capitalism. Firms, Markets, Relational Contracting. New York: Free Pres, 1985.

Wilson, Hugh/Daniel, Elizabeth/McDonald, Malcom [2002]
Factors for Success in Customer Relationship Management (CRM) Systems. In: Journal of Marketing Management 18/2002, S. 193-219.

Winand, Udo/Pohl, Wilfried [1998]
Die Vertrauensproblematik in elektronischen Netzwerken. In: Link, J. (Hrsg.): Wettbewerbsvorteile durch Online Marketing. Berlin: Springer, 1998, S. 243-260.

Wirtz, Bernd W./Lihotzky, Nikolai [2003]
Kundenbindungsmanagement bei Internet-Geschäftsmodellen – eine empirische Analyse. In: ZfB, Ergänzungsheft 1/2003, S. 31-51.

Wittmann, Waldemar [1980]
Information. In: Grochla, E. (Hrsg.): Handwörterbuch der Organisation. 2. Aufl., Stuttgart: Poeschel, 1980, S. 894-904.

Wolfram, Gerd/Scharr, Udo/Kammerer, Kurt et al. [2003]
RFID: can we realize its full potential. In: ECR Journal (3) 2/2003, S. 16-30.

Wyssusek, Boris/Schwartz, Martin/Kremberg, Bettina et al. [2002]

Erkenntnistheoretische Aspekte bei der Modellierung von Geschäfts-
prozessen. In: Das Wirtschaftsstudium, 31(2) 2002, S. 238-246.

Zentner, Rene D. [1975]

Scenarios in forecasting. In: Chemical & Engineering News (53) 6. Oktober 1975, S. 22-34.

Zentner, Rene D. [1982]

Scenarios, Past, Present and Future. In: LRP (13) 3/1982, S. 12-20.

Zingale, Alfredo/Arndt, Matthias [2002]

Das E-CRM Praxisbuch. Was Sie über Customer Relationship Management im Internet wissen müssen. Weinheim: Wiley, 2002.

Zobel, Jörg [2003]

Mobile Business und M-Commerce. Die Märkte der Zukunft erobern.
München: Hanser, 2003

Anhang

Anhang A: Teilnehmerliste des Panels der Delphi-Analyse

Wissenschaft

Eric Boudon
Wissenschaftlicher Mitarbeiter
Institut Francais Textile et l'Habillement, Cholet

Dr. Michel Clement
Wissenschaftlicher Mitarbeiter
Lehrstuhl für Innovation, Neue Medien und Marketing, Universität Kiel

Prof. Dr. Martin Fassnacht
Lehrstuhlinhaber
Lehrstuhl für Marketing, WHU, Vallendar

George Katsounis
Wissenschaftlicher Berater
Athens Technology Center, Athen

Thomas Moser
Wissenschaftlicher Mitarbeiter
ITV, Denkendorf

Piero De Sabbata
Wissenschaftlicher Mitarbeiter
ENEA (Regierungsbehörde für Umwelt, Energie und neue Technologien), Bologna

Prof. Peter Wippermann
Professor für Kommunikationsdesign, Universität Duisburg Essen/
Gründer, Gesellschafter Trendbüro, Hamburg

Beratung

Dr. Werner Boysen
Geschäftsführer
Boysen Consulting, Koblenz

Guido Cucchiara
Berater
SOI, Turin

Dr. Susann Hennersdorf
Partnerin
Monitor, Frankfurt

Dr. Martin Illsley
Director Research
Center for Strategic Technology
Accenture, Sophia Antipolis

Heinz Möllenkamp
Vice President
IT Praxis Area
The Boston Consulting Group, Köln

Dr. Ingo Scheuermann
Berater
Mercer Oliver Wyman,
Frankfurt

Industrie

Prof. Dr. Stefan Bieletzke
Geschäftsführer Trainings-Online/
Fachbereich Medien, Fachhochschule des Mittelstands, Bielefeld

Bernhard Heiker
Leiter Controlling/IT
Rethmann, Lünen

Detlev Knobloch
Leiter Projektcontrolling/ Prozessgestaltung
DaimlerCrysler, Stuttgart

Gernot Sauerborn
Vice President Corporate IT-Management
Telecom, Bonn

Thomas Schwank
Leiter IT
Ehrfeld Microtechnik, Wendelsheim

Anja Welling
Produktmanagerin
Dreidoppel, Langenfeld

Anhang B: Fragebogen der Delphi-Analyse: Runde 1

Bildschirmdarstellung: Seite 1

Bildschirmdarstellung: Seite 2

WHU

Wissenschaftliche Hochschule für Unternehmensführung
- Otto Beisheim-Hochschule

Lehrstuhl für Betriebswirtschaftslehre, insb.
Wirtschaftsinformatik und Informationsmanagement

Delphi Study: The influence of Ubiquitous Computing on Customer Relationship Management

II. Key Driver for UC and CRM

Please judge the probability of outcomes of the following drivers for UC and CRM. The sum for a driver must add to 100.

Example Location: If you judge the probability "Customers of a company can be precisely localized at any time" to 90% enter 90 in the field next to the assumption and 10 in the field following the assumption "Customers of a company can not be precisely localized at any time". The sum must always add to 100.

After that please judge the impact of the driver for ubiquitous CRM (1=smallest impact 10=largest impact).

II.1. Technical drivers

4) Driver 1: Localization

Customers of a company can be precisely localized at any time.

Customers of a company can not be precisely localized at any time.

5) Impact (1=smallest impact 10=largest impact).

6) Driver 2: Identification

Customers can be identified electronically.

Customers can not be identified electronically.

7) Impact (1=smallest impact 10=largest impact).

8) Driver 3: Usability

UC interfaces will be easier to use or will even not be recognized as a computer interface.

UC applications will be difficult to handle.

9) Impact (1=smallest impact 10=largest impact).

10) Driver 4: Accessibility

Customers are generally accessible (enabled by UC-technology) at any time for companies.

Customers of companies are generally not accessible at any time for companies.

11) Impact (1=smallest impact 10=largest impact).

12) Driver 5: Miniaturization

Computer and communication technology will continue to be minimized.

A further minimization will not happen.

13) Impact (1=smallest impact 10=largest impact).

[Previous Page] [Next Page] (2 of 5)

Bildschirmdarstellung: Seite 3

WHU

Wissenschaftliche Hochschule für Unternehmensführung
- Otto Beisheim-Hochschule -

Lehrstuhl für Betriebswirtschaftslehre, insb.
Wirtschaftsinformatik und Informationsmanagement

Delphi Study: The Influence of Ubiquitous Computing on Customer Relationship Management

II.2. Economical drivers

14) Driver 6: Costs for Miniaturization

Costs for miniaturization will decline significantly.

Costs for miniaturization will not decline significantly.

15) Impact (1=smallest impact 10=largest impact).

16) Driver 7: Costs for communication

Costs for (mobile) communication (per communication unit) will further decline significantly.

The strong decline of communication costs will not continue.

17) Impact (1=smallest impact 10=largest impact).

18) Driver 8: Customer demand for individual contact

Customers want increasingly to be addressed individually.

Customers demand to be addressed individually will be relevant only for a few products/services.

19) Impact (1=smallest impact 10=largest impact).

20) Driver 9: Customer demand for an individual products

Customer demand for customized/personalized products will increase.

The market for individual products will not grow significantly.

21) Impact (1=smallest impact 10=largest impact).

22) Driver 10: Service value

Customers will judge ubiquitous CRM as valuable because of technological progress.

Customers will only be up to use ubiquitous CRM if there is an added value (individualization of the product, add-ons, price reduction) delivered.

23) Impact (1=smallest impact 10=largest impact).

24) Driver 11: Objects as customers

There will be a significant amount of autonomous objects which purchase products/services. (e.g. a machine orders lubricant, a fridge orders beer)

Autonomous purchasing objects will stay an exception.

25) Impact (1=smallest impact 10=largest impact).

26) Driver 12: Target group

The main target group of ubiquitous CRM will be business customers.

The main target group of an ubiquitous CRM will be private customers.

27) Impact (1=smallest impact 10=largest impact).

[Previous Page] [Next Page] (2 of 5)

Bildschirmdarstellung: Seite 4

WHU

Wissenschaftliche Hochschule für Unternehmensführung
· Otto Beisheim Hochschule ·

Lehrstuhl für Betriebswirtschaftslehre, insb.
Wirtschaftsinformatik und Informationsmanagement

Delphi Study: The influence of Ubiquitous Computing on Customer Relationship Management

II.3. Social drivers

28) Driver 13: Privacy - protection of individual data

Customers will not accept to share individual data
Customers will share individual data because they trust in company reliability

29) Impact (1=smallest impact 10=largest impact).

30) Driver 14: Legislation

Customers will be forced to share individual data in order to keep pace with new technologies.
Legislation will prevent the collection of customer specific data by companies.

31) Impact (1=smallest impact 10=largest impact).

32) Driver 15: Data security

Data security will be assured by companies and will be taken for granted by customers.
Customers will give individual data only to a few companies because they are not confident in most companies' ability to secure their data.

33) Impact (1=smallest impact 10=largest impact).

34) Driver 16: Technology acceptance

Most customers will accept UC technology in their life (like the internet today).
Most people will not recognize the diffusion of UC-technology in their lives and thus accept it.

35) Impact (1=smallest impact 10=largest impact).

36) Driver 17: Individuality

Seeking for individuality will become a dominant attitude to life.
The importance of personal individuality declines.

37) Impact (1=smallest impact 10=largest impact).

38) Driver 18: Anonymity - protection of private sphere

New technologies for data gathering by companies will lead to customers' increased desire for anonymity.
Customers recognize the value of giving away their personal data and judge it higher than their anonymity.

39) Impact (1=smallest impact 10=largest impact).

Previous Page   Next Page   (4 of 5)

Bildschirmdarstellung: Seite 5

WHU
Rechtliche in Management Education

Wissenschaftliche Hochschule für Unternehmensführung
- Otto-Beisheim-Hochschule -

Lehrstuhl für Betriebswirtschaftslehre, insb.
Wirtschaftsinformatik und Informationsmanagement

Delphi Study: The influence of Ubiquitous Computing on Customer Relationship Management

III. Time frame

40) How long will it take for ubiquitous customer relationship management to become an important aspect of marketing from now (in years)?

○ 0-5   ○ 6-10   ○ 11-14   ○ >14   ○ never

IV. Miscellaneous

41) Do you miss any important drivers/outcomes of a driver for UC and CRM?

42) Additional comments:

Thank you for participating at this study.

[Previous Page]   [Submit Survey]   (5 of 5)

Anhang C: Fragebogen der Delphi-Analyse: Runde 2

Bildschirmdarstellung: Seite 1

Fortsetzung Bildschirmdarstellung Seite 1:

9) Driver 11: Objects as customers

There will be a significant amount of autonomous objects which purchase products/services (e.g. a machine orders lubricant, a fridge orders beer).

Autonomous purchasing objects will stay an exception.

10) Impact (1=smallest impact; 10=largest impact).

1.3. Social drivers

11) Driver 13: Privacy – protection of individual data

Customers will not accept to share individual data.

Customers will share individual data because they trust in company reliability.

12) Impact (1=smallest impact; 10=largest impact).

13) Driver 14: Legislation

Customers will be forced to share individual data in order to keep pace with new technologies.

Legislation will prevent the collection of customer specific data by companies.

14) Impact (1=smallest impact; 10=largest impact).

15) Driver 15: Data security

Data security will be assured by companies and will be taken for granted by customers.

Customers will give individual data only to a few companies because they are not confident in most companies' ability to secure their data.

16) Impact (1=smallest impact; 10=largest impact).

17) Driver 17: Individuality

Striving for individuality will become a dominant attitude to life.

The importance of personal individuality declines.

18) Impact (1=smallest impact; 10=largest impact).

19) Driver 18: Anonymity – protection of private sphere

New technologies for data gathering by companies will lead to customers' increased desire for anonymity.

Customers recognize the value of giving away their personal data and judge it higher than their anonymity.

20) Impact (1=smallest impact; 10=largest impact).

1. Miscellaneous

21) Additional comments:

Thank you for participating in this study.

Submit Survey (7 of 7)

Anhang D: Vergleichsmatrizen

Konsistenzmatrix 1:

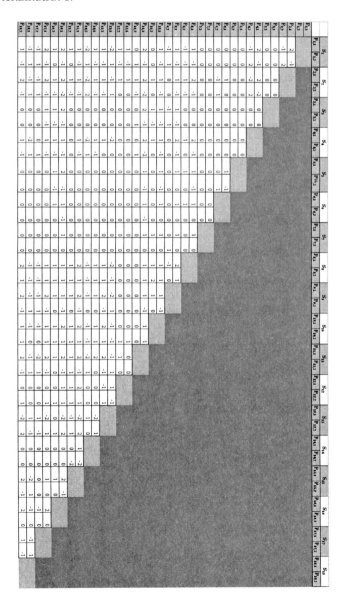

Konsistenzmatrix 2:

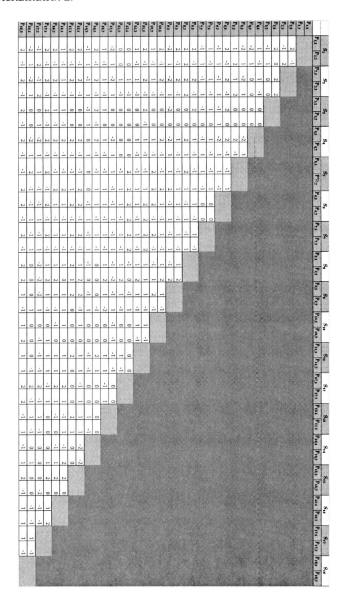

Konsistenzmatrix 3:

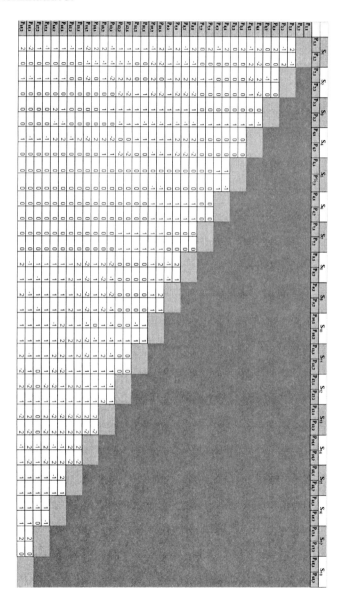

Anhang E: Statistische Auswertung der Delphi-Analyse

Ergebnisse der ersten Runde:

Runde 1 Schlüsselfak- tor Nummer	Median $P_{i,1}$	Mittelwert $P_{i,1}$	Median Bedeu- tung	Wahrschein- lichkeit Stand.- abweichung	Bedeutung Standard- ab- weichung
1	50	51	4,0	33,9	2,7
2	90	82	8,0	18,1	1,9
3	80	70	7,0	21,1	1,9
4	50	46	5,0	29,7	2,3
5	100	88	7,0	21,4	1,8
6	70	65	7,0	25,2	1,6
7	60	62	6,0	27,4	1,7
8	70	61	7,0	30,5	1,9
9	70	68	7,0	22,0	2,2
10	20	24	7,0	24,3	2,0
11	40	40	5,0	24,9	2,3
12	60	62	6,0	17,6	1,3
13	70	63	8,0	26,7	2,5
14	40	41	7,0	32,3	2,6
15	30	45	7,0	28,2	2,3
16	70	66	6,0	18,5	2,4
17	70	69	6,0	19,4	2,2
18	60	55	6,0	27,5	1,9

Runde 1[521] Schlüsselfak- tor Nummer	Rang Bedeu- tung	Rang Wahr- scheinlichkeit Standard- abweichung	Rang Bedeu- tung Standard- abweichung	Quartilabstand Wahrschein- lichkeit	Quartilabstand Bedeutung
1	17	1	1	50	3
2	1	17	13	10	2
3	2	14	12	20	3
4	16	4	7	50	3
5	5	13	15	20	2
6	5	9	17	20	2
7	8	7	16	40	3
8	4	3	11	60	2
9	5	12	8	20	3
10	10	11	10	20	3
11	18	10	6	40	3
12	14	18	18	15	1
13	3	8	3	50	4
14	11	2	2	60	3
15	9	5	5	50	3
16	12	16	4	20	3
17	15	15	8	25	3
18	13	6	14	35	3

---

[521] Hellgrau unerlegte Werte markieren das Einhalten der Abbruchkriterien.

Ergebnisse der zweiten Runde:

Runde 2 Schlüsselfaktor Nummer	Median $P_{I,1}$	Mittelwert $P_{I,1}$	Median Bedeutung	Wahrscheinlichkeit Stand.-abweichung	Bedeutung Standard-abweichung
1	60	54	4,0	23,8	2,1
4	50	53	5,0	21,4	1,5
7	80	73	7,0	18,3	1,7
8	70	67	7,0	23,0	1,7
11	40	40	4,0	18,4	1,4
13	70	66	7,0	18,1	1,9
14	40	39	6,0	22,0	1,8
15	40	47	7,0	20,9	1,4
17	80	72	6,0	17,5	1,7
18	60	58	5,0	16,8	1,5

Runde 2[522] Schlüsselfaktor Nummer	Rang Bedeutung	Rang Wahrscheinlichkeit Standard-abweichung	Rang Bedeutung Standard-abweichung	Quartilabstand Wahrscheinlichkeit	Quartilabstand Bedeutung
1	9	1	1	35	1,5
4	7	4	7	22,5	1
7	1	7	6	20	1
8	1	2	5	25	2
11	9	6	9	22,5	1,5
13	1	8	2	25	2,5
14	5	3	3	32,5	3
15	1	5	10	30	2,5
17	5	9	4	22,5	2
18	7	10	8	20	2

Runde 2[2] Schlüsselfaktor Nummer	Abstand Median Wahrscheinlich- keit Runde 1 - 2	Abstand Median Bedeeutung Runde 1 - 2
1	10	0
4	0	0
7	20	1
8	0	0
11	0	1
13	0	1
14	0	1
15	10	0
17	10	0
18	0	1

---

[522] Hellgrau unerlegte Werte markieren das Einhalten der Abbruchkriterien.

Gesamtergebnis:

Runde 1 und 2 Schlüsselfaktor Nummer	Median $P_{i,1}$	Mittelwert $P_{i,1}$	Median Bedeutung	Wahrscheinlichkeit Stand.-abweichung	Bedeutung Standard- abweichung
1	60	54	4,0	23,8	2,1
2	90	82	8,0	18,1	1,9
3	80	70	7,0	21,1	1,9
4	50	53	5,0	21,4	1,5
5	100	88	7,0	21,4	1,8
6	70	65	7,0	25,2	1,6
7	80	73	7,0	18,3	1,7
8	70	67	7,0	23,0	1,7
9	70	68	7,0	22,0	2,2
10	20	24	7,0	24,3	2,0
11	40	40	4,0	18,4	1,4
12	60	62	6,0	17,6	1,3
13	70	66	7,0	18,1	1,9
14	40	39	6,0	22,0	1,8
15	40	47	7,0	20,9	1,4
16	70	66	6,0	18,5	2,4
17	80	72	6,0	17,5	1,7
18	60	58	5,0	16,8	1,5

Runde 1 und 2[523] Schlüsselfaktor Nummer	Rang Bedeutung	Rang Wahrscheinlichkeit Standard-abweichung	Rang Bedeutung Standard-abweichung	Quartilabstand Wahrscheinlichkeit	Quartilabstand Bedeutung
1	17	3	3	35	1,5
2	1	14	7	10	2
3	2	9	6	20	3
4	15	7	14	22,5	1
5	2	8	9	20	2
6	2	1	13	20	2
7	2	13	12	20	1
8	2	4	11	25	2
9	2	5	2	20	3
10	2	2	4	20	3
11	17	12	16	22,5	1,5
12	11	16	18	15	1
13	2	15	5	25	2,5
14	11	6	8	32,5	3
15	2	10	17	30	2,5
16	11	11	1	20	3
17	11	17	10	22,5	2
18	15	18	15	20	2

[523] Hellgrau unerlegte Werte markieren das Einhalten der Abbruchkriterien.

Anhang F: Statistische Detailauswertung der Szenario-Analyse

Korrespondenzanalyse: Übersicht über die Zeilenpunkte (Projektionsbündel)

Row	Mass	Score in Dimension 1	Score in Dimension 2	Inertia	Contribution Of Point to Inertia of Dimension 1	Of Point to Inertia of Dimension 2	Of Dimension to Inertia of Point 1	Of Dimension to Inertia of Point 2	Total
33	,003	-,624	-,317	,003	,002	,001	,308	,033	,341
34	,003	-,806	-,345	,003	,003	,001	,540	,041	,581
37	,003	-,568	-,129	,003	,002	,000	,277	,006	,283
38	,003	-,750	-,157	,002	,003	,000	,511	,009	,520
97	,003	-,732	-,293	,003	,003	,001	,436	,029	,465
98	,003	-,915	-,321	,003	,004	,001	,716	,037	,753
101	,003	-,676	-,105	,003	,002	,000	,405	,004	,409
102	,003	-,858	-,133	,002	,004	,000	,691	,007	,698
106	,003	-,744	-,321	,003	,003	,001	,459	,035	,495
110	,003	-,687	-,133	,002	,002	,000	,428	,007	,435
162	,003	-,779	-,020	,003	,003	,000	,474	,000	,474
166	,003	-,722	,168	,003	,003	,000	,443	,010	,453
225	,003	-,705	,032	,003	,002	,000	,380	,000	,380
226	,003	-,887	,004	,003	,004	,000	,632	,000	,632
229	,003	-,649	,220	,003	,002	,001	,349	,017	,365
230	,003	-,831	,192	,003	,003	,000	,604	,013	,617
234	,003	-,716	,004	,003	,003	,000	,400	,000	,400
238	,003	-,660	,192	,003	,002	,000	,369	,013	,382
289	,003	-,507	-,185	,002	,001	,000	,235	,013	,248
290	,003	-,690	-,213	,002	,002	,001	,461	,018	,479
293	,003	-,451	,003	,002	,001	,000	,205	,000	,205
294	,003	-,633	-,025	,002	,002	,000	,431	,000	,431
298	,003	-,519	-,213	,002	,001	,001	,252	,018	,269
302	,003	-,463	-,025	,002	,001	,000	,221	,000	,221
353	,003	-,616	-,162	,002	,002	,000	,358	,010	,368
354	,003	-,798	-,190	,002	,003	,000	,638	,015	,653
357	,003	-,560	,026	,002	,002	,000	,327	,000	,327
358	,003	-,742	-,002	,002	,003	,000	,614	,000	,614
362	,003	-,627	-,189	,002	,002	,000	,380	,014	,395
366	,003	-,571	-,001	,002	,002	,000	,349	,000	,349
418	,003	-,662	,112	,002	,002	,000	,395	,005	,400
422	,003	-,606	,300	,002	,002	,001	,364	,037	,401
481	,003	-,589	,163	,003	,002	,000	,304	,010	,314
482	,003	-,771	,135	,002	,003	,000	,552	,007	,559
485	,003	-,532	,351	,002	,001	,001	,273	,049	,323
486	,003	-,714	,323	,002	,003	,001	,524	,044	,569
490	,003	-,600	,136	,002	,002	,000	,324	,007	,330
494	,003	-,544	,324	,002	,001	,001	,292	,043	,335
2082	,003	-,734	,010	,003	,003	,000	,394	,000	,395

2086	,003	-,677	,198	,003	,002	,000	,363	,013	,376
2146	,003	-,842	,033	,003	,004	,000	,533	,000	,534
2150	,003	-,786	,221	,003	,003	,001	,503	,016	,519
2274	,003	-,815	,358	,003	,003	,002	,472	,038	,509
2278	,003	-,759	,546	,003	,003	,004	,440	,095	,535
2338	,003	-,617	,141	,003	,002	,000	,319	,007	,326
2342	,003	-,561	,329	,002	,002	,001	,288	,041	,329
2402	,003	-,726	,165	,003	,003	,000	,454	,010	,464
2406	,003	-,669	,353	,002	,002	,001	,423	,049	,472
2414	,003	-,499	,353	,002	,001	,001	,227	,047	,274
2470	,003	-,534	,654	,003	,001	,005	,243	,151	,395
2530	,003	-,698	,490	,003	,002	,003	,394	,080	,474
2534	,003	-,642	,678	,003	,002	,005	,363	,167	,530
4130	,003	-,773	,162	,003	,003	,000	,457	,008	,465
4134	,003	-,716	,350	,003	,003	,001	,426	,042	,468
4194	,003	-,881	,185	,003	,004	,000	,610	,011	,621
4197	,003	-,642	,401	,003	,002	,002	,335	,054	,389
4198	,003	-,825	,373	,003	,003	,002	,581	,049	,630
4206	,003	-,654	,373	,003	,002	,002	,354	,048	,402
4258	,003	-,745	,486	,003	,003	,003	,401	,071	,472
4262	,003	-,689	,674	,003	,002	,005	,370	,147	,517
4322	,003	-,854	,510	,003	,004	,003	,540	,080	,620
4326	,003	-,797	,698	,003	,003	,006	,509	,162	,671
4386	,003	-,656	,293	,003	,002	,001	,379	,031	,410
4390	,003	-,600	,481	,002	,002	,003	,348	,093	,440
4450	,003	-,765	,317	,002	,003	,001	,530	,038	,568
4453	,003	-,526	,533	,002	,001	,003	,260	,110	,371
4454	,003	-,708	,505	,002	,002	,003	,501	,105	,607
4458	,003	-,594	,317	,003	,002	,001	,309	,037	,346
4462	,003	-,537	,505	,002	,001	,003	,278	,102	,380
4514	,003	-,629	,618	,003	,002	,005	,326	,130	,456
4518	,003	-,572	,806	,002	,002	,008	,294	,242	,536
4578	,003	-,737	,641	,003	,003	,005	,461	,144	,605
4582	,003	-,681	,829	,002	,002	,008	,430	,264	,694
4586	,003	-,566	,642	,003	,002	,005	,264	,140	,404
4590	,003	-,510	,830	,002	,001	,008	,233	,256	,489
6242	,003	-,809	,540	,003	,003	,003	,456	,084	,540
6246	,003	-,752	,728	,003	,003	,006	,425	,164	,589
6370	,003	-,781	,864	,003	,003	,009	,404	,205	,608
6374	,003	-,725	1,052	,003	,003	,013	,373	,325	,698
6438	,003	-,527	,836	,003	,001	,008	,232	,241	,474
6498	,003	-,692	,671	,003	,002	,005	,379	,147	,526
6502	,003	-,636	,859	,003	,002	,009	,348	,263	,610
6566	,003	-,500	1,161	,003	,001	,016	,196	,437	,633
6626	,003	-,665	,996	,003	,002	,012	,329	,306	,635
6630	,003	-,609	1,184	,003	,002	,017	,298	,468	,766
16418	,003	-,671	-,732	,002	,002	,006	,403	,198	,601
16422	,003	-,615	-,544	,002	,002	,004	,372	,120	,492
16482	,003	-,780	-,709	,002	,003	,006	,560	,192	,752

16486	,003	-,723	-,521	,002	,003	,003	,532	,114	,646
16498	,003	-,629	-,910	,003	,002	,010	,329	,285	,615
16502	,003	-,573	-,722	,002	,002	,006	,298	,196	,494
16610	,003	-,752	-,384	,003	,003	,002	,487	,052	,539
16614	,003	-,696	-,196	,002	,002	,000	,457	,015	,472
16626	,003	-,602	-,585	,003	,002	,004	,283	,111	,394
16630	,003	-,545	-,397	,003	,001	,002	,253	,055	,308
16674	,003	-,555	-,601	,002	,002	,004	,324	,157	,482
16678	,003	-,499	-,413	,002	,001	,002	,293	,083	,376
16738	,003	-,663	-,577	,002	,002	,004	,481	,151	,632
16742	,003	-,607	-,389	,002	,002	,002	,453	,077	,530
16746	,003	-,493	-,577	,002	,001	,004	,255	,145	,400
16750	,003	-,436	-,389	,002	,001	,002	,224	,074	,297
16754	,003	-,513	-,778	,002	,001	,007	,255	,243	,498
16758	,003	-,456	-,590	,002	,001	,004	,224	,155	,379
16866	,003	-,636	-,252	,002	,002	,001	,408	,027	,434
16870	,003	-,580	-,064	,002	,002	,000	,377	,002	,379
18534	,003	-,651	-,166	,003	,002	,000	,370	,010	,380
18790	,003	-,535	-,035	,002	,001	,000	,293	,001	,293
20578	,003	-,746	-,203	,003	,003	,000	,468	,014	,482
20582	,003	-,690	-,015	,002	,002	,000	,437	,000	,438
20710	,003	-,663	,310	,003	,002	,001	,377	,034	,411
20834	,003	-,630	-,071	,002	,002	,000	,389	,002	,391
20838	,003	-,574	,117	,002	,002	,000	,358	,006	,364
20966	,003	-,546	,442	,002	,001	,002	,300	,081	,381
32802	,003	-,740	-,102	,003	,003	,000	,403	,003	,406
32806	,003	-,684	,086	,003	,002	,000	,371	,002	,374
32866	,003	-,849	-,079	,003	,004	,000	,543	,002	,545
32870	,003	-,793	,109	,003	,003	,000	,513	,004	,517
32994	,003	-,821	,246	,003	,003	,001	,481	,018	,498
32998	,003	-,765	,434	,003	,003	,002	,449	,060	,509
33058	,003	-,624	,029	,003	,002	,000	,327	,000	,327
33062	,003	-,568	,217	,002	,002	,001	,296	,018	,314
33122	,003	-,732	,053	,003	,003	,000	,464	,001	,465
33126	,003	-,676	,241	,002	,002	,001	,433	,023	,456
33130	,003	-,562	,053	,003	,002	,000	,264	,001	,265
33134	,003	-,505	,241	,002	,001	,001	,234	,022	,256
33186	,003	-,597	,354	,003	,002	,002	,281	,041	,322
33190	,003	-,540	,542	,003	,001	,004	,250	,104	,354
33250	,003	-,705	,378	,003	,002	,002	,403	,048	,451
33254	,003	-,649	,566	,003	,002	,004	,372	,117	,489
34918	,003	-,720	,464	,003	,003	,003	,374	,064	,438
35170	,003	-,660	,408	,003	,002	,002	,330	,052	,382
35174	,003	-,604	,596	,003	,002	,004	,299	,121	,420
36962	,003	-,815	,428	,003	,003	,002	,464	,053	,517
36966	,003	-,759	,616	,003	,003	,005	,433	,118	,551
37090	,003	-,788	,753	,003	,003	,007	,411	,155	,567
37094	,003	-,732	,941	,003	,003	,011	,380	,260	,641
37158	,003	-,534	,724	,003	,001	,006	,239	,182	,421

37218	,003	-,699	,559	,003	,002	,004	,387	,103	,490
37222	,003	-,643	,747	,003	,002	,007	,356	,199	,555
37346	,003	-,672	,884	,003	,002	,009	,337	,242	,579
37350	,003	-,615	1,072	,003	,002	,014	,306	,385	,691
39270	,003	-,570	1,102	,003	,002	,015	,246	,380	,626
39398	,003	-,543	1,427	,003	,001	,024	,211	,602	,813
49250	,003	-,714	-,466	,003	,003	,003	,410	,072	,482
49254	,003	-,658	-,278	,003	,002	,001	,379	,028	,407
49506	,003	-,598	-,335	,002	,002	,001	,333	,043	,376
49510	,003	-,541	-,147	,002	,001	,000	,301	,009	,311
147490	,003	-,512	-,991	,002	,001	,012	,236	,366	,602
147494	,003	-,456	-,803	,002	,001	,008	,205	,265	,470
147506	,003	-,361	-1,193	,003	,001	,017	,106	,479	,586
147510	,003	-,305	-1,005	,003	,000	,012	,082	,371	,453
147554	,003	-,620	-,968	,002	,002	,011	,357	,360	,717
147557	,003	-,382	-,752	,002	,001	,007	,140	,225	,366
147558	,003	-,564	-,780	,002	,002	,007	,326	,258	,584
147562	,003	-,450	-,968	,002	,001	,011	,181	,348	,529
147566	,003	-,393	-,780	,002	,001	,007	,153	,248	,401
147570	,003	-,470	-1,169	,003	,001	,016	,185	,474	,659
147574	,003	-,413	-,981	,002	,001	,012	,156	,365	,521
147682	,003	-,593	-,643	,003	,002	,005	,304	,148	,453
147686	,003	-,537	-,455	,002	,001	,002	,273	,081	,355
147698	,003	-,442	-,844	,003	,001	,009	,154	,232	,386
147702	,003	-,386	-,656	,003	,001	,005	,127	,152	,280
147746	,003	-,396	-,860	,002	,001	,009	,166	,325	,491
147750	,003	-,339	-,672	,002	,001	,005	,137	,222	,359
147762	,003	-,245	-1,061	,002	,000	,013	,057	,440	,497
147766	,003	-,188	-,873	,002	,000	,009	,037	,330	,367
147810	,003	-,504	-,836	,002	,001	,008	,280	,319	,599
147814	,003	-,448	-,648	,002	,001	,005	,249	,216	,465
147818	,003	-,333	-,836	,002	,001	,008	,118	,306	,424
147822	,003	-,277	-,648	,002	,000	,005	,091	,206	,297
147826	,003	-,353	-1,038	,002	,001	,013	,122	,435	,557
147830	,003	-,297	-,850	,002	,000	,009	,096	,324	,420
147834	,003	-,182	-1,037	,002	,000	,013	,031	,420	,451
147838	,003	-,126	-,849	,002	,000	,009	,017	,311	,328
147938	,003	-,477	-,512	,002	,001	,003	,231	,110	,341
147942	,003	-,420	-,324	,002	,001	,001	,200	,049	,249
147954	,003	-,326	-,713	,002	,001	,006	,096	,191	,287
147958	,003	-,269	-,525	,002	,000	,003	,073	,114	,187
148765	,003	,579	-,781	,003	,002	,007	,266	,201	,467
149259	,003	,765	-,762	,004	,003	,007	,371	,152	,523
149263	,003	,821	-,574	,003	,003	,004	,457	,092	,549
149275	,003	,915	-,963	,004	,004	,011	,495	,227	,721
149279	,003	,972	-,775	,004	,005	,007	,593	,156	,749
149327	,003	,712	-,550	,003	,003	,004	,352	,087	,439
149343	,003	,863	-,751	,003	,004	,007	,479	,150	,629
149391	,003	,848	-,249	,003	,004	,001	,463	,016	,480

149403	,003	,943	-,638	,004	,004	,005	,502	,095	,597
149407	,003	,999	-,450	,004	,005	,002	,598	,050	,648
149602	,003	-,548	-,613	,003	,001	,005	,242	,126	,368
149606	,003	-,492	-,425	,003	,001	,002	,212	,066	,278
149858	,003	-,432	-,482	,002	,001	,003	,174	,090	,264
149862	,003	-,375	-,294	,002	,001	,001	,145	,037	,182
151311	,003	,893	-,219	,004	,004	,001	,487	,012	,499
151327	,003	1,044	-,420	,004	,005	,002	,621	,042	,663
151455	,003	1,071	-,095	,004	,006	,000	,627	,002	,629
151650	,003	-,587	-,462	,003	,002	,003	,291	,075	,366
151654	,003	-,531	-,274	,002	,001	,001	,261	,029	,289
151782	,003	-,503	,051	,003	,001	,000	,219	,001	,220
151906	,003	-,470	-,330	,002	,001	,001	,219	,045	,263
151910	,003	-,414	-,142	,002	,001	,000	,188	,009	,198
152038	,003	-,387	,183	,002	,001	,000	,151	,014	,165
153375	,003	1,005	-,268	,004	,005	,001	,596	,018	,613
153503	,003	1,033	,057	,004	,005	,000	,601	,001	,602
153958	,003	-,342	,212	,002	,001	,001	,109	,017	,126
155423	,003	1,078	,086	,004	,006	,000	,625	,002	,626
155551	,003	1,105	,411	,004	,006	,002	,631	,036	,667
180322	,003	-,555	-,725	,003	,002	,006	,249	,176	,425
180326	,003	-,498	-,537	,003	,001	,003	,219	,105	,324
180578	,003	-,438	-,594	,002	,001	,004	,180	,137	,317
180582	,003	-,382	-,406	,002	,001	,002	,151	,071	,222
182031	,003	,887	-,331	,004	,004	,001	,481	,028	,509
182043	,003	,981	-,720	,004	,005	,006	,520	,116	,636
182047	,003	1,037	-,532	,004	,005	,003	,615	,067	,682
182175	,003	1,065	-,207	,004	,006	,001	,620	,010	,630
184095	,003	1,110	-,177	,004	,006	,000	,644	,007	,651
186143	,003	1,071	-,026	,004	,006	,000	,618	,000	,619
188191	,003	1,143	,329	,004	,006	,001	,648	,022	,670
214301	,003	,769	-,643	,003	,003	,005	,410	,119	,529
214429	,003	,796	-,318	,003	,003	,001	,417	,028	,445
214799	,003	1,011	-,435	,004	,005	,002	,617	,047	,664
214811	,003	1,105	-,824	,004	,006	,008	,652	,150	,802
214815	,003	1,162	-,636	,004	,007	,005	,761	,094	,855
214879	,003	1,053	-,613	,004	,005	,004	,638	,089	,727
214927	,003	1,038	-,110	,004	,005	,000	,621	,003	,624
214939	,003	1,133	-,499	,004	,006	,003	,657	,053	,710
214943	,003	1,189	-,311	,004	,007	,001	,764	,022	,786
215007	,003	1,081	-,288	,004	,006	,001	,643	,019	,662
216349	,003	,841	-,288	,004	,004	,001	,441	,021	,463
216477	,003	,869	,037	,004	,004	,000	,449	,000	,449
216847	,003	1,083	-,080	,004	,006	,000	,645	,001	,646
216859	,003	1,178	-,469	,005	,007	,003	,681	,045	,726
216863	,003	1,234	-,281	,004	,008	,001	,787	,017	,804
216927	,003	1,126	-,258	,004	,006	,001	,666	,014	,681
216975	,003	1,111	,244	,004	,006	,001	,650	,013	,663
216987	,003	1,205	-,145	,005	,007	,000	,687	,004	,691

216991	,003	1,261	,043	,004	,008	,000	,790	,000	,791
217055	,003	1,153	,067	,004	,007	,000	,672	,001	,673
218397	,003	,802	-,136	,003	,003	,000	,417	,005	,422
218525	,003	,830	,189	,004	,003	,000	,424	,009	,433
218907	,003	1,139	-,318	,004	,006	,001	,655	,021	,676
218911	,003	1,195	-,130	,004	,007	,000	,761	,004	,764
219023	,003	1,072	,396	,004	,006	,002	,625	,035	,660
219035	,003	1,166	,007	,005	,007	,000	,661	,000	,661
219039	,003	1,223	,195	,004	,007	,000	,764	,008	,772
219103	,003	1,114	,219	,004	,006	,001	,646	,010	,657
220445	,003	,875	,218	,004	,004	,001	,448	,012	,460
220573	,003	,902	,543	,004	,004	,004	,456	,068	,524
220943	,003	1,117	,426	,004	,006	,002	,648	,039	,687
220955	,003	1,211	,037	,005	,007	,000	,685	,000	,685
220959	,003	1,268	,225	,005	,008	,001	,788	,010	,798
221023	,003	1,159	,248	,004	,007	,001	,670	,013	,683
221071	,003	1,144	,751	,004	,006	,007	,654	,117	,770
221083	,003	1,239	,362	,005	,008	,002	,691	,024	,716
221087	,003	1,295	,550	,005	,008	,004	,792	,059	,851
221135	,003	1,036	,774	,004	,005	,007	,545	,126	,671
221151	,003	1,187	,573	,005	,007	,004	,676	,065	,741
247069	,003	,835	-,400	,004	,003	,002	,435	,041	,477
247197	,003	,862	-,075	,004	,004	,000	,443	,001	,444
247567	,003	1,077	-,192	,004	,006	,000	,638	,008	,647
247579	,003	1,171	-,581	,005	,007	,004	,674	,069	,743
247583	,003	1,227	-,393	,004	,007	,002	,780	,033	,813
247647	,003	1,119	-,370	,004	,006	,002	,660	,030	,690
247695	,003	1,104	,133	,004	,006	,000	,644	,004	,647
247707	,003	1,198	-,256	,005	,007	,001	,680	,013	,693
247711	,003	1,255	-,068	,004	,008	,000	,783	,001	,784
247775	,003	1,146	-,045	,004	,007	,000	,665	,000	,666
249117	,003	,907	-,045	,004	,004	,000	,467	,000	,467
249245	,003	,934	,280	,004	,004	,001	,474	,018	,492
249615	,003	1,149	,162	,004	,007	,000	,667	,006	,673
249627	,003	1,243	-,227	,005	,008	,001	,704	,010	,714
249631	,003	1,300	-,039	,005	,008	,000	,807	,000	,807
249695	,003	1,191	-,015	,005	,007	,000	,689	,000	,689
249743	,003	1,176	,487	,005	,007	,003	,673	,048	,721
249755	,003	1,271	,098	,005	,008	,000	,710	,002	,712
249759	,003	1,327	,286	,005	,009	,001	,811	,016	,826
249823	,003	1,219	,310	,005	,007	,001	,695	,019	,713
251165	,003	,868	,106	,004	,004	,000	,442	,003	,445
251293	,003	,896	,431	,004	,004	,002	,450	,043	,493
251663	,003	1,110	,314	,004	,006	,001	,642	,021	,663
251675	,003	1,205	-,075	,005	,007	,000	,679	,001	,680
251679	,003	1,261	,113	,005	,008	,000	,781	,003	,783
251743	,003	1,153	,136	,004	,007	,000	,663	,004	,667
251791	,003	1,138	,639	,004	,006	,005	,648	,085	,732
251803	,003	1,232	,250	,005	,008	,001	,685	,012	,697

251807	,003	1,288	,438	,005	,008	,002	,785	,038	,823
251871	,003	1,180	,461	,005	,007	,003	,669	,042	,712
253213	,003	,940	,461	,004	,004	,003	,474	,047	,521
253325	,003	,817	,987	,004	,003	,012	,365	,221	,586
253337	,003	,912	,598	,005	,004	,004	,406	,072	,478
253341	,003	,968	,786	,004	,005	,007	,482	,131	,613
253405	,003	,859	,809	,004	,004	,008	,387	,142	,529
253711	,003	1,182	,669	,005	,007	,005	,671	,089	,760
253723	,003	1,277	,280	,005	,008	,001	,709	,014	,723
253727	,003	1,333	,468	,005	,009	,003	,808	,041	,850
253775	,003	1,074	,692	,005	,006	,006	,563	,097	,660
253791	,003	1,225	,491	,005	,007	,003	,693	,046	,739
253839	,003	1,210	,994	,005	,007	,012	,677	,189	,867
253851	,003	1,304	,604	,005	,008	,004	,715	,064	,779
253855	,003	1,361	,792	,005	,009	,008	,813	,114	,927
253903	,003	1,101	1,017	,005	,006	,012	,571	,201	,772
253919	,003	1,252	,816	,005	,008	,008	,699	,123	,822
Active Total	1,000			,944	1,000	1,000			

a Symmetrical normalization

Clusteranalyse (Zuordnungsübersicht):

	Cluster Combined			Stage Cluster First Appears		
Stage	Cluster 1	Cluster 2	Coefficients	Cluster 1	Cluster 2	Next Stage
1	300	301	1,000	0	0	144
2	298	299	1,000	0	0	145
3	292	297	1,000	0	0	146
4	295	296	1,000	0	0	210
5	293	294	1,000	0	0	211
6	290	291	1,000	0	0	147
7	277	287	1,000	0	0	212
8	285	286	1,000	0	0	148
9	280	284	1,000	0	0	150
10	279	283	1,000	0	0	151
11	281	282	1,000	0	0	149
12	239	278	1,000	0	0	206
13	275	276	1,000	0	0	152
14	270	274	1,000	0	0	154
15	269	273	1,000	0	0	155
16	271	272	1,000	0	0	153
17	267	268	1,000	0	0	156
18	265	266	1,000	0	0	157
19	260	264	1,000	0	0	150
20	259	263	1,000	0	0	151
21	261	262	1,000	0	0	149
22	257	258	1,000	0	0	158
23	255	256	1,000	0	0	144
24	253	254	1,000	0	0	145
25	248	252	1,000	0	0	146
26	250	251	1,000	0	0	210
27	240	249	1,000	0	0	211
28	246	247	1,000	0	0	212
29	244	245	1,000	0	0	148
30	225	243	1,000	0	0	159
31	224	242	1,000	0	0	160
32	202	241	1,000	0	0	207
33	218	238	1,000	0	0	162
34	236	237	1,000	0	0	152
35	231	235	1,000	0	0	154
36	230	234	1,000	0	0	155
37	232	233	1,000	0	0	153
38	228	229	1,000	0	0	156
39	226	227	1,000	0	0	157
40	222	223	1,000	0	0	161
41	182	221	1,000	0	0	164
42	181	220	1,000	0	0	165
43	216	217	1,000	0	0	163
44	213	215	1,000	0	0	163

45	188	214	1,000	0	0	169
46	209	210	1,000	0	0	166
47	207	208	1,000	0	0	167
48	205	206	1,000	0	0	168
49	200	204	1,000	0	0	216
50	113	201	1,000	0	0	216
51	196	199	1,000	0	0	217
52	197	198	1,000	0	0	170
53	194	195	1,000	0	0	168
54	191	192	1,000	0	0	171
55	189	190	1,000	0	0	218
56	184	185	1,000	0	0	242
57	177	178	1,000	0	0	172
58	175	176	1,000	0	0	173
59	173	174	1,000	0	0	174
60	171	172	1,000	0	0	175
61	169	170	1,000	0	0	174
62	167	168	1,000	0	0	171
63	165	166	1,000	0	0	176
64	163	164	1,000	0	0	177
65	161	162	1,000	0	0	172
66	159	160	1,000	0	0	178
67	157	158	1,000	0	0	179
68	155	156	1,000	0	0	221
69	153	154	1,000	0	0	222
70	148	152	1,000	0	0	221
71	150	151	1,000	0	0	176
72	87	149	1,000	0	0	229
73	146	147	1,000	0	0	166
74	144	145	1,000	0	0	167
75	142	143	1,000	0	0	224
76	140	141	1,000	0	0	180
77	138	139	1,000	0	0	181
78	121	137	1,000	0	0	186
79	135	136	1,000	0	0	182
80	133	134	1,000	0	0	225
81	131	132	1,000	0	0	224
82	117	130	1,000	0	0	226
83	128	129	1,000	0	0	183
84	126	127	1,000	0	0	184
85	124	125	1,000	0	0	185
86	122	123	1,000	0	0	181
87	114	120	1,000	0	0	187
88	118	119	1,000	0	0	183
89	6	116	1,000	0	0	225
90	4	115	1,000	0	0	226
91	111	112	1,000	0	0	188
92	109	110	1,000	0	0	170
93	88	108	1,000	0	0	217
94	106	107	1,000	0	0	218

95	104	105	1,000	0	0	173
96	102	103	1,000	0	0	175
97	100	101	1,000	0	0	219
98	98	99	1,000	0	0	188
99	96	97	1,000	0	0	177
100	94	95	1,000	0	0	220
101	92	93	1,000	0	0	178
102	90	91	1,000	0	0	179
103	8	89	1,000	0	0	222
104	2	86	1,000	0	0	208
105	84	85	1,000	0	0	189
106	80	83	1,000	0	0	191
107	81	82	1,000	0	0	190
108	78	79	1,000	0	0	192
109	76	77	1,000	0	0	190
110	74	75	1,000	0	0	193
111	72	73	1,000	0	0	180
112	70	71	1,000	0	0	194
113	68	69	1,000	0	0	231
114	66	67	1,000	0	0	195
115	63	65	1,000	0	0	196
116	22	64	1,000	0	0	186
117	61	62	1,000	0	0	182
118	59	60	1,000	0	0	194
119	57	58	1,000	0	0	197
120	7	56	1,000	0	0	235
121	53	55	1,000	0	0	196
122	51	52	1,000	0	0	189
123	46	50	1,000	0	0	191
124	48	49	1,000	0	0	234
125	45	47	1,000	0	0	234
126	43	44	1,000	0	0	192
127	41	42	1,000	0	0	198
128	39	40	1,000	0	0	198
129	37	38	1,000	0	0	193
130	35	36	1,000	0	0	199
131	33	34	1,000	0	0	200
132	31	32	1,000	0	0	184
133	29	30	1,000	0	0	185
134	27	28	1,000	0	0	195
135	25	26	1,000	0	0	236
136	23	24	1,000	0	0	237
137	19	21	1,000	0	0	201
138	17	18	1,000	0	0	202
139	15	16	1,000	0	0	199
140	13	14	1,000	0	0	200
141	11	12	1,000	0	0	232
142	9	10	1,000	0	0	202
143	1	5	1,000	0	0	209
144	255	300	1,500	23	1	240

145	253	298	1,500	24	2	241
146	248	292	1,500	25	3	213
147	288	290	1,500	0	6	203
148	244	285	1,500	29	8	214
149	261	281	1,500	21	11	255
150	260	280	1,500	19	9	248
151	259	279	1,500	20	10	249
152	236	275	1,500	34	13	215
153	232	271	1,500	37	16	215
154	231	270	1,500	35	14	257
155	230	269	1,500	36	15	213
156	228	267	1,500	38	17	256
157	226	265	1,500	39	18	214
158	219	257	1,500	0	22	206
159	187	225	1,500	0	30	248
160	186	224	1,500	0	31	249
161	183	222	1,500	0	40	207
162	179	218	1,500	0	33	238
163	213	216	1,500	44	43	265
164	182	212	1,500	41	0	205
165	181	211	1,500	42	0	204
166	146	209	1,500	73	46	223
167	144	207	1,500	74	47	223
168	194	205	1,500	53	48	250
169	188	203	1,500	45	0	250
170	109	197	1,500	92	52	245
171	167	191	1,500	62	54	243
172	161	177	1,500	65	57	220
173	104	175	1,500	95	58	227
174	169	173	1,500	61	59	219
175	102	171	1,500	96	60	228
176	150	165	1,500	71	63	258
177	96	163	1,500	99	64	229
178	92	159	1,500	101	66	227
179	90	157	1,500	102	67	228
180	72	140	1,500	111	76	230
181	122	138	1,500	86	77	244
182	61	135	1,500	117	79	230
183	118	128	1,500	88	83	260
184	31	126	1,500	132	84	252
185	29	124	1,500	133	85	231
186	22	121	1,500	116	78	263
187	20	114	1,500	0	87	208
188	98	111	1,500	98	91	246
189	51	84	1,500	122	105	233
190	76	81	1,500	109	107	262
191	46	80	1,500	123	106	263
192	43	78	1,500	126	108	233
193	37	74	1,500	129	110	264
194	59	70	1,500	118	112	232

195	27	66	1,500	134	114	235
196	53	63	1,500	121	115	251
197	54	57	1,500	0	119	251
198	39	41	1,500	128	127	247
199	15	35	1,500	139	130	253
200	13	33	1,500	140	131	236
201	3	19	1,500	0	137	209
202	9	17	1,500	142	138	264
203	288	289	1,667	147	0	239
204	181	193	1,667	165	0	242
205	180	182	1,667	0	164	266
206	219	239	1,833	158	12	238
207	183	202	1,833	161	32	255
208	2	20	1,833	104	187	269
209	1	3	1,833	143	201	269
210	250	295	2,000	26	4	240
211	240	293	2,000	27	5	241
212	246	277	2,000	28	7	239
213	230	248	2,000	155	146	268
214	226	244	2,000	157	148	270
215	232	236	2,000	153	152	275
216	113	200	2,000	50	49	245
217	88	196	2,000	93	51	246
218	106	189	2,000	94	55	243
219	100	169	2,000	97	174	290
220	94	161	2,000	100	172	261
221	148	155	2,000	70	68	259
222	8	153	2,000	103	69	259
223	144	146	2,000	167	166	280
224	131	142	2,000	81	75	244
225	6	133	2,000	89	80	254
226	4	117	2,000	90	82	254
227	92	104	2,000	178	173	279
228	90	102	2,000	179	175	261
229	87	96	2,000	72	177	258
230	61	72	2,000	182	180	260
231	29	68	2,000	185	113	237
232	11	59	2,000	141	194	252
233	43	51	2,000	192	189	272
234	45	48	2,000	125	124	247
235	7	27	2,000	120	195	274
236	13	25	2,000	200	135	253
237	23	29	2,167	136	231	267
238	179	219	2,200	162	206	276
239	246	288	2,250	212	203	256
240	250	255	2,250	210	144	275
241	240	253	2,250	211	145	257
242	181	184	2,250	204	56	283
243	106	167	2,250	218	171	273
244	122	131	2,250	181	224	282

245	109	113	2,250	170	216	271
246	88	98	2,250	217	188	271
247	39	45	2,250	198	234	262
248	187	260	2,333	159	150	266
249	186	259	2,333	160	151	268
250	188	194	2,333	169	168	265
251	53	54	2,333	196	197	278
252	11	31	2,333	232	184	277
253	13	15	2,333	236	199	274
254	4	6	2,375	226	225	278
255	183	261	2,400	207	149	270
256	228	246	2,500	156	239	276
257	231	240	2,500	154	241	281
258	87	150	2,500	229	176	291
259	8	148	2,500	222	221	273
260	61	118	2,500	230	183	282
261	90	94	2,500	228	220	279
262	39	76	2,500	247	190	272
263	22	46	2,500	186	191	277
264	9	37	2,500	202	193	267
265	188	213	2,571	250	163	283
266	180	187	2,607	205	248	281
267	9	23	2,625	264	237	290
268	186	230	2,643	249	213	289
269	1	2	2,680	209	208	285
270	183	226	2,722	255	214	284
271	88	109	2,813	246	245	286
272	39	43	2,833	262	233	295
273	8	106	2,844	259	243	280
274	7	13	2,867	235	253	287
275	232	250	2,875	215	240	284
276	179	228	2,875	238	256	299
277	11	22	3,000	252	263	293
278	4	53	3,036	254	251	285
279	90	92	3,071	261	227	288
280	8	144	3,188	273	223	286
281	180	231	3,197	266	257	296
282	61	122	3,208	260	244	294
283	181	188	3,242	242	265	292
284	183	232	3,338	270	275	289
285	1	4	3,353	269	278	287
286	8	88	3,401	280	271	288
287	1	7	3,540	285	274	293
288	8	90	3,559	286	279	291
289	183	186	3,578	284	268	292
290	9	100	3,625	267	219	297
291	8	87	3,706	288	258	298
292	181	183	3,739	283	289	296
293	1	11	3,760	287	277	294
294	1	61	3,814	293	282	295

295	1	39	3,890	294	272	297
296	180	181	3,901	281	292	299
297	1	9	4,538	295	290	298
298	1	8	4,924	297	291	300
299	179	180	5,105	276	296	300
300	1	179	11,801	298	299	0

Projektionsbündel und Kennzahlen Rohszenario 1:

PB Nr.	Konsistenzwert	Durchschn. Konsistenzwert	Anz. partieller Inkonsistenzen	Wahrscheinlichkeit	Plausibilität	S_1 P	S_1 P	S_2 P	S_2 P	S_3 P	S_3 P	S_4 P	S_4 P	S_5 P	S_5 P	S_6 P	S_6 P	S_7 P	S_7 P	S_8 P	S_8 P	S_9 P	S_9 P	S_{10} P	S_{10} P	S_{11} P	S_{11} P	S_{12} P	S_{12} P	S_{13} P	S_{13} P	S_{14} P	S_{14} P	S_{15} P	S_{15} P	S_{16} P	S_{16} P	S_{17} P	S_{17} P	S_{18} P	S_{18} P
33	52	0,339869281	12	4,5884E-05	0,0067754	1	0	1	0	1	0	1	0	1	0	1	0	1	0	1	0	1	0	1	0	1	0	0	1	1	0	1	0	1	0	1	0	1	0
34	66	0,431372549	5	3,0589E-05	0,0045169	1	0	1	0	1	0	1	0	1	0	1	0	1	0	1	0	1	0	1	0	1	0	1	0	1	0	1	0	1	0	1	0	0	1
37	49	0,320261438	11	1,9664E-05	0,0029037	1	0	1	0	1	0	1	0	1	0	1	0	1	0	1	0	1	0	1	0	0	1	1	0	0	1	1	0	1	0	1	0
38	61	0,39869281	5	1,311E-05	0,0019358	1	0	1	0	1	0	1	0	1	0	1	0	1	0	1	0	1	0	1	0	1	0	0	1	1	0	1	0	0	1	1	0	1	0
97	63	0,411764706	9	3,0589E-05	0,0045169	1	0	1	0	1	0	1	0	1	0	1	0	1	0	1	0	1	0	1	0	0	1	1	0	1	0	1	0	1	0	1	0
98	81	0,529411765	0	2,0393E-05	0,0030113	1	0	1	0	1	0	1	0	1	0	1	0	1	0	1	0	1	0	1	0	0	1	1	0	1	0	1	0	1	0	1	0
101	60	0,392156863	8	1,311E-05	0,0019358	1	0	1	0	1	0	1	0	1	0	1	0	1	0	1	0	1	0	1	0	0	1	1	0	1	0	0	1	1	0	1	0
106	65	0,424836601	8	3,0589E-05	0,0045169	1	0	1	0	1	0	1	0	1	0	1	0	1	0	1	0	1	0	1	0	0	1	1	0	0	1	1	0	1	0	0	1
110	61	0,39869281	8	1,311E-05	0,0019358	1	0	1	0	1	0	1	0	1	0	1	0	1	0	1	0	1	0	1	0	0	1	1	0	1	0	1	0	1	0	0	1
162	59	0,385620915	7	4,5884E-05	0,0067754	1	0	1	0	1	0	1	0	1	0	1	0	1	0	1	0	0	1	1	0	0	1	1	0	1	0	1	0	1	0	0	1
166	54	0,352941176	7	1,9664E-05	0,0029037	1	0	1	0	1	0	1	0	1	0	1	0	1	0	1	0	0	1	1	0	0	1	1	0	1	0	1	0	1	0	0	1
225	57	0,37254902	11	4,5884E-05	0,0067754	1	0	1	0	1	0	1	0	1	0	1	0	1	0	1	0	0	1	0	1	1	0	1	0	1	0	1	0	1	0	1	0
226	75	0,490196078	2	3,0589E-05	0,0045169	1	0	1	0	1	0	1	0	1	0	1	0	1	0	1	0	1	0	0	1	0	1	1	0	1	0	1	0	1	0	0	1
229	54	0,352941176	10	1,9664E-05	0,0029037	1	0	1	0	1	0	1	0	1	0	1	0	1	0	1	0	1	0	0	1	0	1	1	0	1	0	0	1	1	0	1	0
230	70	0,45751634	2	1,311E-05	0,0019358	1	0	1	0	1	0	1	0	1	0	1	0	1	0	1	0	1	0	0	1	0	1	1	0	1	0	1	0	1	0	0	1
234	59	0,385620915	10	4,5884E-05	0,0067754	1	0	1	0	1	0	1	0	1	0	1	0	1	0	1	0	1	0	0	1	0	1	1	0	0	1	1	0	1	0	0	1
238	55	0,359477124	10	1,9664E-05	0,0029037	1	0	1	0	1	0	1	0	1	0	1	0	1	0	1	0	1	0	0	1	0	1	1	0	0	1	1	0	1	0	0	1
289	44	0,287581699	12	0,00018354	0,0271016	1	0	1	0	1	0	1	0	1	0	1	0	1	0	1	0	0	1	1	0	1	0	0	1	1	0	1	0	1	0	1	0
290	56	0,366013072	5	0,00012236	0,0180677	1	0	1	0	1	0	1	0	1	0	1	0	1	0	1	0	0	1	1	0	1	0	0	1	1	0	1	0	0	1	1	0
293	42	0,274509804	11	7,8658E-05	0,011615	1	0	1	0	1	0	1	0	1	0	1	0	1	0	1	0	0	1	1	0	1	0	0	1	1	0	1	0	1	0
294	52	0,339869281	5	5,2439E-05	0,0077433	1	0	1	0	1	0	1	0	1	0	1	0	1	0	1	0	0	1	1	0	1	0	0	1	1	0	1	0	0	1
298	45	0,294117647	11	0,00018354	0,0271016	1	0	1	0	1	0	1	0	1	0	1	0	1	0	1	0	0	1	1	0	1	0	0	1	1	0	1	0	0	1
302	42	0,274509804	11	7,8658E-05	0,011615	1	0	1	0	1	0	1	0	1	0	1	0	1	0	1	0	0	1	1	0	1	0	0	1	0	1	1	0	0	1
353	53	0,346405229	10	0,00012236	0,0180677	1	0	1	0	1	0	1	0	1	0	1	0	1	0	1	0	0	1	1	0	0	1	1	0	1	0	1	0	1	0
354	69	0,450980392	1	8,1571E-05	0,0120451	1	0	1	0	1	0	1	0	1	0	1	0	1	0	1	0	0	1	1	0	0	1	1	0	1	0	0	1	1	0
357	51	0,333333333	9	5,2439E-05	0,0077433	1	0	1	0	1	0	1	0	1	0	1	0	1	0	1	0	0	1	1	0	0	1	1	0	1	0	0	1	1	0
358	65	0,424836601	1	3,4959E-05	0,0051622	1	0	1	0	1	0	1	0	1	0	1	0	1	0	1	0	0	1	1	0	0	1	1	0	1	0	1	0	0	1
362	57	0,37254902	7	0,00012236	0,0180677	1	0	1	0	1	0	1	0	1	0	1	0	1	0	1	0	0	1	1	0	0	1	1	0	0	1	1	0	0	1
366	54	0,352941176	7	5,2439E-05	0,0077433	1	0	1	0	1	0	1	0	1	0	1	0	1	0	1	0	0	1	1	0	0	1	1	0	0	1	1	0	0	1
418	49	0,320261438	7	0,00018354	0,0271016	1	0	1	0	1	0	1	0	1	0	1	0	1	0	0	1	1	0	1	0	0	1	1	0	1	0	1	0	0	1
422	45	0,294117647	7	7,8658E-05	0,011615	1	0	1	0	1	0	1	0	1	0	1	0	1	0	0	1	1	0	0	1	1	0	0	1	1	0	0	1
481	47	0,307189542	12	0,00018354	0,0271016	1	0	1	0	1	0	1	0	1	0	1	0	1	0	0	1	1	0	1	0	1	0	1	0	1	0	1	0	1	0
482	63	0,411764706	3	0,00012236	0,0180677	1	0	1	0	1	0	1	0	1	0	1	0	1	0	0	1	1	0	1	0	1	0	1	0	1	0	0	1
485	45	0,294117647	11	7,8658E-05	0,011615	1	0	1	0	1	0	1	0	1	0	1	0	1	0	0	1	1	0	1	0	1	0	1	0	0	1	1	0	1	0
486	59	0,385620915	3	5,2439E-05	0,0077433	1	0	1	0	1	0	1	0	1	0	1	0	1	0	0	1	1	0	1	0	1	0	1	0	0	1	1	0	0	1
490	51	0,333333333	9	0,00018354	0,0271016	1	0	1	0	1	0	1	0	1	0	1	0	1	0	0	1	1	0	1	0	1	0	0	1	1	0	1	0
494	48	0,31372549	9	7,8658E-05	0,011615	1	0	1	0	1	0	1	0	1	0	1	0	1	0	0	1	1	0	1	0	0	1	0	1	1	0	0	1
2082	53	0,346405229	12	7,6473E-06	0,0011292	1	0	1	0	1	0	1	0	1	0	0	1	1	0	1	0	1	0	1	0	0	1	1	0	1	0	1	0	0	1

Projektionsbündel und Kennzahlen Rohszenario 1 (Fortsetzung):

PB Nr.	Konsistenzwert	Durchschn. Konsistenzwert	Anz. partieller Inkonsistenzen	Wahrscheinlichkeit	Plausibilität
2006	50	0,326797386	11	3,2774E-06	0,000484
2146	66	0,431372549	7	5,0902E-06	0,0007528
2150	63	0,411764706	6	2,1849E-06	0,0003226
2274	61	0,39869281	9	7,6473E-06	0,001292
2278	58	0,379084967	8	3,2774E-06	0,000484
2338	46	0,300653595	11	3,0599E-06	0,0045169
2342	44	0,287581699	10	1,311E-05	0,0019356
2402	57	0,37254902	7	2,0903E-05	0,0030113
2406	55	0,359477124	6	8,7398E-06	0,0012906
2411	44	0,287581699	12	1,311E-05	0,0019356
2470	38	0,248366013	12	1,9664E-05	0,0029037
2530	52	0,339869281	9	3,0599E-06	0,0045169
2534	50	0,326797386	8	1,311E-05	0,0019356
4130	51	0,333333333	10	1,311E-05	0,0019356
4134	51	0,333333333	5	5,6184E-06	0,0008296
4194	68	0,444444444	12	8,7398E-06	0,0012906
4197	48	0,31372549	4	3,7456E-06	0,0005531
4198	64	0,41830054	12	5,6184E-06	0,0008296
4206	49	0,320261438	11	1,9664E-05	0,0029037
4258	51	0,333333333	10	8,4276E-06	0,0012245
4262	47	0,30718942	6	1,311E-05	0,0019356
4322	65	0,424836601	5	5,6184E-06	0,0008296
4326	61	0,39869281	9	5,2439E-05	0,0077433
4386	48	0,31372549	8	2,274E-05	0,0033186
4390	45	0,294117647	5	3,4969E-05	0,0051622
4450	59	0,385620915	12	2,274E-05	0,0033186
4453	42	0,274509904	4	1,4982E-05	0,0022124
4454	56	0,36601307	10	5,2439E-05	0,0077433
4458	47	0,30718942	10	2,274E-05	0,0033186
4462	45	0,294117647	10	7,8668E-05	0,011615
4514	41	0,26797386	9	3,371E-05	0,0049778
4518	53	0,346405229	6	5,2439E-05	0,0077433
4578	44	0,287581699	5	2,274E-05	0,0033186
4582	58	0,379084967	12	7,8668E-05	0,011615
4586	42	0,274509804	10	3,371E-05	0,0049778
4590	58	0,379084967	10	2,1849E-06	0,0003226
6242	56	0,36601307	8	9,364E-07	0,0001383

Projektionsbündel und Kennzahlen Rohszenario 1 (Fortsetzung):

PB Nr.	Konsistenzwert	Durchschn. Konsistenzwert	Aux. partieller Inkonsistenzen	Wahrscheinlichkeit	Plausibilität
6370	56	0,36601307	11	3,2774E-06	0,000464
6374	54	0,352941176	9	1,4046E-06	0,0002074
6438	42	0,274509804	11	5,6184E-06	0,0006296
6498	52	0,339869281	9	8,7398E-06	0,0012906
6502	51	0,333333333	7	3,7456E-06	0,0005531
6566	39	0,254901961	12	8,4276E-06	0,0012445
6626	50	0,326797386	10	1,311E-05	0,0019358
6630	49	0,320261438	8	5,6184E-06	0,0006296
16418	47	0,307189542	12	3,0589E-05	0,0045169
16746	42	0,274509804	12	0,00012236	0,0180677
16750	39	0,254901961	12	5,2499E-05	0,0077433
32802	54	0,352941176	11	7,6473E-06	0,0011292
32806	49	0,320261438	11	3,2774E-06	0,000464
32866	67	0,437908497	6	5,0982E-06	0,0007528
32870	62	0,405228758	6	2,1849E-06	0,0003226
32994	61	0,39869281	8	7,6473E-06	0,0011292
32998	56	0,36601307	8	3,2774E-06	0,000464
33058	46	0,300653595	10	3,0589E-05	0,0045169
33062	42	0,274509804	10	1,311E-05	0,0019358
33122	57	0,37254902	8	2,0393E-05	0,0030113
33126	53	0,346405229	6	8,7398E-06	0,0012906
33130	45	0,294117647	12	3,0589E-05	0,0045169
33134	42	0,274509804	12	1,311E-05	0,0019358
33186	39	0,254901961	12	4,5884E-05	0,0067754
33190	35	0,22875817	12	1,9664E-05	0,0029037
33250	51	0,333333333	8	3,0589E-05	0,0045169
33254	47	0,30718954	8	1,311E-05	0,0019358
34918	49	0,320261438	12	5,4624E-07	8,066E-05
35170	45	0,294117647	12	5,0982E-06	0,0007528
35174	43	0,281045752	11	2,1849E-06	0,0003226
36962	57	0,37254902	10	2,1849E-06	0,0003226
36966	53	0,346405229	9	9,364E-07	0,0001363
37090	54	0,352941176	11	3,2774E-06	0,000464
37094	50	0,326797386	12	1,4046E-06	0,0002074
37158	39	0,248366013	12	5,6184E-06	0,0006296
37218	50	0,326797386	9	8,7398E-06	0,0012906
37222	47	0,307189542	8	3,7456E-06	0,0005531
37346	47	0,307189542	10	1,311E-05	0,0019358

Projektionsbündel und Kennzahlen Rohszenario 1 (Fortsetzung):

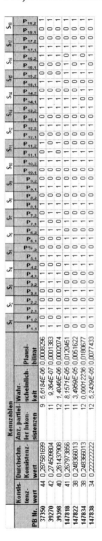

PB Nr.	Konsistenzwert	Durchschn. Konsistenzwert	Anz. partieller Inkonsistenzen	Wahrscheinlichkeit	Plausibilität
37350	44	0,287581699	9	5,6184E-06	0,0006296
39270	42	0,274509804	11	9,364E-07	0,0001383
39398	40	0,261437908	12	1,4046E-06	0,0002074
147818	41	0,267973856	11	8,1571E-05	0,0120461
147822	38	0,248366013	11	3,4959E-05	0,0051622
147834	38	0,248366013	12	0,00012236	0,0180677
147838	34	0,222222222	12	5,2439E-05	0,0077433

Projektionsbündel und Kennzahlen Rohszenario 2:

PB Nr.	Konsistenz-wert	Durchschn. Konsistenz-wert	Anz. partiel-ler Inkon-sistenzen	Wahr-scheinlich-keit	Plausi-bilität
102	76	0,496732026	0	8,7398E-06	0,0012906
16422	42	0,274509804	12	1,311E-05	0,0019358
16482	62	0,405228758	7	2,0393E-05	0,0030113
16486	57	0,37254902	12	8,7398E-06	0,0012906
16498	52	0,339869281	10	3,0589E-05	0,0045169
16502	46	0,300653595	10	1,311E-05	0,0019358
16610	56	0,366013072	9	3,0589E-05	0,0045169
16614	51	0,333333333	9	1,311E-05	0,0019358
16626	46	0,300653595	12	4,5884E-05	0,0067754
16630	40	0,261437908	12	1,9664E-05	0,0029037
16674	37	0,241830065	12	0,00012236	0,0180677
16678	33	0,215686275	12	5,2439E-05	0,0077433
16738	50	0,326797386	8	8,1571E-05	0,0120451
16742	46	0,300653595	12	3,4999E-05	0,0051622
16754	44	0,287581699	11	0,00012236	0,0180677
16758	39	0,254901961	12	5,2439E-05	0,0077433
16866	44	0,287581699	10	0,00012236	0,0180677
16870	40	0,261437908	12	5,2439E-05	0,0077433
18534	47	0,307189542	12	2,1849E-06	0,0003226
18790	39	0,254901961	12	8,7398E-06	0,0012906
20578	50	0,326797386	12	8,7398E-06	0,0012906
20582	46	0,300653595	11	3,7496E-06	0,0005531
20710	43	0,281045752	12	5,6184E-06	0,0008296
20834	41	0,267973856	12	3,4999E-05	0,0051622
20838	36	0,248366013	11	1,4982E-05	0,0022124
20966	35	0,22875817	12	2,2474E-05	0,0033186
49250	52	0,339869281	12	5,0982E-06	0,0007528
49254	47	0,307189542	12	2,1849E-06	0,0003226
49506	42	0,274509804	12	2,0393E-05	0,0030113
49510	38	0,248366013	12	8,7398E-06	0,0012906
147490	42	0,274509804	12	2,0393E-05	0,0030113
147434	37	0,241830065	12	8,7398E-06	0,0012906
147506	38	0,248366013	12	3,0589E-05	0,0045169
147510	32	0,209150327	12	1,311E-05	0,0019358
147554	57	0,37254902	12	1,3596E-05	0,0020075
147557	45	0,294117647	12	8,7398E-06	0,0012906
147558	52	0,339869281	7	5,8266E-05	0,0008604
147562	49	0,320261438	12	2,0393E-05	0,0030113

Projektionsbündel und Kennzahlen Rohszenario 2 (Fortsetzung):

PB Nr.	Konsistenzwert	Durchschn. Konsistenzwert	Anz. partieller Inkonsistenzen	Wahrscheinlichkeit	Plausibilität
147566	45	0,294117647	12	8,7398E-06	0,0012906
147570	49	0,320261438	9	2,2093E-05	0,0030113
147574	43	0,281045752	9	8,7398E-06	0,0012906
147682	53	0,346405229	9	2,2093E-05	0,0030113
147686	48	0,3137259	9	8,7398E-06	0,0012906
147698	45	0,294117647	11	3,0589E-05	0,0045169
147702	39	0,254901961	11	1,311E-05	0,0019358
147746	32	0,209150327	12	8,1571E-05	0,0120451
147750	28	0,183006536	12	3,4999E-05	0,0051622
147762	32	0,209150327	12	0,00012236	0,0180677
147766	27	0,176470588	12	5,2439E-05	0,0077433
147810	45	0,294117647	12	5,4391E-05	0,0080301
147814	41	0,267973856	8	2,3306E-05	0,0034415
147826	41	0,267973856	10	8,1571E-05	0,0120451
147830	36	0,235294118	10	3,4999E-05	0,0051622
147938	41	0,267973856	10	8,1571E-05	0,0120451
147942	37	0,241830065	10	3,4999E-05	0,0051622
147954	37	0,241830065	12	0,00012236	0,0180677
147958	39	0,254901961	12	5,2439E-05	0,0077433
149602	48	0,3137259	12	3,3988E-05	0,0050019
149606	45	0,294117647	12	1,4566E-06	0,0002151
149858	39	0,254901961	12	1,3595E-05	0,0020301
149862	37	0,241830065	12	5,8266E-06	0,0008604
151650	45	0,294117647	12	5,8266E-06	0,0008604
151654	41	0,267973856	11	2,4971E-06	0,0003687
151782	40	0,261437908	12	3,456E-06	0,0005531
151906	36	0,235294118	12	2,3306E-05	0,0034415
151910	33	0,215686275	11	9,9883E-06	0,0014749
152038	32	0,209150327	12	1,4982E-05	0,0022124
153958	34	0,222222222	12	2,4971E-06	0,0003687
180322	49	0,320261438	11	3,3988E-06	0,0005019
180326	44	0,287581699	11	1,4566E-06	0,0002151
180578	39	0,254901961	11	3,3696E-05	0,0020075
180582	35	0,27875817	11	5,8265E-06	0,0008604

Projektionsbündel und Kennzahlen Rohszenario 3:

Kennzahlen

PB Nr.	Konsis-tenz-wert	Durchschn. Konsistenz-wert	Anz. partiel-ler Inkon-sistenzen	Wahr-scheinlich-keit	Plausi-bilität
148765	48	0,31372549	11	0,00011799	0,0174224
214301	52	0,339869281	11	1,311E-05	0,0019398
214429	51	0,333333333	11	1,9964E-05	0,0029037
216349	56	0,36601307	11	3,2774E-06	0,000484
216477	56	0,36601307	11	4,9161E-06	0,0007259
218397	50	0,326797386	12	5,6184E-06	0,0006296
218525	52	0,339869281	11	8,4276E-06	0,0012446
220445	59	0,385620915	10	1,4046E-06	0,0002074
220573	62	0,405228758	9	2,1069E-06	0,0003111
247069	53	0,346405229	11	3,2774E-06	0,000484
247197	57	0,37254902	11	4,9161E-06	0,0007259
249117	57	0,37254902	11	8,1935E-07	0,000121
249245	54	0,352941176	11	1,229E-06	0,0001815
251165	56	0,36601307	11	1,4046E-06	0,0002074
251293	63	0,411764706	10	2,1069E-06	0,0003111
253213	54	0,352941176	9	3,5115E-07	5,185E-05
253325	54	0,352941176	12	3,5115E-07	5,185E-05
253337	62	0,405228758	12	1,229E-06	0,0001815
253341	66	0,431372549	8	5,2673E-07	7,778E-05
253405	57	0,37254902	12	3,5115E-07	5,185E-05

Projektionsbündel und Kennzahlen Rohszenario 4:

PB Nr.	Konsistenz-wert	Durchschn. Konsistenz-wert	Anz. partiel-ler Inkon-sistenzen	Wahr-scheinlich-keit	Plausi-bilität	S_1		S_2		S_3		S_4		S_5		S_6		S_7		S_8		S_9		S_{10}		S_{11}		S_{12}		S_{13}		S_{14}		S_{15}		S_{16}		S_{17}		S_{18}	
149259	42	0,274509804	12	1,9664E-05	0,0029037	0	1	1	0	1	0	0	1	1	0	1	0	1	0	0	1	0	1	0	1	1	0	1	0	1	0	1	0	0	1	1	0	0	1	1	0
149263	43	0,281045752	10	8,4276E-06	0,0012445	0	1	1	0	1	0	0	1	1	0	1	0	1	0	0	1	0	1	0	1	1	0	1	0	1	0	1	0	0	1	0	1	0	1	1	0
149275	53	0,346405229	10	2,9497E-05	0,0043556	0	1	1	0	1	0	0	1	1	0	1	0	1	0	0	1	0	1	0	1	1	0	1	0	1	0	0	1	0	1	1	0	0	1	1	0
149279	53	0,346405229	8	1,2641E-05	0,0018667	0	1	1	0	1	0	0	1	1	0	1	0	1	0	0	1	0	1	0	1	1	0	1	0	1	0	0	1	0	1	0	1	0	1	1	0
149327	41	0,267973856	12	5,6184E-06	0,0008296	0	1	1	0	1	0	0	1	1	0	1	0	1	0	0	1	0	1	0	1	1	0	0	1	1	0	0	1	0	1	0	1	0	1	1	0
149343	47	0,307189542	12	8,4276E-06	0,0012445	0	1	1	0	1	0	0	1	1	0	1	0	1	0	0	1	0	1	0	1	1	0	1	0	1	0	0	1	0	1	0	1	0	1	1	0
149391	38	0,248366013	12	1,2641E-05	0,0018667	0	1	1	0	1	0	0	1	1	0	1	0	1	0	0	1	0	1	0	1	0	1	1	0	1	0	0	1	0	1	0	1	0	1	1	0
149403	48	0,31372549	12	4,4245E-05	0,0065334	0	1	1	0	1	0	0	1	1	0	1	0	1	0	0	1	0	1	0	1	0	1	1	0	1	0	0	1	0	1	1	0	0	1	1	0
149407	48	0,31372549	10	1,8962E-05	0,0028	0	1	1	0	1	0	0	1	1	0	1	0	1	0	0	1	0	1	0	1	0	1	1	0	1	0	0	1	0	1	0	1	0	1	1	0
151311	43	0,281045752	12	2,1069E-06	0,0003111	0	1	1	0	1	0	0	1	1	0	1	0	0	1	0	1	0	1	0	1	1	0	1	0	1	0	0	1	0	1	0	1	0	1	1	0
151327	53	0,346405229	10	3,1604E-06	0,0004667	0	1	1	0	1	0	0	1	1	0	1	0	0	1	0	1	0	1	0	1	1	0	1	0	1	0	0	1	0	1	0	1	0	1	1	0
151455	49	0,320261438	12	4,7405E-06	0,0007	0	1	1	0	1	0	0	1	1	0	1	0	0	1	0	1	0	1	0	1	1	0	1	0	1	0	0	1	0	1	0	1	0	1	1	0
153375	47	0,307189542	11	5,4178E-06	0,0008	0	1	1	0	1	0	0	1	1	0	0	1	1	0	0	1	0	1	0	1	1	0	1	0	1	0	0	1	0	1	0	1	0	1	1	0
153503	45	0,294117647	12	8,1267E-06	0,0012	0	1	1	0	1	0	0	1	1	0	0	1	1	0	0	1	0	1	0	1	1	0	1	0	1	0	0	1	0	1	0	1	0	1	1	0
155423	52	0,339869281	11	1,3544E-06	0,0002	0	1	1	0	1	0	0	1	1	0	0	1	0	1	0	1	0	1	0	1	1	0	1	0	1	0	0	1	0	1	0	1	0	1	1	0
155551	51	0,333333333	12	2,0317E-06	0,0003	0	1	1	0	1	0	0	1	1	0	0	1	0	1	0	1	0	1	0	1	1	0	1	0	1	0	0	1	0	1	0	1	0	1	1	0
182031	41	0,267973856	12	2,1069E-06	0,0003111	0	1	1	0	0	1	0	1	1	0	1	0	1	0	0	1	0	1	0	1	1	0	1	0	1	0	0	1	0	1	0	1	0	1	1	0
182043	51	0,333333333	12	7,3742E-06	0,0010889	0	1	1	0	0	1	0	1	1	0	1	0	1	0	0	1	0	1	0	1	1	0	1	0	1	0	0	1	0	1	1	0	0	1	1	0
182047	51	0,333333333	10	3,1604E-06	0,0004667	0	1	1	0	0	1	0	1	1	0	1	0	1	0	0	1	0	1	0	1	1	0	1	0	1	0	0	1	0	1	0	1	0	1	1	0
182175	46	0,300653595	12	4,7405E-06	0,0007	0	1	1	0	0	1	0	1	1	0	1	0	1	0	0	1	0	1	0	1	1	0	1	0	1	0	0	1	0	1	0	1	0	1	1	0
184095	51	0,333333333	12	7,9009E-07	0,0001167	0	1	1	0	0	1	0	1	1	0	1	0	1	0	0	1	0	1	0	1	1	0	1	0	1	0	0	1	0	1	0	1	0	1	1	0
186143	48	0,31372549	12	1,3544E-06	0,0002	0	1	1	0	0	1	0	1	1	0	0	1	1	0	0	1	0	1	0	1	1	0	1	0	1	0	0	1	0	1	0	1	0	1	1	0
188191	53	0,346405229	12	3,3861E-07	5E-05	0	1	1	0	0	1	0	1	1	0	0	1	1	0	0	1	0	1	0	1	1	0	1	0	1	0	0	1	0	1	0	1	0	1	1	0
214799	42	0,274509804	12	9,364E-07	0,0001383	0	1	0	1	1	0	0	1	1	0	1	0	1	0	0	1	0	1	0	1	1	0	1	0	1	0	0	1	0	1	0	1	0	1	1	0
214811	56	0,366013072	10	3,2774E-06	0,000484	0	1	0	1	1	0	0	1	1	0	1	0	1	0	0	1	0	1	0	1	1	0	1	0	1	0	0	1	1	0	1	0	0	1	1	0
214815	57	0,37254902	8	1,4046E-06	0,0002074	0	1	0	1	1	0	0	1	1	0	1	0	1	0	0	1	0	1	0	1	1	0	1	0	1	0	0	1	0	1	0	1	0	1	1	0
214879	51	0,333333333	12	9,364E-07	0,0001383	0	1	0	1	1	0	0	1	1	0	1	0	1	0	0	1	0	1	0	1	1	0	0	1	1	0	0	1	0	1	0	1	0	1	1	0
214927	41	0,267973856	12	1,4046E-06	0,0002074	0	1	0	1	1	0	0	1	1	0	1	0	1	0	0	1	0	1	0	1	0	1	1	0	1	0	0	1	0	1	0	1	0	1	1	0
214939	55	0,359477124	10	4,9161E-06	0,0007259	0	1	0	1	1	0	0	1	1	0	1	0	1	0	0	1	0	1	0	1	1	0	1	0	1	0	0	1	1	0	0	1	0	1	1	0
214943	56	0,366013072	8	2,1069E-06	0,0003111	0	1	0	1	1	0	0	1	1	0	1	0	1	0	0	1	0	1	0	1	1	0	0	1	1	0	0	1	0	1	0	1	0	1	1	0
215007	51	0,333333333	12	1,4046E-06	0,0002074	0	1	0	1	1	0	0	1	1	0	1	0	1	0	0	1	0	1	0	1	0	1	1	0	1	0	0	1	0	1	0	1	0	1	1	0
216847	46	0,300653595	12	2,341E-07	3,457E-05	0	1	0	1	1	0	0	1	1	0	0	1	1	0	0	1	0	1	0	1	1	0	1	0	1	0	0	1	0	1	0	1	0	1	1	0
216859	58	0,379084967	11	8,1935E-07	0,000121	0	1	0	1	1	0	0	1	1	0	0	1	1	0	0	1	0	1	0	1	1	0	1	0	1	0	0	1	0	1	0	1	0	1	1	0
216863	61	0,39869281	8	3,5115E-07	5,185E-05	0	1	0	1	1	0	0	1	1	0	0	1	1	0	0	1	0	1	0	1	1	0	1	0	1	0	0	1	0	1	0	1	0	1	1	0
216927	53	0,346405229	12	2,341E-07	3,457E-05	0	1	0	1	1	0	0	1	1	0	0	1	1	0	0	1	0	1	0	1	1	0	0	1	1	0	0	1	0	1	0	1	0	1	1	0
216975	46	0,300653595	12	3,5115E-07	5,185E-05	0	1	0	1	1	0	0	1	1	0	0	1	1	0	0	1	0	1	0	1	1	0	1	0	1	0	0	1	0	1	0	1	0	1	1	0
216987	58	0,379084967	11	1,229E-06	0,0001815	0	1	0	1	1	0	0	1	1	0	1	0	0	1	0	1	0	1	0	1	1	0	1	0	1	0	0	1	0	1	1	0	0	1	1	0
216991	61	0,39869281	8	5,2673E-07	7,778E-05	0	1	0	1	1	0	0	1	1	0	1	0	0	1	0	1	0	1	0	1	1	0	1	0	1	0	0	1	0	1	1	0	0	1	1	0

Projektionsbündel und Kennzahlen Rohszenario 4 (Fortsetzung):

PB Nr.	Konsistenzwert	Durchschn. Konsistenzwert	Anz. partieller Inkonsistenzen	Wahrscheinlichkeit	Plausibilität
217055	54	0,352941176	12	3,5115E-07	5,185E-05
218907	53	0,346405229	12	1,4046E-06	0,0002074
218911	55	0,359477124	9	6,0197E-07	8,889E-05
219023	42	0,274509804	12	6,0197E-07	8,889E-05
219035	55	0,359477124	11	2,1069E-06	0,0003111
219039	57	0,37254902	8	9,0296E-07	0,0001333
219103	50	0,326797386	12	6,0197E-07	8,889E-05
220943	49	0,320261438	11	1,0033E-07	1,481E-05
220955	60	0,392156863	11	3,5115E-07	5,185E-05
220959	64	0,418300654	7	1,5049E-07	2,222E-05
221023	54	0,352941176	10	1,5049E-07	1,481E-05
221071	52	0,339869281	10	5,2673E-07	7,778E-05
221083	63	0,411764706	6	2,2574E-07	3,333E-05
221087	67	0,437908497	12	1,0033E-07	1,481E-05
221135	47	0,307189542	12	1,5049E-07	2,222E-05
221151	58	0,379084967	10	1,5049E-07	2,222E-05
247567	43	0,281045752	12	2,341E-07	3,457E-05
247579	57	0,37254902	10	8,1935E-07	0,000121
247983	58	0,379084967	8	3,5115E-07	5,185E-05
247647	50	0,326797386	12	2,341E-07	3,457E-05
247695	42	0,274509804	12	3,5115E-07	5,185E-05
247707	56	0,366013072	10	1,229E-06	0,0001815
247711	57	0,37254902	12	5,2673E-07	7,778E-05
247775	50	0,326797386	12	3,5115E-07	5,185E-05
249615	47	0,307189542	12	5,8525E-08	8,642E-06
249627	59	0,385620915	11	2,0494E-07	3,025E-05
249631	62	0,405228758	8	8,7788E-08	1,296E-05
249695	52	0,339869281	12	5,8525E-08	8,642E-06
249743	47	0,307189542	11	8,7788E-08	1,296E-05
249755	59	0,385620915	11	3,0726E-07	4,537E-05
249759	62	0,405228758	8	1,3168E-07	1,944E-05
249823	53	0,346405229	12	8,7788E-08	1,296E-05
251663	44	0,287581699	12	1,0033E-07	1,481E-05
251675	57	0,37254902	11	3,5115E-07	5,185E-05
251679	59	0,385620915	8	1,5049E-07	2,222E-05
251743	49	0,320261438	12	1,0033E-07	1,481E-05
251791	46	0,300653595	11	1,5049E-07	2,222E-05
251803	59	0,385620915	10	5,2673E-07	7,778E-05

Projektionsbündel und Kennzahlen Rohszenario 4 (Fortsetzung):

PB Nr.	Konsistenz-wert	Durchschn. Konsistenz-wert	Anz. partieller Inkonsistenzen	Wahrscheinlichkeit	Plausibilität
253727	68	0,444444444	6	3,7623E-08	5,556E-06
253775	45	0,294117647	12	1,6722E-08	2,469E-06
253791	56	0,366013072	10	2,5082E-08	3,704E-06
253839	56	0,366013072	9	3,7623E-08	5,556E-06
253851	67	0,437908497	9	1,3168E-07	1,944E-05
253855	71	0,464052288	5	5,6435E-08	8,333E-06
253903	49	0,320261438	11	2,5082E-08	3,704E-06
253919	60	0,392156863	9	3,7623E-08	5,556E-06